教員・養護教諭が知っておきたい！

未来を創る 学校保健

内山有子 編著

片岡千恵・高橋佐和子・橋本結花

みらい

著者一覧

編 者

内山 有子　東洋大学

執筆者（五十音順）

内山　有子（前出）……　第3章、第4章、第7章、第8章、第9章、第11章

片岡　千恵　筑波大学　………………………………　第2章、第10章、第13章

高橋佐和子　神奈川県立保健福祉大学　………………　第1章、第12章、第14章

橋本　結花　武蔵野大学　………　第5章、第6章、第9章第1節3、第15章

はじめに

　学校は子どもたちが日々学び、成長する場であり、その環境を支える「学校保健」は極めて重要な役割を果たしています。子どもたちが健康で安心して学校生活を送ることができるかどうかは、学びの質や将来の可能性にも大きく関わってきます。そのため、教員や養護教諭が学校保健について正しい知識を持ち、実践に生かすことは、教育現場において不可欠な要素となっています。

　本書『教員・養護教諭が知っておきたい！　未来を創る学校保健』は、将来、学校現場で働くことを考えている学生や、学校保健に携わるすべての教育関係者に向けて、子どもの健康課題から教職員のウェルビーイングまで、さまざまな学校保健の実践的な知識を提供することを目的としています。執筆を担当したのは、長年にわたり学校保健の現場で活動し、子どもの健やかな成長に関する研究を重ねてきたスペシャリスト4名で、高橋佐和子先生は健康教育、片岡千恵先生は保健科教育、橋本結花先生は健康相談活動の専門家で、私、内山は学校安全の研究をしています。私が本書の執筆を考えた際に真っ先に頭に浮かんだ3人で、それぞれの専門的な視点から、子どもたちの健康を守るために求められる知識や、最新の課題について詳しく解説しています。

　近年、学校保健を取り巻く環境は大きく変化しています。新型感染症の流行や気候変動による健康リスク、メンタルヘルス問題の増加、食生活や運動習慣の変化、さらにはデジタル技術の発展に伴う新たな健康課題など、これまでとは異なる視点を持った対応が求められる時代となっています。また、学校安全や危機管理、インクルーシブ教育の推進や医療的ケア児への配慮など、学校保健の担い手には幅広い知識と対応力が求められるようになっています。

　こうした背景のもと、本書では、教員や養護教諭が知っておくべき学校保健の基本事項に加え、時代の変化に即した最新の知識や実践的な対策について解説しています。本書を手に取られた皆さまの中には、「学校保健の基本を学びたい」という方もいれば、「現場での実践に役立つ情報を探している」という方もいることでしょう。私たちは、こうした皆さまのニーズに応えられるよう、具体的な事例や実践的なアドバイスを交えながら、分かりやすく解説することを心がけました。また、各章のテーマに基づくコラムや、各章の学びに対応したワークシートを巻末に用意し、学びを深め実践につながるような構成にしました。

　本書を通じて伝えたいのは、学校保健は決して一人で担うものではないということです。保健体育科教員や養護教諭だけでなく、担任や学年主任、管理職、さらには地域の保健機関や家庭と連携しながら、子どもたちの健康を支えていくことが重要です。そのための教職員の連携や役割分担についても、本書では詳しく取り上げています。

学校保健の充実は、子どもたちの未来をより良いものにするための基盤となります。本書が、教育現場で働く皆さまにとって、日々の実践に役立つ一冊となることを願っています。そして、子どもたちの健康と安全を守るために、私たちができることを共に考え、実践していきましょう。

　最後に、本書の刊行に多大なるご協力と、私へ温かい叱咤激励をしてくれた株式会社みらいの山下桂さんに心よりお礼を申し上げます。

2025 年 2 月

編者　内山有子

もくじ

はじめに

第1章 学校保健とは

第1節 学校保健の目的と意義 …………………………………………………… 11
1　学校保健とは　11
2　学校保健活動　13

第2節 学校保健の考え方 ………………………………………………………… 16
1　学校保健とヘルスプロモーション　16
2　学校保健の特徴　17

第3節 学校保健の歴史 …………………………………………………………… 18
1　養護教諭の歴史　18
2　子どもの健康課題と学校保健の変遷　18

第2章 現代的な健康課題

第1節 子どもの健康とその保持増進に向けて ……………………………… 23
1　子どもの健康をどう捉えるか　23
2　子どもたちの健康の保持増進に向けて　23

第2節 生活習慣に関する問題 ………………………………………………… 24
1　身体運動の不足　25
2　睡眠に関する問題　25
3　スクリーンタイムの状況　26

第3節 子どもの発育発達に関する問題 ……………………………………… 27
1　肥満傾向児と痩身傾向児　27
2　体力・運動能力の状況　28

第4節 メンタルヘルスに関する問題 ………………………………………… 28
1　メンタルヘルスに関する自覚症状　28
2　セルフエスティーム　28
3　自殺とその背景　29

第5節 不登校の動向 …………………………………………………………… 30
1　不登校の現状と課題　30
2　不登校への取り組み―予防と支援―　31

第6節 健康にかかわる危険行動の問題 ……………………………………… 31
1　薬物乱用の状況　32
2　性に関する問題　33

第3章　子どもの発育・発達

第1節　発育・発達の過程 ……… 37
　1　発育・発達とは　37
　2　発育・発達の推移　39

第2節　発育・発達の特徴 ……… 42
　1　発育の特徴　42
　2　発達の特徴　44

第3節　発育・発達の評価 ……… 45

第4章　健康診断と健康評価

第1節　健康診断の意義と法的根拠 ……… 50
　1　健康診断の歴史　50
　2　健康診断の法的根拠　51

第2節　健康診断の方法 ……… 54
　1　健康診断の準備　54
　2　健康診断の実施　54

第3節　事後措置と健康評価 ……… 56

第5章　ヘルスプロモーションと健康相談活動

第1節　ヘルスプロモーションの理念に基づく学校保健活動 ……… 60
　1　子どもと健康との関連について　60
　2　ヘルスプロモーションとは　60
　3　学校におけるヘルスプロモーションとは　61

第2節　学校における健康相談活動 ……… 63
　1　健康相談活動の法的な裏づけ　63
　2　健康相談の目的および意義　63
　3　健康相談の対象者　64
　4　健康相談のプロセス　65
　5　健康相談に関する留意点　69

第6章 学校保健経営と学校保健組織活動

第1節 学校保健経営とは ……………………………………………………………… 72
1 学校保健を推進していく「学校保健経営」 72

第2節 学校保健計画の策定 …………………………………………………………… 73
1 学校保健計画の法的根拠 73
2 学校保健計画の必要性 73
3 学校保健計画の策定手順 75
4 学校保健計画の例 75
5 学校保健計画の評価 75

第3節 学校保健組織活動とは ………………………………………………………… 78
1 学校における組織活動とは 78
2 学校における保健組織 78

第7章 疾病の予防と管理

第1節 子どもの疾病の特徴と管理 …………………………………………………… 84
1 子どもに多い疾病 84
2 健康観察を利用した疾病管理と対応 86

第2節 学校において注意すべき疾患 ………………………………………………… 87
1 感染症 87
2 アレルギー疾患 90
3 その他の疾患 93

第3節 長期欠席と医療的ケアを必要とする子ども ………………………………… 94
1 病気による長期欠席 94
2 学校における医療的ケア 95

第8章 救急処置

第1節 学校で行う救急処置 …………………………………………………………… 98
1 救急処置の必要性 98
2 学校における緊急時の教職員の役割 99
3 学校における救急処置の範囲 100
4 救急処置の報告と記録 102

第2節 学校で行う応急手当 …………………………………………………………… 103
1 主な応急手当 103
2 心肺蘇生法 110

3　エピペン® 112
　第3節　救急処置計画の作成と評価 …………………………………………………… 114

第9章　学校安全と危機管理

　第1節　学校安全の概念 ………………………………………………………………… 117
　　　1　日本の学校安全　117
　　　2　学校保健安全法　118
　　　3　学校安全計画と危険等発生時対処要領　119
　第2節　学校安全の構造と危機管理 …………………………………………………… 123
　　　1　学校安全の構造　123
　　　2　危機管理とは　124
　　　3　ヒヤリハットの活用　125
　第3節　スポーツ振興センターの災害給付制度 ……………………………………… 127
　第4節　学校安全教育（避難訓練、防犯訓練など） ………………………………… 129
　　　1　避難訓練　130
　　　2　防犯訓練　130

第10章　保健教育

　第1節　学校の教育活動全体で行う健康に関する指導 ……………………………… 133
　　　1　教科等横断的に進める健康に関する指導　133
　　　2　教育課程に基づく性に関する指導　135
　第2節　体育科・保健体育科における保健の学習 …………………………………… 137
　　　1　育成を目指す資質・能力　137
　　　2　保健の学習の目標　137
　　　3　保健の学習の内容　139
　　　4　「主体的・対話的で深い学び」を実現する指導方法の工夫　141
　　　5　学習評価の考え方　141
　　　6　授業づくりに向けて　144

第11章　学校環境衛生

　第1節　学校環境衛生に関する法的根拠 ……………………………………………… 149
　　　1　環境衛生とは　149
　　　2　環境衛生の歴史　149
　　　3　学校環境衛生の法的根拠　150

第2節　快適な学校環境の整備 ……………………………………………………… 152
　　1　学校環境の整備　152
　　2　学校環境衛生の主な項目　152

第3節　学校における SDGs の取り組み ……………………………………………… 155
　　1　SDGs とは　155
　　2　学校環境衛生における SDGs の取り組み　156

第12章　特別な支援が必要な子どもの健康管理

第1節　特別支援教育とは ……………………………………………………………… 158
　　1　特別支援教育の現状　158
　　2　「特殊教育」から「特別支援教育」へ　158
　　3　特別支援教育の対象と目的　160
　　4　特別支援教育の理念―インクルーシブ教育システム―　161

第2節　疾病や障害のある子どもの健康管理 ………………………………………… 161
　　1　疾病や障害のある子どもの健康管理　162
　　2　学校生活管理指導表（慢性疾患を抱える子どもの健康管理）　162
　　3　個別の教育支援計画　162
　　4　自己管理能力の育成　163

第3節　子どもが抱える課題 …………………………………………………………… 163
　　1　発達障害　163
　　2　児童虐待　164
　　3　LGBTQ（性的マイノリティ）　165

第13章　食育

第1節　今日の子どもをめぐる食に関する課題 ……………………………………… 167
　　1　現代における食生活の課題　167
　　2　危険なダイエット行動　169
　　3　食に関するメディアリテラシー　169

第2節　学校における食に関する指導 ………………………………………………… 170
　　1　食に関する指導とは　170
　　2　学校における食に関する指導の重要性　171
　　3　教科等横断的に進める食に関する指導　172
　　4　学校における食に関する指導の進め方　173

第3節　学校給食 ………………………………………………………………………… 176
　　1　学校給食の役割　176
　　2　食物アレルギーへの対応　177

第14章 教職員の健康管理

第1節 職員の健康診断 …………………………………………… 179
1 学校保健安全の対象に職員が含まれる意義　179
2 定期健康診断　179
3 臨時健康診断　180

第2節 教職員の健康上の課題 …………………………………… 180
1 教職員のメンタルヘルス（組織改革）　181
2 生活習慣病の予防（自己管理）　182
3 その他の疾病の予防　182

第3節 学校の労働安全衛生 ……………………………………… 182
1 学校に求められる労働安全衛生管理体制　183
2 学校における長時間勤務等への対策（面接指導体制の整備）　184
3 ストレスチェックの実施　184

第15章 教員に求められる学校保健活動

第1節 子どもの権利および子どもを取り巻く倫理的課題 ……… 186
1 児童の権利に関する条約（子どもの権利条約）について　186
2 子どもを取り巻く倫理的課題　188

第2節 これからの学校保健 ……………………………………… 189
1 より健康が重視される社会へ—学校でも健康づくりが鍵となる—　189
2 多様な子どもを支援できる柔軟な学校保健へ　189
3 子どものいのちを守る学校保健—児童虐待から子どもを救う—　190
4 包括的性教育の実施・充実を—ジェンダーの平等や自分を大切にすること—　192

第3節 世界の学校では ……………………………………………… 193

索引　198
ワークシート

第1章 学校保健とは

◆第1章のエッセンス◆
① 学校保健の目的は、学校教育の円滑な実施とその成果の確保である。
② 学校保健は、保健教育・保健管理・保健組織活動の3領域で構成される。
③ 学校保健に関する主たる法的根拠は、学校保健安全法にある。

Keyword　学校保健安全法　保健主事　ヘルスプロモーション

第1節　学校保健の目的と意義

学校保健は、生涯にわたる健康の基礎を育む役割を担っている。ここでは、学校保健が目指すものやその活動の概要を学ぶ。

1　学校保健とは

文部科学省は、「学校保健」を「学校における保健教育及び保健管理をいう」と定義している（文部科学省設置法第4条第12号）。

（1）学校保健の目的と意義

学校保健の主な法的根拠である学校保健安全法の第1条（目的）は、以下のように定められている。

> 学校保健安全法
> （目的）
> 第1条
> この法律は、学校における児童生徒等及び職員の健康の保持増進を図るため、学校における保健管理に関し必要な事項を定めるとともに、学校における教育活動が安全な環境において実施され、児童生徒等の安全の確保が図られるよう、学校における安全管理に関し必要な事項を定め、もつて学校教育の円滑な実施とその成果の確保に資することを目的とする。

ここでいう学校教育の目的は、教育基本法第1条（教育の目的）の「教育は、人格の完成を目指し、平和で民主的な国家及び社会の形成者として必要な資質を備えた心身ともに

健康な国民の育成を期して行われなければならない」という条文にみることができる。これらより、学校保健の目的は、保健管理・保健教育を通し、健康な国民を育成することにあるということができる。

また、わが国の教育課程の基準である学習指導要領は、「生きる力」を育む、という理念のもと構成されている[1]。この教育理念は、2008（平成20）年の改訂の際に掲げられ、その後の2017・2018（平成29・30）年改訂においても受け継がれている。この「生きる力」とは、知・徳・体、つまり、確かな学力、豊かな人間性、健康・体力のバランスのとれた力を指している。学習指導要領においても、児童生徒が学校教育で身につける力として、たくましく生きるための健康や体力を重点に挙げており、生涯にわたって健康を保持増進することに直接つながる学校保健の果たす役割は教育的な観点からみても重要である。

このように、学校保健は、健康という学校教育の目的に直接的に寄与する活動であり、学校教育の基盤をなすものであるといえる。教職員には、学校保健が教育の成果に直結するという認識をもち、積極的に学校保健活動を推進する姿勢が求められる。

（2）学校保健の対象

学校教育法第1条に「学校とは、幼稚園、小学校、中学校、義務教育学校、高等学校、中等教育学校、特別支援学校、大学及び高等専門学校とする」とあり、学校教育の対象は、これらに属する幼児、児童、生徒および学生である。一方で、学校保健の対象は、前に挙げた学校保健安全法の第1条に「学校における児童生徒等及び職員の健康の保持増進を図るため」の一文があり、児童生徒等のみでなく、教職員も対象に加える必要がある。児童生徒等の健康には、教職員の健康状態が大きく影響するためである。なお、教職員の健康管理については、第15章で取り上げる。

（3）学校保健の法的根拠

学校教育を司る国の行政機関は文部科学省であり、学校保健は主として同省初等中等教育健康教育・食育課、一部はスポーツ庁の所管となる（図1-1）。なお、就学前の幼児については、一部こども家庭庁[★1]の所管となる。法的根拠には、学校教育全体にかかわる事項については、文部科学省設置法、教育基本法、学校教育法がある。学校保健の中心となる法的根拠は、学校保健安全法、学校保健安全法施行令、学校保健安全法施行規則である。これらの法律では、学校保健計画や児童生徒等の健康診断、健康相談・保健指導、感染症の予防など、保健管理や保健教育に関する事項を定めている。

さらに、以下の法令も学校保健に関連がある。
・給食の安全や衛生、食育について
　学校給食法や食品衛生法、食育基本法
・感染症の予防について
　感染症の予防及び感染症の患者に対する医療に関する法律や予防接種法

・学校管理下における災害給付について
　独立行政法人日本スポーツ振興センター法

図 1-1　学校保健行政組織図

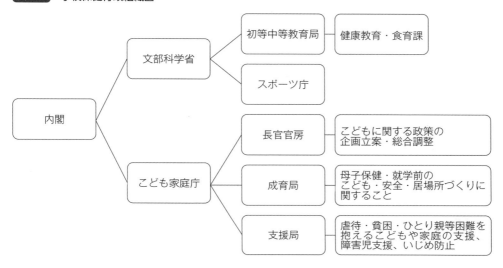

2　学校保健活動

学校保健は保健教育と保健管理を両輪として推進されるが、これらの活動を円滑かつ効果的に運営するために、保護者や教職員、地域関係組織等と連携し、保健組織活動を機能させることが重要である（図 1-2）。

（1）保健教育

> 中学校学習指導要領
> 第1章 総則　第1の2の（3）★2
> 学校における体育・健康に関する指導を、生徒の発達の段階を考慮して、学校の教育活動全体を通じて適切に行うことにより、健康で安全な生活と豊かなスポーツライフの実現を目指した教育の充実に努めること。特に、学校における食育の推進並びに体力の向上に関する指導、安全に関する指導及び心身の健康の保持増進に関する指導については、保健体育科、技

解説
★1　こども家庭庁
　2022（令和4）年4月にこども家庭庁が創設された。少子化の進行、児童虐待、不登校やいじめの増加、子どもの貧困など、子どもを取り巻く課題に対する政策を強力に進めていくための行政組織である。その使命は、子どもと家庭の福祉の増進・保健の向上等の支援、子どもの権利利益の擁護にある。
★2　児童生徒の呼び方、および教育課程により一部科目名が異なるが、小学校学習指導要領においても同様の内容である。ただし、小学校では「体育」であり、科目名に「保健」は含まれない。

> 術・家庭科及び特別活動の時間はもとより、各教科、道徳科及び総合的な学習の時間などにおいてもそれぞれの特質に応じて適切に行うよう努めること。

> 高等学校学習指導要領
> 第1章 総則　第1款の2の（3）★2
> 学校における体育・健康に関する指導を、生徒の発達の段階を考慮して、学校の教育活動全体を通じて適切に行うことにより、健康で安全な生活と豊かなスポーツライフの実現を目指した教育の充実に努めること。特に、学校における食育の推進並びに体力の向上に関する指導、安全に関する指導及び心身の健康の保持増進に関する指導については、保健体育科、家庭科及び特別活動の時間はもとより、各教科・科目及び総合的な探究の時間などにおいてもそれぞれの特質に応じて適切に行うよう努めること。

　たくましく生きるための健康や体力は、学習指導要領の理念である「生きる力」を構成する重要な要素であり、健康の保持増進に必要な知識や技能を習得させることは、学校教育の基盤をなすものである。学習指導要領では、学校における体育・健康に関する指導は、学校の教育活動全体を通して取り組むことが示されており、さらに教育課程編成の際には、「健康に関する指導については、児童（生徒）が身近な生活における健康に関する知識を身につけることや、必要な情報を自ら収集し、適切な意思決定や行動選択を行い、積極的に健康な生活を実践することのできる資質・能力を育成することが大切である」としている。

　つまり、保健教育は、体育科・保健体育科をはじめとする各教科や特別活動などにおける集団教育のみでなく、保健室等における個別指導も含めた、学校教育のさまざまな活動全体で一貫して行われるものであり、その目的は、健康的な生活習慣の確立と個別の生活状況に応じた問題解決能力の育成により、健康を自分の力でコントロールする力を身につけさせることにあるといえる。

　保健教育は、発達段階やその他の教科等における学習状況に合わせた系統的な指導を行うことが効果的である。全職員が学習内容のつながりを意識した指導が展開できるよう学校保健計画に位置づける必要がある。

　保健教育の方法や内容等の具体的な事項については、第10章で学ぶ。

（2）保健管理

　学校保健安全法が示す、学校教育の円滑な実施とその成果の確保のためには、児童生徒の心身の健康の保持増進を図ることができる保健管理が必要となる。保健管理には、対人管理と対物管理の2つの要素が含まれる。

　対人管理は、健康管理に関する事項であり、児童生徒の、集団として、そして、個人としての健康の特徴や状態を把握し、疾病・異常の早期発見や悪化防止に努める管理を行う

ことを指す。健康診断、健康相談、救急処置、健康観察、疾病（慢性疾患や感染症など）の予防と管理などが含まれる。

対物管理は、安全かつ衛生的な環境を整備することにより、児童生徒の健康を支えることを指す。学校環境衛生、安全点検などが含まれる。

保健管理は、児童生徒の生命を守り、心身の安全を保障するために欠かせない、学校保健の中核となる活動である。健康診断や地域の環境等からの情報収集をもとにして把握した学校の実態に合わせ、学校保健計画に位置づけ、全職員の共通理解のもと、計画的かつ組織的に推進していくことが大切である。

（3）保健組織活動

保健組織活動とは「学校保健のすべてについていろいろな問題を発見し、それの問題を自分たち自身のものとし、これを自主的に効果的に解決するために、学校及び関連する集団の人的、物的、行政的な資源を活用して実行していく過程」[2]をいう。

組織とは、共通の目標を達成するために、成員それぞれが何らかの役割や機能をもって協働する集団である。

学校保健組織活動とは、保健教育、保健管理を円滑に推進し、学校保健を向上することを目的に、さまざまな関係者・関係機関等が連携・協力することを指す。児童生徒等の健康問題は、学校のみで解決できることは少なく、家庭や地域も巻き込んだ活動の展開が不可欠である。学校と家庭や地域、関係機関等が連携し、保健組織活動を機能させられるか否かが学校保健活動の質を大きく左右する。学校保健計画に位置づけ、計画的かつ継続して展開できるようにする。

保健組織活動の中心となる組織は、学校における健康問題を研究協議し、健康づくりを推進する学校保健委員会である。学校保健委員会の構成員は、校長・関係教職員・保護者・地域の関係者・児童生徒などであり、その企画・運営を担うのは保健主事である。

学校保健委員会の他の組織としては、児童生徒保健委員会、PTA保健委員会、教職員保健部（係）などがある。また、健康問題によっては、学校外の医療機関や保健センター等との連携が必要となる場合もある。

図1-2　学校保健行政組織図

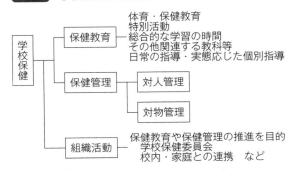

第2節　学校保健の考え方

> 学校保健は、自らが健康の主体者として選択し、改善のために行動するプロセスであるヘルスプロモーションをその理念に据えている。ここでは、学校保健活動を展開する上で基盤となる、ヘルスプロモーションの考え方を学ぶ。

1　学校保健とヘルスプロモーション

（1）学校保健の理念：ヘルスプロモーション

　ヘルスプロモーションとは人々を健康へと導く方策であり、1986年の世界保健機関（以下「WHO」）によりオタワ憲章で提唱され、さらに2005年のバンコク憲章で再提唱された。「人々が自らの健康とその決定要因をコントロールし、改善することができるようにする過程（プロセス）」と定義され、健康は個人の力のみで達成されるものではなく、人々の相互サポートや健康を支援する政策などの環境整備の推進が重要であるという考え方に基づいている。

　ヘルスプロモーションを学校保健の理念とする意義は、児童生徒に知識・技術を獲得させる教育を推進するにあたり、学校保健組織活動で支えること、学校の施設設備や子どもを取り巻く生活背景、学校周辺の制度やきまりなどの環境を整えることを考慮に入れることにある。

　学校における保健教育のねらいは、健康的な生活習慣の確立と個別の生活状況に応じた問題解決能力の育成により、健康を自分の力でコントロールする力を身につけさせることにある。自分の生活行動を統制する力を身につけるのみでなく、ヘルスプロモーションの理念を育み、周りにも働きかけ、健康を維持増進できる環境や社会の実現を目指すことができる、自身の健康の主体者としての意識を持足せるような教育が求められている。

　ヘルスプロモーションの詳細については、第5章で学ぶ。

（2）ヘルスプロモーティングスクール

　1980年代、WHOは、ヘルスプロモーティングスクール(Health Promoting School)を提案している。これは、学校を健康的な環境にすること、学校に関係する人々が健康になることに向かって、学校を中核として地域社会や家庭も巻き込んで包括的に進める総合的な健康づくりである。ヘルスプロモーティングスクールは、学校におけるヘルスプロモーションの目指す姿である。

　日本では同様に、公益財団法人日本学校保健会が「全国健康づくり推進学校表彰事業」を実施している。これは、学校と家庭、地域社会と連携を図り積極的に健康づくりを推進し、成果をあげている学校を表彰する事業で、健康づくりのために、健康教育、健康管理および組織活動を内容とする学校保健計画、学校安全計画、食に関する指導の計画が適切

に実践され、具体的な健康課題について、学校・家庭・地域社会が連携し、解決に向けて成果をあげている学校が推薦されている。

2 学校保健の特徴

　学校保健の推進にあたっては、その対象となる児童生徒等の特徴を考慮することが重要である。

（1）児童生徒等は発育・発達途上にある

　発育・発達にかかわる課題は、対応できる時期が限られることがある。低身長、思春期早発症、発達障害などがその例であるが、適切な時期に治療や支援につなげることが、その後の一生の健康に影響を及ぼすことがある。学校で実施する健康診断や保健調査、日常の観察等から、心身の状況を的確にアセスメントし、早期発見・早期対応につなげることが求められる。

（2）社会の影響を受けやすい

　近年のインターネット、スマートフォンの急速な発達は、児童生徒の生活にも大きな影響を与えている。ICT活用などによって、学習の利便性が高まるなどよい面も多くあるが、同時に、ネットいじめや児童ポルノの急増も社会問題となっている。また、社会の景気の変動も家庭の経済状況と直結しているなど、児童生徒は、社会情勢の影響を受けやすい存在である。社会の動きとそれに関係する児童生徒の健康行動を常に見守る視点が必要である。

（3）学校だけでは達成できない

　児童生徒等の健康の保持増進は、学校にできる教育や管理のみでは、解決できない問題である。
　児童生徒等は、保護者の養護のもと生活している。生活習慣をはじめ、経済状況や保護者の健康状態、児童虐待などの家庭の問題が児童生徒等の心身の問題に直結している。また、公害に代表されるような、地域の環境も無視できない。さらに、児童生徒等に慢性疾患がある場合、医療機関との情報交換も重要となる。家庭や地域、関係機関等との連携を考慮する必要がある。

（4）顕在化している課題だけでなく、将来的な課題も考慮する

　当然であるが、児童生徒等は成長し、大人になる。しかし、その成長した姿を想像して、指導が実施されているだろうか。現在、成人の死因のうち、悪性新生物、心疾患、脳血管疾患などの生活習慣病が上位を占めている。生活習慣は、子ども時代に形成されることが

知られている。将来的に起こるであろう疾病等を想定した指導が必要である。この他にも、エイズや飲酒喫煙、薬物乱用など、児童生徒等には発生していなくとも、今後起こる可能性のある問題を予防することができる将来を見据える視点ももつ必要がある。

第3節　学校保健の歴史

わが国の学校保健の歴史は、1872（明治5）年の学制公布とともに始まった。その後、児童生徒の実態を反映しつつ独自の発展を遂げてきた。歴史の振り返りから、学校保健の目的や意義を見出す。

1　養護教諭の歴史

養護教諭の歴史の背景には、健康課題の変遷がある。養護教諭は、子どもたちのニーズに合わせ、仕事を創り出してきた。

学校看護婦が誕生したのは、1905（明治38）年であるといわれている。その目的は、クラミジアによる結膜炎であるトラコーマ★3の治療および予防であった。公費による学校看護婦の第一号として詳細が明らかになっているのは、1906（同39）年に岐阜県の京町小学校に配置された広瀬ますである★4。この学校看護婦らの活動は高く評価され、徐々に学校看護婦は増加し、職務内容もトラコーマの対応から救急処置や身体検査などに拡大していった。

1941（昭和16）年、国民学校令が発布されると、学校看護婦は「養護訓導」（訓導：教諭）となり、教育職員としての立場が確立した。その背景には、教育職としての身分確立を求める学校看護婦たちの職務制度確立運動があった。この頃のわが国は、感染症の拡大、栄養不足等に見舞われており、養護訓導が教育的な役割を担うことも多くなっていた。

1945（昭和20）年、終戦（第二次世界大戦終結）を迎えると新たな日本国憲法が交付され、1947（同22）年には学校教育法が制定された。養護訓導の名称は養護教諭に変更され、現在に至っている。

欧米をはじめとする諸外国で学校保健の中核を担っているのは看護師であり、教育職としての地位を確立した養護教諭の歴史は、わが国独自の流れである。

2　子どもの健康課題と学校保健の変遷

ここでは、第二次世界大戦後から現代までの児童生徒の健康課題と学校保健の変遷を概観する。

（1）第二次世界大戦後（1940年代）：感染症・衛生の課題

物資の不足や衛生状況の悪化により、痘瘡・発疹チフス・パラチフス・結核などの感染

第 1 章　学校保健とは

症、寄生虫や皮膚疾患などが児童生徒に多く発生した。この時期の学校保健は、このような感染症の治療・予防を担った。

1954（昭和 29）年に学校給食法が成立し、全国で学校給食の実施体制が整ったことも、児童生徒の体格や栄養状態の改善に大きな成果を挙げた。

（2）高度成長期（1950 年代）：生活習慣

戦後からの急速な復興に伴い、わが国は高度経済成長の時代を迎えた。第 1 次ベビーブーム（1947（昭和 22）～ 1949（同 24）年）には、合計特殊出生率が 4.3 を超えていた（参考：2023（令和 5）年：1.2）。この世代が学校に上がる年になると、「すし詰め」学級が生まれるなど教室不足が問題化した。また、教育熱の高まりもあり、高等学校や大学への進学率は上昇、受験戦争を生んだ。

この時期、都市部には人口が集中し、団地が次々に建設された。自家用車の保有率は高まり、テレビの放送が開始された。食生活も豊かになり、インスタント食品やスナック菓子、清涼飲料水も発売された。

こうした背景から、児童生徒の生活は大きく変化した。空き地の減少やテレビ視聴、身体を使った遊びの機会の減少に伴う運動不足、砂糖や油を多く含んだおやつの摂取量の増加によるむし歯や肥満など、生活習慣にまつわる課題が表出した。

このような中、1958（昭和 33）年に学校保健法が制定、学習指導要領が改訂告示され、保健管理・保健教育の両面で新たな時代を迎えた。

（3）テレビゲームの登場とバブル経済（1970 年代）：精神的課題

第 2 次ベビーブーム（1971（昭和 46）～ 1974（同 49）年）の世代が小学生になる頃、家庭用テレビゲーム機が発売され、コンビニエンスストアやファーストフード店も急増した。受験戦争はさらに激化し、児童生徒の生活には、塾通いが加わり、睡眠不足や朝食の欠食など生活習慣の乱れはさらに大きくなった。これらの影響から非行・無気力などの精神的な課題が注目され始め、保健室のカウンセリング機能に期待が寄せられた。登校拒否、ツッパリなどの言葉が生まれ、いじめやいじめが原因の自殺が問題化しはじめたのもこの頃である。

1980 年代後半から、バブル経済期と言われる空前の好景気を迎える。開放的な空気感の中、性の商品化の動きが子ども達にもおよび、10 歳代の妊娠や中絶の増加、援助交際

解説
★3　トラコーマ
クラミジア・トラコマチスという細菌による結膜炎。手や衣服などの接触感染のほか、目や鼻の分泌物に触れたハエを媒介して感染することもある。治療が遅れると視力障害や失明に至る。現代の日本ではほほみられないが、衛生状態が悪いアフリカ、中南米、アジア、オーストラリア、中東の一部では、今も多くの感染者が出ている。
★4　ただし、日本における学校看護婦の起源については、研究者により議論が分かれるところである。1904（明治 37）年に福岡県女子師範学校に置かれたのが最初であるとする研究などもある。

といわれる女子中高生の売春が問題となった。

（4）バブル経済崩壊から現在（1990年代以降）：福祉的課題

　1991（平成2）年、バブル経済は崩壊し、急激な景気の後退が起こり、親世代は生活の余裕を失った。そのような背景もあいまって、児童虐待、子どもの貧困の急増が課題としてあらわれた。近年では、ヤングケアラーと呼ばれる、本来大人が担うと想定されている家事や家族の世話などを日常的に行っている子どもの存在が顕在化した。学校保健にも福祉的な視点が不可欠となっている。

　インターネットの普及も急速に進み、インターネット依存、SNS上のトラブルが増加した。児童生徒等のスマートフォンの保有率も同時に高まり、児童ポルノなど猥褻画像の流出、家出幇助という名目での児童誘拐などの性的略取の対象とされる事案、インターネット上でのいじめの問題も複雑化巧妙化し、増加の一途を辿っている。

演習課題　ワークシートは巻末参照

1．現在の学校保健の課題とは何か。考えられるものを具体的に複数挙げてみよう。
2．1で挙げた課題のうちの一つについて、現状の統計データ等を調べ、内容をまとめてみよう。
3．ヘルスプロモーティングスクールの実現につながる実践を調べて挙げてみよう。

【引用文献】
1）文部科学省「学校・家庭・地域が力をあわせ、社会全体で、子どもたちの「生きる力」をはぐくむために～新学習指導要領スタート～」
　　https://www.mext.go.jp/a_menu/shotou/new-cs/pamphlet/__icsFiles/afieldfile/2011/07/26/1234786_1.pdf
2）江口篤寿他編『学校保健大事典』ぎょうせい　1996年　p.725

【参考文献】
・こども家庭庁ホームページ
　https://www.cfa.go.jp/

COLUMN
あなたの教育観は？

　教育観とは、自分が教育という仕事をする上での指針となるような考えのことです。簡単にいえば、「あなたは、何のために、どんな教育をしたいのか、どんな教員でありたいのか」という問いであるといえます。教員は誰しも、教育観をもっています。

　ある養護教諭の先生に教育観を尋ねたところ、こんなお返事がありました。

　子どもたちが「生きたい」と思ってくれるような教育をするということです。

　当然ですが、「生きたい」という思いがなければ健康になろうと思いません。でも、子どもが生きることを意識していることはないので、学校生活に置き換えれば、「毎日学校に行きたい」「明日も楽しみだな」、などのような気持ちをもってくれることになると思います。

　そのために、心がけていることは、「楽しそうに生きている大人の背中を見せる」ことです。大人になっても仕方ないな、つまらなそうだな、と思われるようになったら、子どもの前に立つべきではないと思っています。子どもの前では、かっこよく、楽しそうな姿を見せて、「早く大人になりたい！」と思ってもらいたいと考えています。

　楽しそうな姿を見せるには、メンタルのコントロールがとても大事です。私も嫌なことは毎日起こるし、失敗して落ち込むことも多々あります。それでも、日々子どもの前に立つときは、落ち込み傷ついている様子は見せられません。「自分はダメなところもたくさんあるけど、それでも生きる意味・価値はある」ということだけは揺らがないように日々言い聞かせるようにしています。

　学生から教員になるとき、教えてもらう側から教える側に変わるのです。皆さんもメンタルコントロールの技を身につけることを心がけたいですね。

　そして、どんな教員になりたいかを考え続け、教育観を育てていきましょう。

COLUMN

ヤングケアラーとは？

　ヤングケアラーとは、本来大人が担うはずの家事や家族の世話などを日常的に行っている子どものことです。このような子どもの担任になったら、あなたには何ができますか？

　Aさんは、精神疾患のあるお母さんと2人暮らしの小学4年生です。何度か参観会などでお会いしたお母さんは、自由奔放で、子どものように可愛らしいという印象。お母さんは病院から処方された薬を飲んだり飲まなかったりするので、病状が安定しません。病状が悪化すると、家に放火しようとしたり、下着姿に裸足で夜徘徊したり、自殺すると騒いだり……。警察が来ることもしょっちゅうでした。当然そのことを近所の人も見ていますし知っています。

　Aさんはまだ4年生なので、勉強に支障が出たり、遅刻欠席が増えたり、ということはほとんどありませんが、事件の次の日はよく保健室に行くようです。どうやら教室ではお母さんのことについてクラスメイトにいろいろ言われるようです。日中の家事は、近くに住んでいるおばあちゃん（母方の祖母）がしてくれています。しかし、おばあちゃんも仕事をもっているので、食事の準備や洗濯を小一時間でさっとすませて帰ってしまいます。食事の片づけ、お母さんの身のまわりの世話はAさんがしています。

　ヤングケアラーの子どもは、中学2年生5.7％、小学生で6.5％いるといわれます[1]。つまり、クラスに1〜2人いることになりますが、その存在はこれまで見過ごされ、あるいは見て見ぬふりをされてきました。「家族の面倒をみて偉いね」と褒められる一方で、「また宿題ができていない」と叱られる。それでも、子どもは自分の家庭が普通ではなく、人に助けを求めるべき状況だと考えることは出来ません。その子にとっての普通は、家族の世話をする生活なのですから。

　教師に求められることは、まずヤングケアラーの存在に気づくことです。そして、ここで大事なことは、自分一人でなんとかできると思わないことです。校内の管理職や生徒指導主事に相談してください。養護教諭、ソーシャルワーカーも力になってくれます。

　子どもの問題は、解決を先送りにされることがよくあります。しかし、大抵の場合、問題は子どもの成長とともに大きくなります。その子の将来をあなたはどう想像するでしょうか。子どもが子どもらしい生活を送ることは、権利です。できるだけ早く手を差し伸べてほしいと思います。

ⅰ）文部科学省「ヤングケアラーに関する調査研究について」
https://www.mext.go.jp/a_menu/shotou/seitoshidou/mext_01458.html

第2章 現代的な健康課題

> ◆第2章のエッセンス◆
> ① 社会環境の変化や生活様式の変化等を背景として、今日の日本の子どもたちにおける現代的な健康課題はさまざまみられる。
> ② 子どもたちにおける現代的な健康課題の予防・防止や改善は、学校保健上の重要な課題となっている。

Keyword 　生活習慣　発育発達　メンタルヘルス　不登校　危険行動

第1節　子どもの健康とその保持増進に向けて

教師として子どもの健康の保持増進を目指すうえで、健康をどう捉え、どのような心構えで学校保健活動に取り組んでいくことが大切となるであろうか。

1　子どもの健康をどう捉えるか

健康については例えば、世界保健機関（WHO）は「Health is a state of complete physical, mental and social well-being and not merely the absence of disease or infirmity.（健康とは、病気ではないとか、弱っていないということではなく、肉体的にも、精神的にも、そして社会的にも、すべてが満たされた状態にあること）」[1]と定義している。こうした理想的な健康の状態を踏まえながらも、実際の子どもたちの具体的な健康の姿についてはどのように捉えることができるであろうか。森昭三[2]によれば、「皮膚の色、つやがよく、適度に緊張してみるからに栄養の良好さがうかがわれる」「唇、爪、頭髪などの色、つやも良好でみるからに健康的である」「感覚、知覚、思考力が正常で事象の判断をあやまらない」「情緒的に安定性があって焦慮感に陥り自己をとりみだすことがない」などの状態を示している。教師としては、学校保健活動において目指すべき子どもの健康の状態について、発育発達の段階を理解した上で実践的な視野に立つ健康観をもつことがより大切になると考えられる。

2　子どもたちの健康の保持増進に向けて

今日の日本では、グローバル化や情報化等の社会の変化や生活様式の変化を背景として、

子どもたちの身体運動の不足、偏った食行動、睡眠不足をはじめとした基本的な生活習慣の乱れ、ストレスの増大に伴うメンタルヘルスの問題、アレルギー疾患、性、感染症、喫煙、飲酒、薬物乱用等の問題、安全に関する問題等の健康課題が山積している。健康に関する問題は、まさに子どもたちの現在および将来の生活や人生に大きくかかわり、健康の保持増進に向けた学校保健活動の重要性はますます高まっている。

　ホイマン（H.S. Hoyman）[3]は健康についての概念を提唱する中で、健康は日々変化する流動的なものであることをその特徴の一つとして示している。具体的には、健康の水準について Optimal health を理想的な最良の状態として、Health、Wellness、Minor illness、Major illness、Critical illness、そして Death までの間で変化するものであるとしている。Optimal health に至ることは現実的には難しいと言えるが、よりよい状態を目指すことなしには健康的な状態を獲得・維持することはできないと考えられる。そして、その健康という状態は「無条件にある」ものではなく、「育てられた」ものであり、「守られた」結果である。したがって最も大切なことは、こうした健康を「育てる」や「守る」という学校保健の活動がなければ、子どもたちにおいて健康であることはありえないのではないだろうか。学校保健がこうした尊い活動であることを、教師はまず胸にとどめておきたい。

　また、健康課題には人権の問題が大きくかかわっており、障害や疾病等に対して偏見や差別が存在することは決して許されるものではない。疾病や傷害等に関係のない人生を送ることはあり得ず、人として生きている限り健康を損ねる場合があることは当然である。そうした中で、「健康であるべき」や「健康でなければならない」といったいわば健康至上主義的な考え方に陥ってしまうと、自分や他者が健康を損なった時にそれがあたかも「悪」であるかのように捉えてしまいかねない。学校保健を担う教師としては、子どもの健康を願い、その保持増進に努めつつ、その上でむしろ子どもが健康を損なった時にこそ、より肯定的なまなざしを向けて支援していくこと、そしてそうした態度を子どもたちにも醸成するような働きかけを行っていくことが重要と思われる。この点は、たとえ健康に問題を抱えているとしてもそれによって差別や排除をされず、誰もが生きやすい社会をつくりあげていくことにつながるであろう[4]。

第2節　生活習慣に関する問題

> 生活習慣にかかわる行動として、ここでは特に問題となっている身体運動の不足、睡眠に関する問題およびスクリーンタイムを取り上げて、その現状について学ぶ。

　心身の健康には日々の生活習慣が深くかかわっており、健康を保持増進するため適切な運動、食事、睡眠等の調和のとれた生活を続けることが必要であることは言うまでもない。また、日常の生活習慣が主な要因となって起こる生活習慣病には心臓病、脳血管疾患、

第 2 章　現代的な健康課題

糖尿病、歯周病などがあり、その予防には健康的な生活習慣が不可欠である。特に、若い年代からの運動不足や不適切な食事、睡眠の不足等は肥満を引き起こしやすく、生活習慣病のリスクが高まりやすい。

1　身体運動の不足

心身の健康を保持増進し、体力を高めるために適度な身体運動が重要であることはいうまでもないが、現代の子どもたちにおいては運動不足の問題が顕在化している。具体的には、子どもたちの身体運動の状況について、極端に少ない者が一定数みられるなど憂慮されている。例えば、スポーツ庁「令和6年度全国体力・運動能力、運動習慣等調査報告書」[5]によれば、体育の授業を除く1週間の総運動時間が60分未満である者は、小学校で男子9.1%、女子16.0%、中学校で男子9.7%、女子21.8%であることが示されており、特に女子において目立っている（図2-1）。

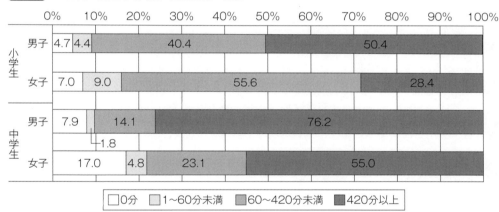

図2-1　1週間の総運動時間別の児童生徒の割合

出典：スポーツ庁「令和6年度全国体力・運動能力、運動習慣等調査結果」2024年より筆者作成

2　睡眠に関する問題

近年の日本の子どもたちをめぐって、睡眠に関する問題が指摘されており[6]、特に就寝時刻が遅い者や睡眠時間が短い者が目立つこと[7) 8)]、入眠困難、睡眠維持困難、早朝覚醒といった不眠症を呈する者が少なくないこと[9]等の報告がみられる。睡眠は、脳機能や免疫機能をはじめとするさまざまな精神身体機能を保つうえで重要な役割を果たしていることが明らかになっており、生活のリズムや規則的な生活習慣の維持に密接にかかわることなどからも、極めて重要である。例えば、青少年期における睡眠不足は、身体の発育・発達および高次脳機能に好ましくない影響を及ぼすことが報告されている[10]。また、睡

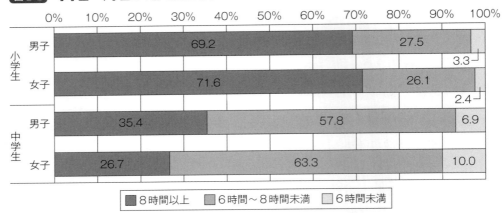

図 2-2　小学生・中学生の1日の睡眠時間

出典：スポーツ庁「令和6年度全国体力・運動能力、運動習慣等調査結果」2024年より筆者作成

眠が不足することによって、体調不良をきたしたり、学業を含むさまざまな活動の意欲が低下したりすることなども懸念される。

　必要な睡眠時間については個人差があり、また、実際の睡眠時間は年齢や季節によって変化することが指摘されていることから[11]、適切な睡眠時間について特定の基準で述べることは難しい。そうした中で、例えばNational Sleep Foundation[12]では、米国における第6-12学年の青少年を対象とした調査において、「8時間未満」を「Insufficient」、「8時間以上9時間未満」を「Borderline」、「9時間以上」を「Optimal」として結果を示している。日本の子どもたちにおける1日の睡眠時間について8時間未満である者は、小学校で男子30.8％、女子28.5％、中学校で男子64.7％、女子73.3％であることが示されており[5]、睡眠時間が必ずしも十分でないと考えられる者が少なからず存在している（図2-2）。

3　スクリーンタイムの状況

　今日では、高度情報化社会の中で情報通信技術が急速に発展し、テレビ、パソコン、スマートフォンなどのさまざまな情報通信機器が広く普及している。情報通信機器は、効率的な情報の収集やコミュニケーション等の重要なツールとなっており大きな利点があるものの、その一方で子どもたちの長時間に及ぶ利用は身体運動の不足を助長するなど、心身の健康に好ましくない影響を及ぼすことも懸念される。日本の子どもたちの平日におけるスクリーンタイム★1について、4時間以上である者は、小学校で男子29.5％、女子24.9％、中学校で男子29.0％、女子27.9％であることが示されている[5]（図2-3）。1日4時間以上のスクリーンタイムは、身体運動の不足や朝食の欠食をはじめとして健康に好ましくない行動との関連があることも明らかになっており[13]、子どもたちの長時間のスクリーンタイムは留意すべき課題である。

第 2 章　現代的な健康課題

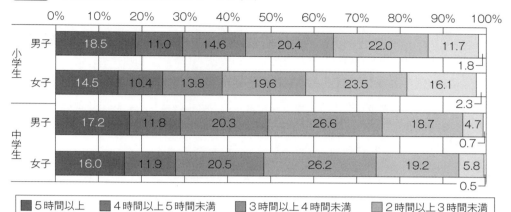

図 2-3　平日における学習以外のスクリーンタイム

出典：スポーツ庁「令和 6 年度全国体力・運動能力、運動習慣等調査結果」2024 年より筆者作成

第 3 節　子どもの発育発達に関する問題

文部科学省等の調査によって、児童生徒の発育発達に関する状況が示されている。ここでは、肥満傾向、痩身傾向および体力・運動能力に焦点を当てて、児童生徒における現状を学ぶ。

1　肥満傾向児と痩身傾向児

文部科学省「学校保健統計調査」では、性別・年齢別・身長別標準体重からの算出式（肥満度・痩身度＝［実測体重（kg）－身長別標準体重（kg）］／身長別標準体重（kg）× 100（％））により、肥満度が 20％以上の者を肥満傾向児、－ 20％以下の者を痩身傾向児としている。

2023（令和 5）年度の調査結果では、肥満傾向児は、男子で小学校 6 年生：13.1％、中学校 3 年生：10.5％、高等学校 3 年生：10.3％、女子で小学校 6 年生：9.7％、中学校 3 年生：7.6％、高等学校 3 年生：7.6％であった。痩身傾向児は、男子で小学校 6 年生：3.0％、中学校 3 年生：2.8％、高等学校 3 年生：3.5％、女子で小学校 6 年生：2.9％、中学校 3 年生：3.0％、高等学校 3 年生：2.0％であった[14]。

解説　★1　スクリーンタイム
　　　　　学習以外でテレビ、DVD、ゲーム機、スマートフォン、パソコン等の画面を視聴する時間。

2　体力・運動能力の状況

スポーツ庁による「全国体力・運動能力、運動習慣等調査」[5]では、小学5年生を対象とした実技に関する調査のテスト項目として、握力、上体起こし、長座体前屈、反復横とび、20 m シャトルラン、50 m 走、立ち幅とび、ソフトボール投げを、中学2年生を対象とした実技に関する調査のテスト項目として、握力、上体起こし、長座体前屈、反復横とび、持久走（男子1,500 m、女子1,000 m）または20 m シャトルラン、50 m 走、立ち幅とび、ハンドボール投げを、それぞれ実施している。

2024（令和6）年度の調査の結果、実技テスト項目の得点の合計（体力合計点）は2023（同5）年度の結果と比較して、小学5年生は男女ともに低く、中学2年生では男女ともに高い値であった。2020（同2）年から流行した新型コロナウイルス感染症の影響による行動制限が緩和されたこともあり、若干の回復がみられたが、2019（同元）年以前の水準に戻っているとはいえない。低下した体力をいかに取り戻して、継続的な改善につなげていくかが課題となっている。

第4節　メンタルヘルスに関する問題

日本の子どもたちにおけるメンタルヘルスについては、10歳代における死因の第一位が自殺となっていることなどから、極めて憂慮すべき状況にあるといえる。

1　メンタルヘルスに関する自覚症状

日本学校保健会の報告[8]では、児童生徒のメンタルヘルスに関連する自覚症状について調査されており、特に中学生および高校生においてメンタルヘルスが好ましくない状況にある者が少なからずみられるなど、憂慮されている。例えば、「気分の落ち込みのせいで、何もする気にならないことがある」という質問に対して「しばしば（1週間に一度程度）」または「ときどき（1か月の一度程度）」と回答した者は、中学生で男子36.7％、女子47.6％、高校生で男子41.5％、女子53.8％と示されている。また、「死にたいと思うことがある」という質問に対しても同様に、中学生で男子7.5％、女子12.3％、高校生で男子6.5％、女子11.3％と示されている。

2　セルフエスティーム

セルフエスティーム（Self-esteem）[*2]は欧米において提唱された概念であり、日本でも自己肯定感、自尊感情、自己価値感などと呼ばれ、学校教育等の分野において注目されている。欧米ではもともと、自己に対する肯定的または否定的な態度というように感情の

両面を捉える概念であったといえるが、日本では自己に対する肯定的な感情というように望ましい側面に焦点をあてて捉えられている。すなわち、セルフエスティームは、自分自身を好ましいと思う肯定的な感情のことであり、他者との比較によって感じる優越感というよりも、自分自身は無条件に価値があると感じる気持ちであるといえる。

こうしたセルフエスティームは、身体運動の不足、朝食の欠食、喫煙、飲酒、薬物乱用、性交経験、暴力行為、自殺願望といった心身の健康に悪影響を及ぼす行動に関連していることが明らかとなっており[15]、子どもたちの健康という視点からもセルフエスティームを育むことの重要性が指摘されている。

しかしながら、日本の子どもたちのセルフエスティームの状況をみると、諸外国の子どもたちに比べて低いことが報告されており[16]、また、学年が上がるにつれて低下傾向にあることも指摘されている[17]。

3 自殺とその背景

厚生労働省「令和5年（2023）人口動態統計月報年計（概数）の概況」によれば、日本の10〜14歳および15〜19歳における死因の第1位はいずれも自殺となっており、自殺の防止は最も重大な課題であるといえる。

10代における自殺の原因・動機としては、健康問題や学校問題が目立っている[18]。自殺の多くは多様かつ複合的な背景等を有している中で、健康問題の一つとしては精神疾患が挙げられる。精神疾患は、思春期・青年期が好発年齢といわれ、うつ病（双極性障害を含む）、統合失調症、パニック症、強迫症、社交不安症、摂食障害などがある[19]。

また、学校問題としては、その一つにいじめが存在することも指摘されている。「いじめ」とは、「児童生徒に対して、当該児童生徒が在籍する学校に在籍している等当該児童生徒と一定の人的関係のある他の児童生徒が行う心理的又は物理的な影響を与える行為（インターネットを通じて行われるものを含む）であって、当該行為の対象となった児童生徒が心身の苦痛を感じているもの」[20] と捉えられている。いじめの認知件数については、2022（令和4）年度で小学校55万件あまり、中学校11万件あまり、高等学校1万5千件あまりであり[20]、特に小学校および中学校では近年増加傾向にある。

解説 ★2 セルフエスティーム（Self-esteem）
代表的な定義としては、M. Rosenberg（1965）による「自己に対する肯定的または否定的態度」やS. Coopersmith（1967）による「自身に対する是認または非難を表したもの」等がある。

第 5 節　不登校の動向

近年、不登校の児童生徒が増加している。その現状と背景を踏まえながら、子どもたちの健康、生活および学習の側面等から、それらを保障していくための取り組みを理解する。

1　不登校の現状と課題

不登校とは、年度間に 30 日以上登校しなかった児童生徒のうち、何らかの心理的、情緒的、身体的、あるいは社会的要因・背景により、児童生徒が登校しないあるいはしたくともできない状況にある者（ただし、「病気」や「経済的理由」、「新型コロナウイルスの感染回避」による者を除く）とされている[20]。近年ではその数が増加しており、2023（令和 5）年度では全国の国公私立の小学校では 13 万 370 人、同様に中学校では 21 万 6,112 人と過去最多であった（図2-4）[20]。また、在籍者数に占める不登校児童生徒の割合は、小学校で 2.1％、中学校で 6.7％であり、小学校では約 47 人に 1 人、中学校では約 15 人に 1 人が不登校の状況にある[20]。

不登校児童生徒について把握した事実としては、小・中学校においては、「学校生活に対してやる気が出ない等の相談があった」（小学校 32.2％、中学校 32.2％）が最も多く、その他「不安・抑うつの相談があった」（小学校 22.7％、中学校 23.4％）、「生活リズムの不調に関する相談があった」（小学校 24.5％、中学校 22.1％）、「学業の不振や頻繁な宿題の未提出が見られた」（小学校 14.7％、中学校 15.5％）、「いじめ被害を除く友人関係をめぐる問題の情報や相談があった」（小学校 11.5％、中学校 14.4％）などが挙げられた。

図2-4　小学校および中学校における不登校児童生徒数の推移

出典：文部科学省初等中等教育局児童生徒課「令和 5 年度児童生徒の問題行動・不登校等生徒指導上の諸課題に関する調査結果について」2023 年より筆者作成

2　不登校への取り組み—予防と支援—

　近年では毎年不登校児童生徒数が増加している。このことは、前年度に不登校ではなかった児童生徒が「新たに不登校になっている」ということを示している。したがって、不登校への取り組みを考える際には、現在不登校になっている児童生徒への支援とともに、新たな不登校を生まないための予防的なアプローチが重要であるといえる。

　まず、新たな不登校を生まないための取り組みとしては、「未然防止」（教育的予防の発想の働きかけ）と「初期対応」（治療的予防の発想の対応）の２つの視点がある[21]。「未然防止」は全ての児童生徒を対象として、学校に来ることを楽しいと感じ、学校を休みたいと思わせない「魅力的な学校づくり」を進めることであり、授業や行事等の工夫や改善が基本となる。具体的には、日々の学校生活の充実を図るために、「どの児童生徒も落ち着ける場所をつくること（居場所づくり）」と、「全ての児童生徒が活躍できる場面をつくること（絆づくりのための場づくり）」が鍵になる。「初期対応」は学校を休みそうな児童生徒や休み始めた児童生徒を対象として、個別対応することを指す。

　次に、不登校の児童生徒への支援としては2023（令和５）年、不登校により学びにアクセスできない子どもたちをゼロにすることを目指した文部科学省の「誰一人取り残されない学びの保障に向けた不登校対策（COCOLOプラン）」[22]による取り組みが進められている。その中では、一人一人に応じた多様な支援を行っていくことが重要であるという考え方から、①不登校の児童生徒全ての学びの場を確保し、学びたいと思った時に学べる環境を整えること、②心の小さなSOSを見逃さず、「チーム学校」で支援すること、③学校の風土の「見える化」を通して、学校を「みんなが安心して学べる」場所にすること、の３つ実現が目指されている。特に①については、一人一人のニーズに応じた多様な学びの場の確保として、学びの多様化学校（いわゆる不登校特例校）や校内教育支援センター（スペシャルサポートルーム等）の設置促進や、教育支援センターの機能強化等が進められている。

第6節　健康にかかわる危険行動の問題

　近年の日本では、子どもたちの健康にかかわる「危険行動」の問題が指摘されている。この中でも特に、薬物乱用および性に関する問題に焦点を当てて、子どもたちにおける現状を理解する。

　健康にかかわる「危険行動」とは、「青少年期に始めやすく、本人や他者の現在および将来の健康や生命に重大な危険を及ぼす行動である」と定義され、具体的には、①身体運動、②食行動、③喫煙、④飲酒、⑤薬物乱用、⑥性的行動、⑦交通安全上の行動、⑧暴力・武器携帯、⑨自傷行動が挙げられている[23]。こうした危険行動は、疾病や死亡の直接的および間接的な原因となっていることなどから学校保健上の現代的な健康課題となって

おり、これらの行動を防止していくことが重要となっている。

他方で、2016（平成28）年の中央教育審議会答申「幼稚園、小学校、中学校、高等学校及び特別支援学校の学習指導要領等の改善及び必要な方策等について」では、「現代的な諸課題に対応して求められる資質・能力」の一つとして「健康・安全・食に関する資質・能力」を挙げており、その中で「とりわけ近年では、情報化社会の進展により、さまざまな健康情報や性・薬物等に関する情報の入手が容易になるなど、子供たちを取り巻く環境が大きく変化している。このため、子供たちが、健康情報や性に関する情報等を正しく選択して適切に行動できるようにするとともに、薬物乱用防止等を徹底することが課題となっている」ことを示している。今日の社会的な環境等を踏まえると、危険行動の中でも特に薬物乱用および性に関する問題について注意していく必要がある。

1　薬物乱用の状況

薬物乱用とは、法律で禁止されている薬物や化学物質を不正に使用したり、医薬品を本来の治療目的からはずれた用法や用量で使用したりすることである。一度だけでも「乱用」であり、犯罪となる。

中学生における薬物乱用の状況について、これまでの人生で一度でも有機溶剤（シンナー等）、大麻、覚醒剤、危険ドラッグのいずれかの薬物を経験したことがある者は、男子0.71%、女子0.39%であることが示されている[24]（図2-5）。また、高校生については、これまでの人生で一度でもシンナー、大麻、覚醒剤、危険ドラッグ、コカイン、MDMAのいずれかの薬物を経験したことがある者は、男子0.7%、女子0.2%であることが示されている[25]（図2-6）。薬物乱用は違法な行動であり、心身の健康に深刻な影響を及ぼすことから、こうした状況が示されていることは極めて危惧される。

なお、最近では市販薬の過剰摂取であるオーバードーズ（OD）が10代の若者の間で急増していることも指摘されており[26]、今後の動向を注視する必要がある。

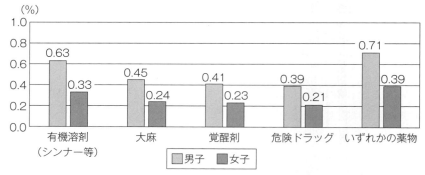

図2-5　中学生における薬物使用の生涯経験率（2018年）

出典：国立研究開発法人国立精神・神経医療研究センター精神保健研究所薬物依存研究部「飲酒・喫煙・薬物乱用についての全国中学生意識・実態調査」2021年より筆者作成

2　性に関する問題

　性に関する問題として、まず性感染症が挙げられる。15〜19歳における性感染症の状況をみると、2021（令和3）年では性器クラミジア感染症の報告件数が男子665件、女子1,577件見られるなど、大きな課題となっている[27]（図2-7）。

　また、10代の人工妊娠中絶数について、2021（令和3）年度では9千件あまり（厚生労働省）であることが報告されている。人工妊娠中絶は、母体保護法において身体的、経済的、暴行脅迫の理由により実施されることが示されており、母体の生命と健康を保護することを目的とするものである。しかし、多くの女性が人工妊娠中絶を受ける時に「胎児に対して申し訳ない気持ち」や「自分を責める気持ち」を感じており[28]、人工妊娠中絶手術の後にトラウマ（心的外傷）を残してしまいかねないことが指摘されている。

　ところで、子どもたちの性行為については、社会的責任を十分にはとれない存在であることや性感染症等を防ぐという観点からも適切ではないという基本的スタンスに立つことが重要であると指摘されている[29]。そうした中で、日本の子どもたちにおける性交経験

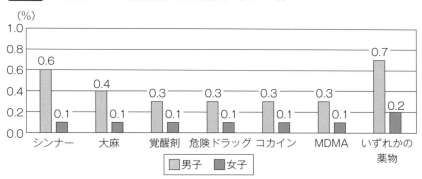

図2-6　高校生における薬物使用の生涯経験率（2018年）

出典：国立研究開発法人国立精神・神経医療研究センター「薬物使用と生活に関する全国高校生調査2018」2021年より筆者作成

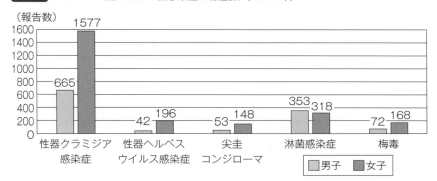

図2-7　15〜19歳における性感染症の報告数（2021年）

出典：国立感染症研究所「2021年感染症発生動向調査事業年報」2023年より筆者作成

率をみると、中学生で男子 3.7％、女子 4.5％、高校生で男子 13.6％、女子 19.3％であることが示されている [30]。高校生を対象とした調査では、最近の性交時において「何も避妊しなかった」者が男子 24.6％、女子 28.1％みられている [23]。望まない妊娠や性感染症につながりかねない性的行動を防止するためにも、学校における性に関する指導（第 10 章第 1 節 2 参照）は極めて重要である。

演習課題　ワークシートは巻末参照

1．日本の子どもたちにおける現代的な健康課題を一つ取り上げて、その背景や要因を調べてみよう。
2．日本の子どもたちにおける現代的な健康課題を一つ取り上げて、その改善に向けた教育的アプローチについてグループで話し合ってみよう。
3．10 年後または 20 年後に、日本の子どもたちにおいてどのような健康課題が新たに見られるようになるかについて、その理由もあわせて考えてみよう。

【引用文献】
1）日本 WHO 協会ウェブサイト「世界保健機関（WHO）憲章とは」
　　https://japan-who.or.jp/about/who-what/charter/
2）森昭三『新体育学講座 47 健康教育学』逍遙書院　1967 年
3）H.S. Hoyman, Our modern concept of health. *Journal of School Health*, 32（7）, 1962, 253-264.
4）片岡千恵「学校保健からみた保健体育教師の役割とは」清水紀宏・朝倉雅史・坂本拓弥編著『探究保健体育教師の今と未来 20 講』大修館書店　2023 年　pp.46-55
5）スポーツ庁「令和 6 年度全国体力・運動能力、運動習慣等調査結果」2024 年
6）兼板佳孝「日本人の睡眠習慣 思春期」大井田隆・兼板佳孝編『睡眠公衆衛生学』日本公衆衛生協会
　　2013 年　pp.43-49
7）T. Ohida, Y. Osaki, Y. Doi, et al., An Epidemiologic Study of Self-Reported Sleep Problems among Japanese Adolescents. *Sleep*, 27, 2004, 978-985.
8）日本学校保健会「平成 30 年度〜令和元年度児童生徒の健康状態サーベイランス事業報告書」2020 年
9）Y. Kaneita, T. Ohida, Y. Osaki, et al., Insomnia among Japanese Adolescents: A Nationwide Representative Survey. *Sleep*, 29, 2006, 1543-1550.
10）亀井雄一・岩垂喜貴「子どもの睡眠」『保健医療科学』第 61 巻　国立保健医療科学院　2012 年
　　pp.11-17
11）健康づくりのための睡眠指針の改定に関する検討会「健康づくりのための睡眠指針の改定に関する検討会報告書」2014 年
　　http://www.mhlw.go.jp/file/05-Shingikai-10901000-Kenkoukyoku-Soumuka/0000042800.pdf
12）National Sleep Foundation: Summary of Findings: 2006 Sleep in America poll. https://imgs.drafare.com/m/66f960 cc9a761dbc.pdf
13）片岡千恵・野津有司・谷口志緒里・工藤晶子・久保元芳「我が国の高校生における危険行動と Small Screen Time との関連」『学校保健研究』第 59 巻第 3 号　日本学校保健学会　2017 年　pp.172-179
14）文部科学省「令和 5 年度学校保健統計（確報値）の公表について」2024 年
15）C. Kataoka, Y. Nozu, M. Kubo, et al., Relative influence of self-esteem and norm-consciousness on prevalence of youth risk behavior among Japanese high school students. *School Health*, 6, 2010, 6-11.

16）内閣府「我が国と諸外国のこどもと若者の意識に関する調査（令和5年度）」
https://www.cfa.go.jp/assets/contents/node/basic_page/field_ref_resources/d0d674d3-bf0a-4552-847c-e9af2c596d4e/3b48b9f7/20240620_policies_kodomo-research_02.pdf
17）鎌田美千代「中学生の健康習慣とセルフエスティームとの関連」『教育医学』第46巻第2号　日本教育医学会　2000年　pp.946-960
18）厚生労働省自殺対策推進室警察庁生活安全局生活安全企画課「令和4年中における自殺の状況」2023年
https://www.mhlw.go.jp/content/R4kakutei01.pdf
19）佐々木司・竹下君枝『精神科医と養護教諭がホンネで語る思春期の精神疾患―児童・生徒・学生に関わる全ての人たちへ―』少年写真新聞社　2014年
20）文部科学省初等中等教育局児童生徒課「令和5年度児童生徒の問題行動・不登校等生徒指導上の諸課題に関する調査結果について」2024年
https://www.mext.go.jp/content/20231004-mxt_jidou01-100002753_1.pdf
21）文部科学省国立教育政策研究所生徒指導・進路指導研究センター「生徒指導リーフ14 不登校の予防」2014年
22）文部科学省「誰一人取り残されない学びの保障に向けた不登校対策COCOLOプラン」2023年
https://www.mext.go.jp/content/20230418-mxt_jidou02-000028870-cc.pdf
23）野津有司・渡邉正樹・渡部基ほか「日本の高校生における危険行動の実態および危険行動間の関連―日本青少年危険行動調査2001年の結果―」『学校保健研究』第48巻第5号　2006年　pp.430-447
24）国立研究開発法人国立精神・神経医療研究センター精神保健研究所薬物依存研究部「飲酒・喫煙・薬物乱用についての全国中学生意識・実態調査データブック 1996-2018」2021年
https://www.ncnp.go.jp/nimh/yakubutsu/aspad-j/databook/JHS-survey_databook2021_2.pdf
25）国立研究開発法人国立精神・神経医療研究センター「薬物使用と生活に関する全国高校生調査2018」2021年
https://www.ncnp.go.jp/nimh/yakubutsu/report/pdf/highschool2018.pdf
26）松本俊彦「10代の薬物乱用・依存」『こころの科学』第217号　2021年
27）国立感染症研究所「2021年感染症発生動向調査事業年報」2023年
https://www.niid.go.jp/niid/ja/allarticles/surveillance/2270-idwr/nenpou/11637-idwr-nenpo2021.html
28）日本家族計画協会「第8回男女の生活と意識に関する調査報告書―日本人の性意識・性行動―」2017年
29）中央教育審議会初等中等教育分科会教育課程部会健やかな体を育む教育の在り方に関する専門部会「これまでの審議の状況―すべての子どもたちが身に付けているべきミニマムとは？―」2015年
30）日本性教育協会「『若者の性』白書―第8回青少年の性行動全国調査報告―」小学館　2019年

COLUMN

いじめを未然に防止するために

　いじめは古くからある問題ですが、残念ながらいまだに解決が図られていない今日的かつ重大な課題となっています。2013（平成25）年に「いじめ防止対策推進法」が施行され、その第1条には、この法律が制定された目的として「いじめが、いじめを受けた児童等の教育を受ける権利を著しく侵害し、その心身の健全な成長及び人格の形成に重大な影響を与えるのみならず、その生命又は身体に重大な危険を生じさせるおそれがあるものであることに鑑み、児童等の尊厳を保持するため」に、いじめの防止等の対策に取り組んでいくことが述べられています。すなわち、いじ

め防止の根拠として、人権問題のみならず心身の健康問題の視点から述べられていることを重く受け止める必要があります。

　最も重要なことは、いじめは"いじめられる側に問題がある"ということでは決してないということです。いじめが起こることが意味するものは、いじめる者（加害者）が存在するということです。いじめる者がいなければいじめは起こらないことから、いじめ防止は「いじめる者を出さない」という視点から進められることが重要です。

　では、なぜいじめる者が出てきてしまうのでしょうか。国立教育政策研究所生徒指導研究センターの「いじめ追跡調査2007-2009いじめQ＆A」（2010）では、「いじめ加害に向かわせる要因間の関係モデル」を示しており、競争的な価値観や身近な人からのサポートの不足がストレッサーとなって子どものストレス（不機嫌、怒り）を高め、それがもとになっていじめ加害に向かうことを示唆しています。すなわち、まずはこうしたストレスは誰でももち得るものであることから、いじめの加害者には誰もがなり得るという認識をもち、だからこそいじめの防止としてストレッサーを生み出さない学校環境の醸成や子どもたちへのサポートが不可欠であることを認識しなければなりません。

　そして、いじめ防止を日常的に触れることを通して「いじめは人間として絶対に許されない」との雰囲気を学校全体で共通的に理解し、子どもたちに対しては、意見の相違等があっても、それがいじめに向かわせるきっかけとなるのではなく、互いを認め合いながら建設的に調整し、解決していける力こそを育成していくことが求められます。

　さらに、いじめ加害の大きな背景の一つとして、授業についていけない焦りや劣等感、人間関係等のストレスがあることから、一人一人を大切にした分かりやすい授業を実践していくことや、ねたみや嫉妬などいじめにつながりやすい感情を減らすために、「自分は他者の役に立っている」という自己有用感や自己肯定感を育むような一人一人が活躍できる集団づくりを心掛けていくことが望まれます。すなわち、いじめの防止には、そのための特別な取り組みというよりも、むしろ日々の授業や学校生活の在り方・進め方こそが鍵となると考えられます。また、保健の授業をはじめとした保健教育としては、子どもたちがストレスに適切に対処できる力を習得できるようにすることが求められます。

第3章 子どもの発育・発達

◆第3章のエッセンス◆
① 子どもの発育・発達を継続的に調べることは子どもの健やかな成長を知る手がかりとなる。
② 発育・発達には年齢階級による特徴や課題がある。
③ 学校における定期健康診断により、日本の子どもの発育の推移を確認することができる。

Keyword　乳幼児期　学童期　青年期　成長スパート　成長曲線

第1節　発育・発達の過程

発育・発達を継続的に調べることは子どもの健やかな成長を知る手がかりとなるが、その過程は一定でなく、また個人差がある。ここでは時期別にみた発育・発達の過程と、日本の子どもの発育・発達の年次推移について学ぶ。

1 発育・発達とは

　一般的に発育（growth）とは体の形態や各部位の大きさ、重さ、長さなど測定可能な形や量の変化を指し、発達（development）とは体内の臓器や器官の生理的機能や精神機能が質的に変化していくことを指す。発育・発達には個人差があるが互いに密接に関連し、その過程は一定ではなく各月齢や年齢において異なるため、子どもの成長を考える際には発育と発達の両面から総合的にみていく必要がある。発育・発達を継続的に調べることは子どもの健やかな成長を知る手がかりとなり、病気の早期発見や栄養状態の確認、虐待の発見等につながることがある。よって、子どもの発育・発達を正しく測定して評価を行い、異常が発見された場合には適切な対応を行う必要がある。

　子どもは単に大人の体を縮小した存在ではない。子どもの体は出生直後の小さく未熟な状態から、大人という大きく成熟した状態に向かって日々成長していく。

　子どもの発育・発達の過程は以下の3つの時期に分けることができる。

（1）乳幼児期（0〜6歳頃）

　男女に多少の差異があるが日本人の出生時の平均身長は約50 cm、平均体重は約3 kgである。1歳になる頃には身長が1.5倍となり約75 cm、体重は3倍となり約9 kg、5歳

になる頃には身長が約 108 cm、体重は約 18 kg となる。この時期は、一生の中で最も急速に体が発育する時期である[1]。

この時期の発達面では首がすわり、腰がすわり、つかまり立ち、ひとり歩きというように粗大運動機能が発達していく。首、腰、足と頭部から脚部に向かって運動機能を発達させながら、ねがえり、はいはいといった動作を獲得し、やがて指で物をつまむ、針の穴に糸を通すなどの微細運動ができるようになる。同時に視覚、聴覚、味覚などの感覚器を発達させたり、言葉を覚えたり、他者との関わりから社会性などを学ぶなどの精神機能が発達する時期でもある。

（2）学童期（6～12歳頃）

小学校入学後からは高学年までは、1年間に身長は約4～7 cm、体重は約3～5 kgずつ緩やかに増加していく。そして二次性徴が始まる思春期（男性11～13歳頃・女性8～12歳頃）に入ると骨はカルシウムやリンなどの蓄積により太さを増して骨密度が高くなり、筋肉も増えていく。男女の違いでは、男子では精巣が大きくなり、陰茎増大、陰毛発生と進み、女子では乳房が発達し、陰毛発生へと進んでいく。

精神発達として、学童期前半は乳幼児期に引き続き自己中心的に物事を理解し、直感的に判断する傾向がある。しかし徐々に記憶力や理解力、読解力が増し、集団行動や成功失敗体験などを通して周囲の状況や自分を客観的にみることができるようになり、社会性が発達していく。

（3）青年期（12歳～18歳）

青年期には成長のスパートがある。男児の成長スパートは12～17歳の青年中期に起こり、最も著しい時期には1年間に身長が約10 cm、女児の成長スパートは9歳半～13歳半の青年前期に起こり、最も著しい時期には1年間に身長が約9 cm伸びることもある。女児は初経の開始と同時期に身長が止まるが、男児は精通が始まったあとも18歳頃まで身長が約2.5 cm伸びる。そして、この時期に男児は女児よりも身長が高くなり、体重も重くなる（図3-1）。

精神発達としては、青年前期は親子のコミュニケーションが不足しがちな時期であり、親に対する反抗期を迎えたり、大人との関係より友人関係に強い意味をもつなどの思春期特有の課題があらわれる。また、仲間同士の評価を強く意識する反面、他者との交流に消極的な傾向もみられ、不登校や引きこもりなどが増える。また、自身の容姿や性を意識する時期で、異性への興味関心が高まる。

青年中期は進学や就職などの場面を通じて自分の「アイデンティティ」を探し始める時期であり、自分という人間を俯瞰的にみて自分がもつ価値観を確立していく時期である。

図 3-1 男女の平均的な成長パターン

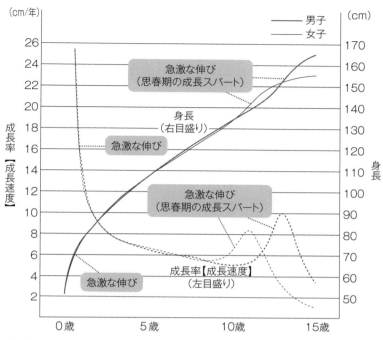

注：本図は医療関係者向けの資料である。
出典：ファイザー株式会社ウェブサイト「成長をサポートする保健師・保育士・養護教諭さんへ」
https://www.ghw-pfizer.info/comedical

2 発育・発達の推移

　日本の学校では毎年1回、健康診断が行われ、その結果は文部科学省により「学校保健統計」として報告される。この統計は非常に貴重で、身長と体重は70年間以上（図3-2）、肥満と痩身は40年間以上（図3-3、図3-4）の長期におよぶ推移を確認することができる（第2章 p.27 も参照）。

　子どもの身長と体重は第二次大戦中に一時期停滞したが、戦後、急速に回復し、1970（昭和45）年頃までは毎年、前年よりも増加して子どもの体格が向上していた。しかし、近年では発育値に横ばいや低下傾向がみられ、肥満や痩身の増加などの問題が顕在するようになった。

図 3-2　身長・体重の年次推移

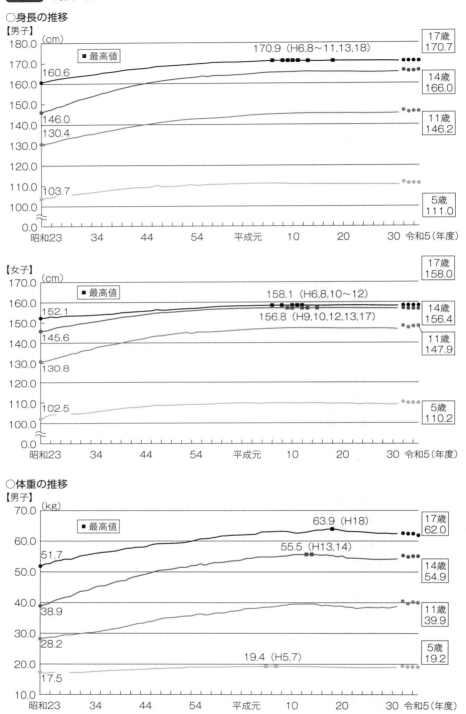

第3章　子どもの発育・発達

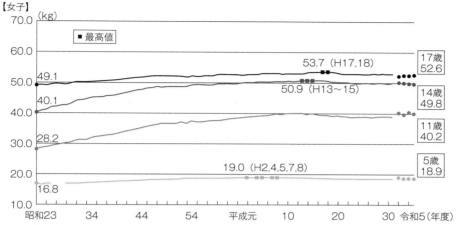

注：幼稚園については、昭和27年度及び昭和28年度については調査していない。
出典：文部科学省「令和5年度学校保健統計（確定値）の公表について」
https://www.mext.go.jp/content/20241127-mxt_chousa02-000038854_1.pdf

図 3-3　肥満傾向児の年次推移

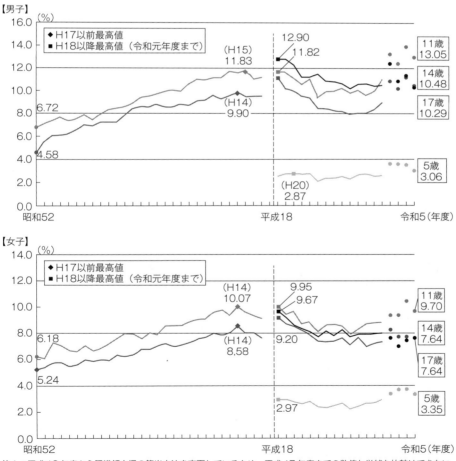

注1：平成18年度から肥満傾向児の算出方法を変更しているため、平成17年度までの数値と単純な比較はできない。
　2：5歳及び17歳は、平成18年度から調査を実施している。
出典：図3-2に同じ

41

図 3-4 痩身傾向児の年次推移

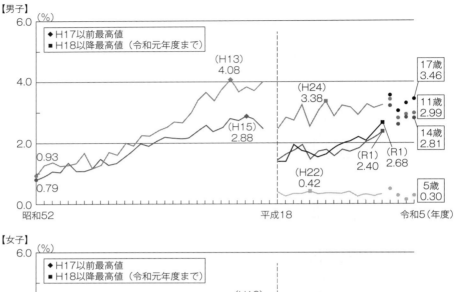

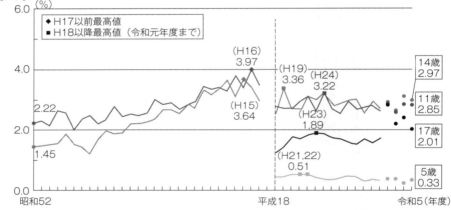

注1：平成18年度から痩身傾向児の算出方法を変更しているため、平成17年度までの数値と単純な比較はできない。
　2：5歳及び17歳は、平成18年度から調査を実施している。
出典：図3-3に同じ

第2節　発育・発達の特徴

体の大きさの変化は、身長、体重、胸囲、座高、頭囲などを計測することで確認できるが、発育のスピードは体内の各組織や器官により異なる。ここでは発育・発達の年齢的特徴を学ぶ。

1　発育の特徴

体の大きさの変化は、身長、体重、胸囲、座高、頭囲などを計測することで確認できる。また、発育にともない体型には変化がみられる。出生時には頭部の割合が大きく4頭身だが、身長が伸びるにしたがって頭部以外も徐々に発育し、学童期の終わりには7～8頭身になる（図3-5）。

第 3 章　子どもの発育・発達

図 3-5　年齢別にみた体格の変化

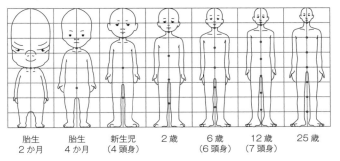

胎生2か月　胎生4か月　新生児（4頭身）　2歳　6歳（6頭身）　12歳（7頭身）　25歳

出典：W.J. Robbins, S. Brody, A.G. Hagan, et al., Growth, New Haven: Yale University Press, 1928

図 3-6　スキャモンの発育曲線

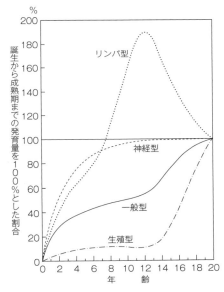

一般型	身長、体重、筋量、骨量、呼吸器官、循環器官など。思春期に約80％完成し、それ以降は穏やかな曲線となる。
神経型	脳、運動能力、感覚器官など。出生直後から急激に成長し、4～5歳で成人の約80％、6歳で約90％となる。
リンパ型	胸腺、リンパ節、扁桃など。出生直後から12～13歳まで急激に成長し、いったん成人のレベルを超えるが、思春期の終わりころに成人と同じレベルに戻る。
生殖型	男児の陰茎・睾丸、女児の卵巣・子宮など。学童期まではわずかな成長だが、二次性徴に伴い思春期頃から急激に成長する。

出典：R.E. Scammon, *The Measurement of Man*, University of Minnesota Press, 1930.

（1）発育のスピード

発育のスピードは、体内の組織や器官により異なる。スキャモン（R.E. Scammon）は体の発育を一般型、神経型、リンパ型、生殖型に分類し、20歳で完成すると想定したスキャモンの発育曲線を作成した（図3-6）。この図により子どもの発育の特徴的なパターンが視覚的にわかるようになった。

（2）骨の発育

骨の発育は子どもの成長の現状を確認できる重要な指標である。その方法として、手のひらの手根骨のレントゲン写真を撮り骨年齢を調べる方法がある。手根骨は生後6か月頃

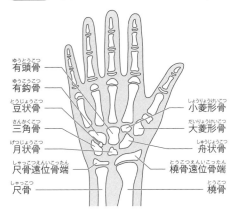
図 3-7　手根骨（12歳児）

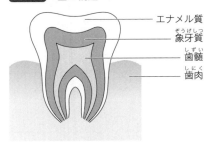
図 3-8　歯の構造

までは軟骨のためレントゲンに写らないが成長と共に徐々に固くなり化骨化してレントゲンに現れるようになる。その数と実年齢とがほぼ一致するため、レントゲン上に出現した化骨の数で骨年齢を知ることができる（図3-7）。身長が伸びない理由として、骨を伸ばす成長ホルモンや甲状腺ホルモンの分泌不足、栄養不足、心理的原因などが考えられる。身長の伸びと同時に骨年齢を調べることで、成長に関する課題が見つかることがある。

（3）歯の発育

　歯は外側からエナメル質、象牙質、歯髄という3層になっており、歯肉により固定されている（図3-8）。歯の表面に歯垢という食べ物の汚れがつくと、歯垢の中にいるむし歯菌が口内に残った糖質を利用して酸をつくり、歯を溶かして穴をあける。エナメル質に穴が開いた程度では自覚症状がなく気づかないことも多いが、象牙質にまで進行すると冷たい物がしみるようになり、歯髄まで進行すると温かい物もしみるようになる。

　乳歯は生後6～8か月頃より生えはじめ、1歳で上下各4本の計8本となり、2～3歳で上下各10本の合計20本が生えそろう。6～7歳頃から乳歯が徐々に脱落して永久歯に生え変わっていく。第二大臼歯は11～13歳、第三大臼歯（親知らず）は17～25歳頃に生え、上下左右の第三大臼歯4本がすべて生えた場合、永久歯は合計32本になるが、第三大臼歯が生えない人もいる。

　乳歯は永久歯に比べて軟らかくむし歯になりやすいため、乳幼児期からの歯みがきの習慣化と定期的な歯科健診がむし歯を予防する大きな鍵となる。

2　発達の特徴

　子どもは年齢を重ねるごとに自己の探求を深め、自我を発達させていく。思春期に入った子どもたちは、身体的発育や運動機能の発達に伴いできることが増え、自分で挑戦してみたいことが増え、自分を信じてほしいという気持ちが高まる。しかし、心と体のアンバ

図3-9 エリクソンの「心理社会的発達理論」

	1	2	3	4	5	6	7	8
Ⅰ 乳児期	信頼 対 不信				一極性 対 早熟な自己分化			
Ⅱ 早期児童期		自律性 対 恥, 疑惑			両極性 対 自閉			
Ⅲ 遊戯期			積極性 対 罪悪感		遊業同一化 対 空想同一性			
Ⅳ 学童期				生産性 対 劣等感	労働同一化 対 同一性喪失			
Ⅴ 青年期	時間展望 対 時間拡散	自己確信 対 同一性悪感	役割実験 対 否定的同一性	達成の期待 対 仕事の意欲麻痺	同一性 対 同一性拡散	性的同一性 対 両性的拡散	指導性の分極化 対 権威の拡散	イデオロギーの分極化 対 理想の拡散
Ⅵ 初期成人期				連帯 対 社会的孤立	親密さ 対 孤立			
Ⅶ 成人期						生殖性 対 自己閉塞		
Ⅷ 成熟期								安全性 対 嫌悪, 絶望

出典：E.H. Erikson, Identity and the life cycle. *Psychological issues* Vol. 1, No.1.International Universities Press. 1959. より作成

ランスさや自己表現力の乏しさなどにより周囲の大人と対立しやすい時期でもある。

　人間は生涯を通じて発達するが、各発達段階における「心理社会的危機」を適切な方法で解決することで生きていくために必要な力を身につけられ、個人の成長にも繋がる。心理学者エリクソンの「心理社会的発達理論」では、人間の一生を乳児期から老年期までの８つの発達段階に分け、それぞれの段階で直面する「課題」や「困難」を対比させ表現している。各段階でこれらの「課題」や「困難」を克服することにより、発達段階ごとに訪れる葛藤を乗り越えて成長していく（図3-9）。なお、体の発育状態と精神発達の未熟さがアンバランスで、アイデンティティの確立を先延ばしにしている「モラトリアム」の状態から抜け出せない青年が見られるようになったことが大きな課題となっている。

第3節　発育・発達の評価

発育の評価方法には横断的評価と縦断的評価が、発達の評価方法には、知能検査や発達検査がある。ここでは健康診断などで得られた情報を利用して、子どもの状態を判断する重要性を学ぶ。

　身長や体重などの発育の評価方法には横断的評価（同性、同年齢の子どもの身長や体重の平均値との差異を確認する）と縦断的評価（個人の身長や体重の記録を長期的に確認する）がある。いずれも全国で計測された値から算出される標準値などから作成された成長

図 3-10　身長・体重成長曲線（パーセンタイル曲線）

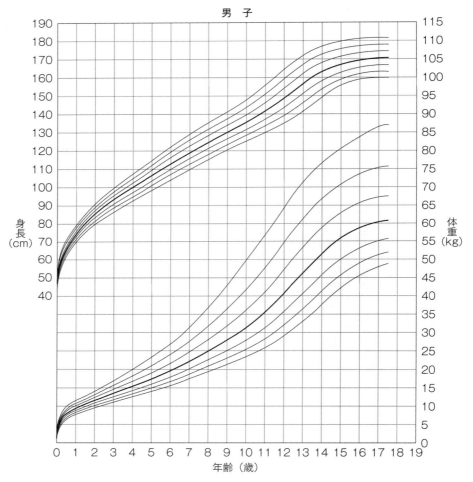

注：7本の線は、それぞれ下から3、10、25、50、75、90、97パーセンタイル値を示す。
出典：加藤則子・村田光範・河野美穂他「0歳から18歳までの身体発育基準について―『食を通じた子どもの健全育成のあり方に関する検討会』報告書より―」『小児保健研究』第63巻　日本小児保健協会　2004年　pp.345-348

第 3 章 子どもの発育・発達

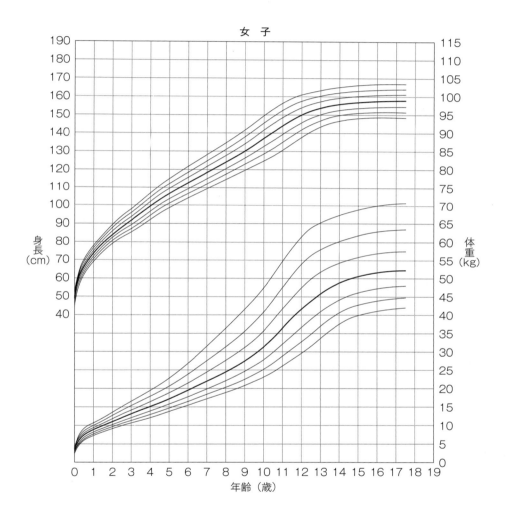

曲線などに、実際の計測値をプロット（グラフ上に点などの印をつけること）することで成長の速度を視覚的に確認することができ、低身長や体重の異常増減などの早期発見につながる。「児童生徒等の健康診断マニュアル」[2]によると、成長曲線を描くことにより、一人一人の子どもの成長特性を視覚的に評価でき、「肥満」や「やせ」といった栄養状態の変化、病的な低身長や高身長などの変化の様子を容易に理解できると示されている。

図3-10は、2000（平成12）年の厚生労働省の「乳幼児身体発育調査報告書」（0歳〜6歳）と文部科学省の「学校保健統計報告書」（6歳〜17歳）のデータに基づいて作成された身長・体重成長曲線である。特に身長は栄養状態や病気の影響を短期間では受けにくいので、成長曲線を用いて長期間継続して観察していくことで成長に関係する病気を発見することができる。

発達は心身の機能や社会的機能が質的に変化することであり、新しい機能を獲得して統合していく複雑な過程で進む。発達を評価することは、発達に遅れがあるかもしれない子どもを早期にみつける手掛かりになる。運動機能や精神機能の発達は、各機能の成熟度を調べたり知能検査や発達検査を用いて確認する。結果に基づき発達の遅れを確認し支援方法を検討する。

発達検査には多くの種類があり、目的や対象年齢、扱う領域などが異なる。

同学年の子どもと比較して、落ち着きがない、特定分野の勉学が苦手、集団生活が苦手など発達に気になる点がある子どもがいた場合、保護者に伝えて医療機関や発達障害者支援センターなどへの相談を促す。

表3-1　小児において使用される主な発達検査

種類	発達検査法	対象年齢
発達プロフィールによるスクリーニングテスト	DENVER Ⅱ　デンバー発達判定法 遠城寺式乳幼児分析的発達検査法 新版K式発達検査 津守式乳幼児精神発達質問紙	0〜6歳 0〜4歳7か月 0〜15歳 0〜7歳
運動発達スクリーニングテスト	Milani-Comparettiの運動発達評価法	0〜2歳
運動発達	アルバータ乳幼児運動発達検査法 ジョンソン運動年齢検査	0〜18か月 0〜6歳
総合的知能発達検査	鈴木ビネー知能検査 田中ビネー知能検査	2歳〜成人 2歳〜成人
機能別知能発達検査	WPPSI-Ⅲ WISC-Ⅳ K-ABC	2歳6か月〜7歳3か月 5歳〜16歳11か月 2歳〜12歳
言語発達検査	ITPA言語学習能力検査	3歳〜8歳
視知覚・視覚認知	フロスティック視知覚発達検査	4歳〜8歳

注：WPPSI : Wechsler Preschool and Primary Scale of Intelligence
　　WISC : Wechsler Intelligence Scale for children
　　K-ABC : Kaufman Assessment Battery for children
　　ITPA : Illinois Test of Psycholinguistic Abilities

第 3 章　子どもの発育・発達

演習課題　ワークシートは巻末参照

1．発育・発達の定義挙げ、違いを考えてみよう。
2．スキャモンの発育曲線の4つの型について説明してみよう。
3．エリクソンの「心理社会的発達理論」における人間の8段階について説明してみよう。

【引用文献】
1）文部科学省「体力向上の基礎を培うための幼児期における実践活動の在り方に関する調査研究報告書」2011年　p.24
2）文部科学省スポーツ・青少年局学校健康教育課監修『児童生徒等の健康診断マニュアル平成27年度改訂』日本学校保健会　2015年　p.68

【参考文献】
・文部科学省「学校保健統計調査」
・大澤清二他『学校保健の世界［第2版］』杏林書院　2016年
・日本スポーツ振興センター『成長期女性アスリート指導者のためのハンドブック』日本スポーツ振興センター　2014年
・日本小児内分泌学会「身長・体重曲線」
・日本学校保健会「成長曲線活用の実際　成長曲線に基づく児童生徒等の健康管理の手引」2019年

第4章 健康診断と健康評価

◆第4章のエッセンス◆
① 学校健康診断には意義と法的根拠がある
② 健康診断を円滑に実施するには事前準備が重要で、また各検査には決められた検査手順がある
③ 健康診断結果は子どもたちが自分の健康を考える貴重な資料として活用できる

Keyword 定期健康診断　健康管理　学校保健安全法施行規則　事後措置　生活管理指導表

第1節　健康診断の意義と法的根拠

日本の学校健康診断は100年以上前から実施されており、児童生徒の発育発達状況や健康状態を把握し、健康的に学校生活を送るうえで重要な学校行事である。ここでは、学校健康診断の法的根拠や学年ごとに定められている検査項目などについて学ぶ。

1　健康診断の歴史

学校で行う健康診断は、児童生徒の発育発達状況や健康状態を把握し、健康的に学校生活を送るうえで注意すべきことがないかどうかを確認するものである。

日本の学校健康診断は1878（明治11）年の活力検査から始まった。その後、1897（同30）年に「学生生徒身体検査規程」が公布され、4月と10月の年に2回の検査を実施することとなった。現在の年に1回の実施となったのは1904（同37）年からである。

この「学生生徒身体検査規程」は1920（大正9）年に廃止され、新たに発育概評の標準を定めた「学生生徒児童身体検査規程」が制定された。さらにこの規程は1937（昭和12）年に「学校身体検査規程」として改正され、1939（昭和14）年には児童生徒だけではなく教職員の身体検査規程である「学校職員身体検査規程」が制定された。

1944（昭和19）年には「学校身体検査規程」と「学校職員身体検査規程」を廃止・統合し、新たに「学校身体検査規程」が制定され、今日の学校健康診断の基礎が確立された。

1880（明治11）年	活力検査開始
1897（明治30）年	学生生徒身体検査規程制定：4月と10月の年2回の検査
1904（明治37）年	検査回数が年に1回、4月となる
1920（大正9）年	学生生徒身体検査規程廃止、学生生徒児童身体検査規程制定
1937（昭和12）年	学生生徒児童身体検査規程制定が学校身体検査規程として改正
1939（昭和14）年	学校職員身体検査規程制定
1944（昭和19）年	学校身体検査規程に結核検査追加
1958（昭和33）年	学校保健法制定
2009（平成21）年	学校保健法から学校保健安全法へ改正
2016（平成28）年	学校健康診断の一部を改正 座高とぎょう虫検査を廃止し、四肢の状態に関する検査を導入

2　健康診断の法的根拠

（1）学校保健安全法における健康診断

　学校健康診断は単に異常や疾病を発見するためにあるのではなく、自己の健康状態を捉え、それをもとに自分の生活をコントロールしていくために役立てるものである。学校健康診断は教育活動の一環であり、学習指導要領においては、特別活動の「健康安全・体育的行事」として位置づけられている。同時に、学校健康診断は学校保健の「健康管理」の中心に位置づけられており、学校保健安全法の中でその実施が決められている。

　健康診断のもつ教育的側面をより有効に機能させるため、その実施にあたっては、意義や目的をはじめ、各検診・検査項目についても充分な事前指導を行うことが望まれる。

> 学校保健安全法
> （児童生徒等の健康診断）
> 第13条
> 学校においては、毎学年定期に、児童生徒等（通信による教育を受ける学生を除く。）の健康診断を行わなければならない。
> 　2　学校においては、必要があるときは、臨時に、児童生徒等の健康診断を行うものとする。
> 第14条
> 学校においては、前条の健康診断の結果に基づき、疾病の予防処置を行い、又は治療を指示し、並びに運動及び作業を軽減する等適切な措置をとらなければならない。

　学校で実施される健康診断には「児童、生徒、学生および幼児の定期健康診断」以外に「臨時健康診断」「教職員の健康診断」「就学時の健康診断」がある。
①臨時健康診断：感染症や食中毒が発生した時など、必要がある時に必要な検査の項目について行う。
②教職員の健康診断：毎学年定期に実施し、この健康診断の結果に基づき、学校の設置者は教職員へ治療を指示し、勤務を軽減するなど適切な措置をとる。

表 4-1 定期健康診断の検査項目および実施学年

項目	検診・検査方法			幼稚園	小学校						中学校			高等学校			大学
					1年	2年	3年	4年	5年	6年	1年	2年	3年	1年	2年	3年	
保健調査	アンケート			◯	◎	◎	◎	◎	◎	◎	◎	◎	◎	◎	◎	◎	◯
身長				◎	◎	◎	◎	◎	◎	◎	◎	◎	◎	◎	◎	◎	◎
体重				◎	◎	◎	◎	◎	◎	◎	◎	◎	◎	◎	◎	◎	◎
栄養状態				◎	◎	◎	◎	◎	◎	◎	◎	◎	◎	◎	◎	◎	◎
脊柱・胸郭 四肢 骨・関節				◎	◎	◎	◎	◎	◎	◎	◎	◎	◎	◎	◎	◎	△
視力	視力表	裸眼の者	裸眼視力	◎	◎	◎	◎	◎	◎	◎	◎	◎	◎	◎	◎	◎	△
		眼鏡等をしている者	矯正視力	◎	◎	◎	◎	◎	◎	◎	◎	◎	◎	◎	◎	◎	△
			裸眼視力	△	△	△	△	△	△	△	△	△	△	△	△	△	
聴力	オージオメータ			◎	◎	◎	△	◎	△	◎	◎	△	◎	◎	△	◎	△
眼の疾病及び異常				◎	◎	◎	◎	◎	◎	◎	◎	◎	◎	◎	◎	◎	◎
耳鼻咽喉頭疾患				◎	◎	◎	◎	◎	◎	◎	◎	◎	◎	◎	◎	◎	◎
皮膚疾患				◎	◎	◎	◎	◎	◎	◎	◎	◎	◎	◎	◎	◎	◎
歯及び口腔の疾患及び異常				◎	◎	◎	◎	◎	◎	◎	◎	◎	◎	◎	◎	◎	△
結核	問診・学校医による診察				◎	◎	◎	◎	◎	◎	◎	◎	◎				
	エックス線撮影													◎			◎ 1学年（入学時）
	エックス線撮影 ツベルクリン反応検査 喀痰検査等				◯	◯	◯	◯	◯	◯	◯	◯	◯				
	エックス線撮影 喀痰検査・聴診・打診													◯			◯
心臓の疾患及び異常	臨床医学的検査 その他の検査			◎	◎	◎	◎	◎	◎	◎	◎	◎	◎	◎	◎	◎	◎
	心電図検査			△	◎	△	△	△	△	△	◎	△	△	◎	△	△	△
尿	試験紙法		蛋白等	◎	◎	◎	◎	◎	◎	◎	◎	◎	◎	◎	◎	◎	△
			糖	△													△
その他の疾患及び異常	臨床医学的検査 その他の検査			◎	◎	◎	◎	◎	◎	◎	◎	◎	◎	◎	◎	◎	◎

注：◎：ほぼ全員に実施されるもの
　　◯：必要時または必要者に実施されるもの
　　△：検査項目から除くことができるもの
出典：文部科学省スポーツ・青少年局学校健康教育課監修『児童生徒等の健康診断マニュアル（平成27年度改訂）』日本学校保健会　2015年　p.19

③就学時の健康診断：市区町村の教育委員会が実施主体となり、翌年小学校へ就学する子どもを対象に、就学する前年の11月30日までに行われる。

　定期健康診断の実施時期は学校保健安全法施行規則により、毎学年6月30日までとされており、検査項目および実施学年が定められている。また、健康診断票は一般的には、5年間保存（学校保健安全法施行規則第8条）しなければならず、進学や転校時には、健康診断票および歯の検査票を送付しなければならない。

（2）診断項目の見直し
❶四肢の状態に関する検査（運動器検診）
　近年の日本では子どもたちをとりまく生活環境が大きく変化し、日々の生活が利便性や効率性が高くなった結果、運動不足や体力低下でしゃがむことができない子どもや軽微な衝撃で骨折する子どもが増えた。逆に習い事の多様化などにより、低学年からクラブ活動などで強度の高い運動を開始することで骨や筋肉に障害を生じる子どもも増えた。そこでこれらの課題を早期に発見することを目的とし、2016（平成28）年度から、定期健康診断に「四肢の状態」に関する検査を導入し、四肢の形態および発育並びに運動器の機能の状態に注意することを規定した。

❷色覚検査
　2003（平成15）年、文部科学省は定期健康診断の必須項目から、色覚検査を削除した。しかしその結果、児童生徒が自身の色覚の特性を知らないまま成長し、就職時に初めて色覚検査を行い就職できないケースがみられるようになった。そこで、2016（同28）年より学校保健安全法施行規則が一部改正され、学校で色覚検査が再実施されるようになった。

　対象学年は小学校1年生および中学校1年生がのぞましいとされ、全員に色覚異常の説明を添えた色覚検査申込書を配布し、希望者に色覚検査表を用いて個別検査を行う。異常が疑われた場合には眼科受診を勧奨することとなった。

（3）コロナ禍の学校健康診断
　2020（令和2）年に発生した「新型コロナウイルス感染症」に伴い同年3月から実施された全国一斉休校は学校健康診断にも大きな影響を及ぼした。同年3月19日に文部科学省初等中等教育局健康教育・食育課が通知した「新型コロナウイルス感染症の状況を踏まえた学校保健安全法に基づく児童生徒等及び職員の健康診断の実施等に係る対応について」[1]により、新型コロナウイルス感染症の影響により健康診断の実施体制が整わないなどのやむを得ない理由で6月30日までに定期健康診断が実施できない場合は、当該年度末までの間に実施することが認められ、この措置は2023（令和5）年度まで行われた。

　健康診断の実施時期が各学校により異なった結果、成長の著しい子どもの測定時期が学校により異なるため、長年、健康診断結果をとりまとめている学校保健統計調査において過去の数値と単純比較ができなくなった。

第2節　健康診断の方法

健康診断を円滑に実施するには丁寧な準備と教職員への実施手順の周知、子どもたちへの事前指導などが重要である。ここでは健康診断の流れと主な検査方法などについて学ぶ

1　健康診断の準備

　健康診断は限られた時間の中で行うため、事前の準備が重要となる。定期健康診断は、「学校保健計画」に基づき、保健主事や養護教諭が中心となって実施される。また、多くの学校では「健康診断実施要項」が作成され、職員会議で周知される。

　実施要項には「開始・終了時刻、所要時間（1人当たり、学年・学級当たりの目安）」「検診・検査会場」「採光、室温、喚起、騒音等の状況・条件への配慮」「児童生徒の動線」「教職員の役割分担」「計測機器の使用方法、使用時の配慮事項」などが明記されている。この要項に基づき、健康診断の各検査の検査目的等の理解をはかり、当日の流れなどや事前に教師が知っておくべき配慮事項や、児童生徒に指導すべき必要な内容を十分に確認したうえで、教職員が連携して円滑に実施することが望ましい。

　児童生徒に対しても健康診断の教育的な側面に留意して健康診断の意義や目的、保健情報等を含めた事前指導を行う。

2　健康診断の実施

　健康診断実施要項に基づき実施するが、検査項目により児童生徒のプライバシーが保護できるように進める配慮が必要な場合がある。特に衣服を脱いで実施する項目に関しては更衣室を設置するなどの準備が必要となる。主な検査方法は以下の通りである。

①身長：靴下等を脱ぎ、両かかとを密接し、背、臀部およびかかとを身長計の尺柱に接して直立し、両上肢を体側に垂れ、頭部を正位に保たせて測定する。頭部を正位（眼耳水平位）に保つ。

②体重：衣服を脱ぎ、体重計のはかり台の中央に静止させて測定する。

③栄養状態：内科健診時に皮膚の色沢、皮下脂肪の充実、筋骨の発達、貧血の有無等について検査し、栄養不良または肥満傾向で特に注意を要する者の発見につとめる。

④脊柱及び胸郭の疾病及び異常の有無、四肢の状態：家庭に保健調査票に基づく観察を依頼し、チェックがついた項目を整理して学校医に情報提供する。

⑤視力：被験者の立つ位置は、視力表から正確に5mで、視力表は原則としてランドルト環を視標とする物を使用する。視力表とその壁面の照度は500～1,000ルクスとする。検査は右眼から始め、両眼を開かせたまま遮眼器をもって左眼をしゃ閉し右眼で目を細めることなく0.3の視標を読ませる。同一視力の視標4方向のうち3方向が正しく判断

第 4 章　健康診断と健康評価

表 4-2　定期健康診断の流れ（例）

期日	実施段階		主な内容
1月 ↓ 3月	実施計画	▶次年度の学校保健計画案作成 ▶健康診断実施計画案の作成*1	○学校評価や学校保健活動の評価、学校医、学校歯科医等の指導助言等を踏まえ、校内保健委員会等で原案を作成し、十分検討する。 ○学校医、学校歯科医、検査機関、教育委員会等の連絡・調整を図る。
4月	事前活動	▶学校保健計画、健康診断実施計画の決定 ▶学校医、学校歯科医との打合せ ▶関係者等の共通理解・確認*2 ▶検査会場の準備	○年度初めの職員会議で、学校保健計画、健康診断実施計画について検討し、校長が決定する。 ○教職員や学校医、学校歯科医、関係機関等と実施内容等の共通理解を図り日程調整をする。 ・健康診断の判定基準や留意事項 ・事後措置の進め方 ・検査時のプライバシー保護のための工夫 ・未検査者への対応等 ○検査に適した会場を確保し、設定する。
	準　備	▶検査に必要な機器、用具等の点検*3 ▶健康診断票や諸用紙の確認と準備 　（学校医・学校歯科医に相談）	○会場責任者と打合せを実施する。 ○使用前後の管理・保管について確認する。 　（滅菌消毒、必要数等の確認を含む） ○保健調査票、結核問診票等の提出方法を工夫し、プライバシーの保護に十分配慮する。
	事前指導	▶健康診断実施に関する資料等作成*4 ▶保護者への事前対応*5 ▶児童生徒等への事前指導*6	○教師用・保護者用・児童生徒用指導資料を作成し、配布する。 ○保護者に健康診断の趣旨や実施計画等について通知し、理解と協力を得る。 ○学級活動（ホームルーム活動）等において、健康診断の目的や受け方などについて指導を実施する。
	保健調査	▶保健調査やアンケート等の実施 　・日常の健康観察結果の活用*7	○回収後、記載事項を担任や養護教諭が確認し、検査の補助資料となるようにまとめる。
	検査等実施	▶健康診断の実施 　・校内で行う検査 　・検査機関による検査 　・学校医・学校歯科医による検査 　・未検査者への指導 ▶学校医、学校歯科医からの指導 ▶総合判定	○教職員全体で役割分担を再確認する。 　・検査に必要な機器や用具等の配置 　・健康診断票等諸用紙の記入方法等 　・保健調査や日常の健康観察等の補助資料の準備 　・未検査者が早期に検査を受けられるように、本人・保護者に連絡 ○児童生徒等の健康状態等について指導を受け、保健管理や保健指導の進め方等を検討する。
	事後活動	▶健康診断結果の通知*8	○結果を本人及び保護者に通知する。
	事後措置	▶管理が必要な児童生徒等への対応 ▶地域の関係機関との連携 ▶健康課題の把握（結果の統計処理） ▶学校医・学校歯科医等による健康相談・保健指導の実施 ▶養護教諭・担任等による健康相談・保健指導の実施 ▶健康診断票等の整理と管理*9 ▶教育計画の見直し（改善）	○主治医や保護者等と管理の内容を確認する。 ○管轄保健所、病院等と連携を図り、児童生徒等の健康管理を実施する。 ○結果を集計、分析し、健康課題を把握し、学校保健委員会等で自校の健康課題への対応について検討する。 ・計画的に進められるように日程を調整する。 ○養護教諭と担任等が連携して組織的に対応する。 ○個人情報の取扱いを周知し、適切に管理する。 　・健康診断票・学校生活管理指導表等の整理 　・要管理者一覧表の作成等 ○必要に応じて、校内運営委員会・職員会議等で教育計画の見直しを実施する。
↓ 12月	結果の活用等	▶保健教育における活用	○教育活動全体を通して、健康の保持増進を図る。
1月 ↓ 3月	評　価	▶学校保健活動の評価 ▶健康診断に関する評価*10	○学校保健計画、保健管理、保健教育、組織活動等について、全教職員で評価を行う。 ○実施計画、事前・事後指導、事後措置状況、自校の健康課題と対策について評価を行う。

注：各段階における留意事項（＊1～10）については『児童生徒等の健康診断マニュアル（平成27年度改訂）』のp.12を参照。
出典：表 4-1に同じ　p.11

できれば、その視力があるものとする。
⑥眼の疾病および異常の有無：伝染性眼疾患その他の外眼部疾患および眼位の異常等に注意する。
⑦聴力：オージオメーターを用いる。右耳で「1000 Hz 30 dB」が聞こえたら「4000 Hz 25 dB」も確認し、反対側の耳に移る。これらが聞こえなかったなかった者に対して再検査を行う。
⑧耳鼻咽頭疾患の有無：耳鏡を用いて、鼓膜の状態や、鼻副鼻腔疾患、口腔咽頭喉頭疾患および音声言語異常等に注意する。特に耳垢栓塞、中耳炎に注意する。
⑨皮膚疾患の有無：伝染性皮膚疾患、アレルギー疾患等による皮膚の状態に注意する。
⑩歯および口腔の疾病の有無：むし歯、歯周疾患、不正咬合等について検査する。
⑪結核の有無：問診、胸部エックス線検査、喀痰検査、聴診、打診その他必要な検査によって検査する。
⑫心臓の疾病および異常の有無：心電図検査その他の臨床医学的検査によって検査するものとする。
⑬尿：尿中の蛋白、糖等について試験紙法により検査する。

第3節　事後措置と健康評価

> 健康診断の結果は、その後の学校生活に影響を及ぼすことはある。結果により医療機関へ依頼をしたり、生活管理指導表などの提出を依頼する。ここでは健康診断結果の取り扱いについて学ぶ

　健康診断が終わったあとは結果を健康診断票にまとめ、21日以内に本人および保護者に通知し、事後措置として疾病の予防処置を行い、治療や必要な検査、予防接種等を受けるよう指示する（学校保健安全法施行規則第9条）。

　保護者へ結果を伝える際には連絡帳や個人カード等で通知するようにするが、健診結果には身長・体重・疾病などの個人情報が含まるため、結果の伝え方や管理には十分配慮する。また、学内では教育的措置のために教職員の連携が必要で、情報を共有する場合にも学校外に情報が漏洩しないように慎重に行わなければならない。

　学校健診において、学校生活に支障があるような疾患が疑われる場合に学校生活管理指導表が医師より提出されるため、これにのっとって、児童・生徒に対し適切な対応をする。2020（令和2）年度に改訂された学校生活管理指導表は、2017・2018（平成29・30）年度の学習指導要領の改訂に基づき、運動に関する用語が変更等された。

　健康診断の結果は子どもたちに自分の健康を考える貴重な資料として活用できる。健康診断を単なる行事として捉えるのではなく、自分の現在の健康状態を知り、健康の保持増進について考えるきっかけにするとよい。

第4章　健康診断と健康評価

表4-3　学校生活管理指導表（中学・高校生用）
(2020年度改訂)

学校生活管理指導表　（中・高校生用）

氏名（所見名）　　　　　　男・女　　　年　　月　　日生（　　）　　　　　　　　　　　　　　　　　　　　　　　　　中学校　　　　　年　　　組　　　　　　　　　　　年　月　日

①診断名（所見名）

| （指導区分） | A…在宅医療・入院が必要　B…登校はできるが運動は不要　C…軽い運動（C・D・Eは"可"）　D…中等度の運動（D・Eは"可"）　E…強い運動（Eのみ"可"） |

②指導区分：A・B・C・D・E　　③運動部活動　　④次回受診
要管理：要・不要　　　　　　　可（ただし　　　）部　　　　（　）年（　）ヵ月後　または異常があるとき

医療機関　　　　　　　　　医師　　　　　　　　印

体育活動	運動強度	軽い運動（C・D・Eは"可"）	中等度の運動（D・Eは"可"）	強い運動（Eのみ"可"）
*体つくり運動	体力を高める運動	仲間と交流するための手軽な運動、律動的な運動	基本の運動（投げる、打つ、捕る、蹴る、跳ぶ）	最大限の持久運動、最大限のスピードでの運動、最大筋力での運動
器械運動	（マット、跳び箱、鉄棒、平均台）	簡単な技の練習	基本的な技（回転系の技を含む）	演技、競技会、発展的な技
陸上競技	（競走、跳躍、投てき）	基本動作、立ち幅跳び、負荷の少ない投てき、軽いジャンピング（走ることは不可）	ジョギング、短い助走での跳躍	長距離走、短距離走の競走、競技、タイムレース
水泳	（クロール、平泳ぎ、背泳ぎ、バタフライ）	水慣れ、浮く、伏し浮き、け伸びなど	ゆっくりな泳ぎ	競泳、遠泳（長く泳ぐ）、タイムレース、スタート、ターン
球技	ゴール型（バスケットボール、ハンドボール、サッカー、ラグビー）	基本動作（パス、シュート、ドリブル、フェイント、リフティング、トラッピング、スローイング、キッキング、ハンドリングなど）	基本動作を生かした簡易ゲーム（ゲーム時間、コートの広さ、用具の工夫などを取り入れた連携プレー、攻撃・防御）	簡易ゲーム・応用練習・試合
	ネット型（バレーボール、卓球、テニス、バドミントン）	基本動作（バス、サービス、レシーブ、トス、フェイント、ストローク、ショットなど）		
	ベースボール型（ソフトボール、野球）	基本動作（投球、捕球、打撃など）		
	ゴルフ	基本動作（軽いスイングなど）		
武道	柔道、剣道、相撲	礼儀作法、基本動作（受け身、素振り、ステップ、表現など）	基本動作を生かした簡単な技・形の練習	応用練習、試合
ダンス	創作ダンス、フォークダンス、現代的なリズムのダンス		基本動作を生かした動きの激しさを伴わないダンスなど	各種のダンス発表会など
野外活動	雪遊び、氷上遊び、スキー、スケート、キャンプ、登山、遠泳、水辺活動	水・雪・氷上遊び	スキー、スケートの歩行やゆっくりな滑走平地歩きのハイキング、水に浸かり遊ぶなど	登山、遠泳、潜水、カヌー、ボート、サーフィン、ウインドサーフィンなど
文化的活動		体力の必要な長時間の活動を除くほとんどの文化活動	右の強い活動を除くほとんどの文化活動	体力を相当使って吹く楽器（トランペット、トロンボーン、オーボエ、バスーン、ホルンなど）、リズムの早い曲の演奏や指揮、行進を伴うマーチングバンドなど
学校行事、その他の活動		▼運動会、体育祭、球技大会、新体力テストなどは上記の運動強度に準ずる。 ▼指導区分、"E"以外の生徒の遠足、宿泊学習、修学旅行、林間学校、臨海学校、潜海学校などの参加について不明な場合は学校医・主治医と相談する。		

その他注意すること

定義
《軽い運動》　同年齢の平均的生徒にとって、ほとんど息がはずまない程度の運動。
《中等度の運動》　同年齢の平均的生徒にとって、少し息がはずむが息苦しくない程度の運動。パートナーがいれば楽に会話ができる程度の運動。
《強い運動》　同年齢の平均的生徒にとって、息がはずみ息苦しさを感じるほどの運動。心疾患では等尺運動の強い運動、動作時に呼吸を伴ったり、大きな掛け声を伴ったり、動作中や動作後に顔面の紅潮、呼吸促迫を伴う等の運動。
*新体力テストで行われるシャトルラン・持久走などは強い運動に属することがある。

出典：日本学校保健会作成

表4-4 学校生活管理指導表（アレルギー疾患用）

出典：文部科学省初等中等教育局健康教育・食育課監修『学校のアレルギー疾患に対する取り組みガイドライン（令和元年度改訂）』
日本学校保健会　2020年　pp.12-13

第 4 章　健康診断と健康評価

演習課題　ワークシートは巻末参照

1．年に1回、学校健康診断を実施する法的根拠を調べてみよう。
2．2016 年から学校健康診断に「四肢の状態」が追加された理由を説明してみよう。
3．健康診断の実施期限、健康診断票の保管期間、健康診断後の通知期間を調べてみよう。

【引用文献】
1）文部科学省初等中等教育局健康教育・食育課「新型コロナウイルス感染症の状況を踏まえた学校保健安全法に基づく児童生徒等及び職員の健康診断の実施等に係る対応について」2020 年

【参考文献】
・日本学校保健会『児童生徒等の健康診断マニュアル平成 27 年度改訂』2015 年
・日本学校保健会『子供の運動器の健康―学校における運動器検診の手引―』2022 年
・文部科学省「小学校学習指導要領（平成 29 年告示）解説」2017 年
・文部科学省「中学校学習指導要領（平成 29 年告示）解説」2017 年
・文部科学省「高等学校学習指導要領（平成 30 年告示）解説」2018 年

COLUMN

健康診断の検査項目の変更

　学校保健安全法施行規則の改正により、健康診断の検査項目は変更されます。近年では、「座高測定」と「ぎょう虫検査」が 2015（平成 27）年度に廃止され、2016（同 28）年度より四肢の状態（関節・筋肉）に関する検査が導入されました。

　座高は、内臓の発育などを確認したり、上半身と下半身の長さのバランスをみることで発育状態が測定できるとされ、また、学校に配備する机や椅子の高さを決めるのにも調査結果が活用されていました。しかし、そもそも健康管理と座高の関係が分かりにくく、机や椅子の配備にもあまり役立っていないとの調査結果より、廃止となりました。さらに、寄生虫卵の有無を調べるぎょう虫検査は、近年の日本の衛生環境の改善に伴い、子どもの寄生虫感染率が激減し、近年の検出率は1％以下となったことより廃止されました。

　このように学校健康診断の項目は子どもの健康状態を把握しながら変更されます。しかし、以前は学校健康診断項目であったツベルクリン反応検査が廃止されたことにより結核感染者数が増加したり、本文でも述べたように、近年では一度廃止になった「色覚検査」が復活するなど、長期的視点をもった検討が必要です。

第5章 ヘルスプロモーションと健康相談活動

◆第5章のエッセンス◆
① ヘルスプロモーションの理念に基づいた学校での活動は、児童生徒の健康を育むことにつながる。
② 一人一人にとって健康な状態は異なるが、健康であるからこそ、心も体も満たされた豊かな社会を生きられることにつながる。
③ 健康相談は、児童生徒の健康問題についてその本質を見極め解決を図り、学校生活等をよりよく過ごせるように支援していくことである。

Keyword ヘルスプロモーション QOL（Quality of life） 健康 社会環境 心のバリアフリー 健康相談 保健指導 支援会議 プライバシー

第1節 ヘルスプロモーションの理念に基づく学校保健活動

学校における活動では、単に疾病の予防等に焦点を当てるのではなく、ヘルスプロモーションの理念に基づいた活動を行うことにより、児童生徒本来がもつ「健康」という側面を育むことにつながる。

1 子どもと健康との関連について

学校での健康づくりに関するねらいは、①児童生徒自らが心身の仕組みや変化に関心をもち、②どのような生活を送ることが心身の健康に影響するのかを理解し、③自分なりの健康を目指すための実践的な知識・技術を身につけることである。

これらのことから、児童生徒は「健康は自らの行動により変化させることができること」や「自身の心身や命の大切さ」だけでなく「他人の心身や命もかけがえのない大切なものであること」などを関連づけて学んでいく。

さらに、心身や健康の状態には個人差や多様な考え、行動等があることを学んでいくことで、さまざまな人々の存在や価値観、暮らしぶりを理解することにより、社会の中で自分らしく生きていく方法を考える力を養う。

2 ヘルスプロモーションとは

ヘルスプロモーションは、1986年、WHOがカナダのオタワで開催した第1回ヘルス

プロモーション会議の中で示した考え方であり、オタワ憲章の中で、「人々が自らの健康をコントロールし、改善できるようにするプロセスである」と定義されている。続いて宣言文の中で、健康は生きる目的ではなくて毎日の生活のための資源であること、単なる肉体的な能力向上以上の積極的な概念であることが述べられている。

さらに、ヘルスプロモーションの最大の目標は「健康」ではなく、すべての人々があらゆる生活の場で学び、働き、遊び、友情や愛情などを享受することのできる社会の創造にあるとしている。子どもにとっても「その子どもが各々の子どもらしい生活」を営むために、健康であることが意味づけられ、誰しもが各々のQuality of Life（クオリティ・オブ・ライフ：以下「QOL」）保持・増進を目指していくことが示された。「健康」のゴールはQOLの向上であり、健康は幸せな生活を送るための手段であるという考え方である。

表 5-1　ヘルスプロモーションの特徴4点

1. 健康課題の解決ではなく、QOLの向上や豊かな人生にゴールを設定
2. 主役は住民（学校保健の場合は、児童生徒）であり、生活のスタイルや暮らしに着眼
3. 本人（学校保健の場合は、児童生徒）の健康教育だけでなく、環境の整備（社会づくり）も視野に入れる
4. 生活のあらゆる場を、ヘルスプロモーションの場とする

3　学校におけるヘルスプロモーションとは

（1）学校におけるヘルスプロモーションの理念

第1章でも述べたように、わが国のヘルスプロモーションは、「健康日本21[★1]」「健やか親子21[★2]」などの国民健康づくり運動が基本的理念となっている。それらの理念も活かされながら、学校保健でも「ヘルスプロモーション」の視点が重要視されている。

グラウンドで駆けまわっている児童生徒の姿などを想起し、「健康」だと捉える人も多いと思う。だが、それならば、疾病や障害を抱えながら生きている児童生徒、生きづらさや何らかの困難を抱えながら生きている児童生徒は「健康ではない」のだろうか。

決して、そうではないと考える。図5-1 を見てほしい。たとえ、疾病や障害、生きづらさなどを抱えていても、児童生徒が周囲の力も借りながら自らが健康のボールを押し、豊かな人生へ向かって進めているのであれば、児童生徒の心身は豊かになり、健康へと向かうだろう。特に児童生徒の場合は成長発達が途上ということで、自分でボールを押す力

解説

★1　健康日本21
厚生労働省では、国民が主体的に取り組める新たな国民健康づくり運動を「健康日本21」として2000（平成12）年より始まり、2024（令和6）年度からは「健康日本21（第3次）」が展開されている。

★2　健やか親子21
「健やか親子21（第2次）」は「すべての子どもが健やかに育つ社会」の実現を目指し、関連機関・団体が一体となって取り組む国民運動である。期間は2015〜2024年度、基盤課題として、「学童期・思春期から青年期に向けた保健対策」「子どもの健やかな成長を見守り育む地域づくり」が含まれている。

が弱い場合もある。しかし、周囲の人たちが共にボールを押してくれることで「自分一人でがんばらなくてもいい」「みんなが自分を助けてくれる」という思いを感じ、それが人との良好な関係をつくりながら豊かな人生を送る道筋にもなる。

さらに、坂道が急斜であるとボールを押すには強い力が必要で周囲の力を借りてもなかなかボールは進まない。しかし、緩やかな坂ならばボールは押しやすい。この坂道は、社会環境にあたる。ヘルスプロモーションにおいては、公的な施策や制度の充実、人々の偏見や差別の解消は、坂道の勾配を大きく下げる。私たちの偏見や差別は坂道の勾配をとても高くし、気づかないうちに生活しづらい地域社会をつくっていることも往々にしてある。「心の障壁の除去（心のバリアフリー）」も坂道の勾配を下げる要素としてヘルスプロモーションには欠くことができない。

学校では、ヘルスプロモーションの理念に基づいた教育活動を行うことによって、児童生徒本来の健康を育むことや人が豊かに暮らしていける社会づくりが行われている。

図 5-1　ヘルスプロモーションの理念図

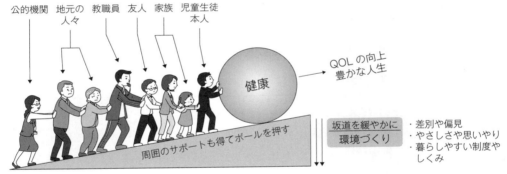

出典：島内憲夫（1987）、吉田浩二・藤内修二（1995）をもとに筆者作成

```
●学校におけるヘルスプロモーションの例（図 5-1 をもとに）
・自助―児童生徒（本人）
・互助―家族・友人・教職員
・共助―地域住民・地域組織
・公助―公的サービスの専門家（医師、保健師、スクールカウンセラーなど）
・環境づくり―心のバリアフリー（差別や偏見）、優しさ、思いやり
　　市区町村等の公的制度やサービス、社会資源
```

（2）ヘルスプロモーションの循環

先ほどは、特に児童生徒の場合、成長発達が途上であり、自分でボールを押す力が弱い場合もあると述べた。しかし、このヘルスプロモーションの奥深さは、「背中を押されて

いた人（児童生徒）」が、次は自然と「背中を押す人」になることもあるというところである。ボールを押すのはあくまでも自分であり、自分の目標に向かってボールを押すが、その背中を誰かから心地よく背中を押されたことのある児童生徒は、どんなときに、どんなふうに、どんな力で背中を押してほしいかを知っている。またボールが向かう方向は、個々によって違うことも理解しはじめる。これが循環となり、学校では、「互いが背中を優しく押し合う」場面を捉えることもあり「心身ともに豊かに成長しているな」と思うことがある。「子ども」もヘルスプロモーションのボールを押す側になれるのである。

第2節　学校における健康相談活動

学校で行われる健康相談の目的は、児童生徒の心身の健康に関する困りごとや問題について、その本質を見極め解決を図り、学校生活や社会生活をよりよく過ごせるように支援していくことである。

1　健康相談活動の法的な裏づけ

学校保健安全法が2008（平成20）年に改正され、児童生徒の心身の健康問題の多様化に伴い、養護教諭はその他の職員と連携し、問題の解決にあたることが定められた。同法第8条（健康相談）に「学校においては、児童生徒等の心身の健康に関し、健康相談を行う」、第9条（保健指導）に「養護教諭その他の職員は、相互に連携して、健康相談又は児童生徒等の健康状態の日常的な観察により、児童生徒等の心身の状況を把握し、健康上の問題があると認めるときは、遅滞なく、当該児童生徒等に対して必要な指導を行うとともに、必要に応じ、その保護者に対して必要な助言を行う」と規定されており、児童生徒の健康問題を見過ごすことなく、迅速にその対応にあたることが求められている。

2　健康相談の目的および意義

（1）健康相談の目的

学校で行われる健康相談の目的は、児童生徒の心身の健康に関する困りごとや問題について、児童生徒や保護者等に対して関係者が協働しながら問題の本質を見極めその解決を図り、学校生活や社会生活をよりよく過ごせるように支援していくことである。

近年、多様なストレスや悩み、いじめ、精神疾患（不安障害、摂食障害等）、自傷行為などメンタルヘルスに関する問題やネット依存、薬物の過剰摂取、性の問題行動、LGBTQに関する課題など、児童生徒が抱える健康問題は多様化している。

このような問題に対し、関係職種と連携を図り、児童生徒や保護者を取り巻く状況や当時者の考えなどを見極めながら、児童生徒自身が問題を解決する力を身につけるよう支援する。学校での相談は教育活動の一環であり、健康相談を通じ情緒的な安定を図り人間的

な成長を促すなどその役割は大きい。そして児童生徒自身がその問題と向き合い解決が図られたとき、その経験が将来発生するであろう新たな問題に対応できる力にもなる。健康相談を通し、自身の抱える困難を表現する力や他者を理解する力を養い、協力してくれる人々の力も得ながら、様々な人と共に生きていくことを学ぶ機会とする必要がある。

（2）健康相談の意義

　健康相談の意義は、「子どもにとっての意義」「学校で生活する他の子どもにとっての意義」「教員にとっての意義」に分けて考えることができる（表5-2）。健康相談は、子どもだけでなく教員にとっても、教員の責務である子どもの健康権や学習権を保障し、子どもの人間的成長を支援することができるという大きな意義がある。

　また、健康相談と保健指導は分けて考えることはできず、相互に繰り返されながら問題の解決が図られていく。児童生徒や保護者が「相談をしてよかった」「本音を言えてよかった」と思えるような、肯定的な機会となるように支援していくことが求められる。

表5-2　健康相談の意義

対象	健康相談の意義
子どもにとっての意義	・心身の健康問題、困難・苦痛・困っていることから心身の回復過程を円滑にすすめることができる ・今の生活に不適応になりそうな状態から適応できる状態になる（家庭、学校、社会での生活） ・学習に専念できる、あるいは自分が大事にしていることに専念できる ・自分の将来の生き方を展望できるようになる
学校で生活する他の子どもにとっての意義	・一人の子どもの問題を、校内の子どもたちに共通する健康課題・教育課題と捉えることで、子どもたち全員にとって快適な学校生活を営むことができるようになる
教員にとっての意義	・教員の使命（責務）である、子どもの健康権を保障できる ・教員の使命（責務）である、子どもの学習権を保障できる ・教員の職務である、子どもの人間的成長を支援することができる

出典：大谷尚子・鈴木美智子・森田光子編著『新版養護教諭の行う健康相談』東山書房　2020年　p.23

3　健康相談の対象者

　「教職員のための子どもの健康相談及び保健指導の手引」[★3]（文部科学省、2011年）には、健康相談の対象者について次のように示されている。

●健康相談の対象者
　①健康診断の結果、継続的な観察指導を必要とする者
　②保健室等での児童生徒の対応を通して健康相談の必要性があると判断された者
　③日常の健康観察の結果、継続的な観察指導を必要とする者（欠席・遅刻・早退の多い者、体調不良が続く者、心身の健康観察から健康相談が必要と判断された者等）

④健康相談を希望する者
⑤保護者等の依頼による者
⑥修学旅行、遠足、運動会、対外運動競技会等の学校行事に参加させる場合に必要と認めた者
⑦その他

　①の健康診断の場面においては、例えば保健調査等の結果から、食事、運動、睡眠などについて指導が必要な児童生徒や、極端な体重の変化、経過観察や受診の指導が必要な児童生徒などが含まれる。また、心疾患やアレルギー疾患なども、健康相談が必要になるケースが多くみられる。
　さらに、健康相談の対象者としては、担任教諭等から相談が入るケースもあり、気になる児童生徒については教職員から情報を積極的に収集し、支援の必要性について検討をする必要がある。

4　健康相談のプロセス

　健康相談は1回で終了するとは限らず、継続的・断続的なかかわりが必要な児童生徒等は少なくない。まず児童生徒の訴え（頭痛や腹痛、転倒等）については、疾患の有無がないかを確認する。児童生徒は、自身の心身の状態や悩みをありのまま表現することが難しかったり、思いを表出すること自体、ハードルが高い場合もある。そのことをよく理解し、子どもの訴えをよく聞き、身体症状などとも合わせながら問題を見極めていくことが必要である。
　健康相談の進め方は、ケースによりさまざまであるが、以下に進め方のプロセスの一例を示す（児童生徒から訴えがあった場合を想定している）。

（1）相談の受け入れと問題の把握

　日頃の健康観察や出席状況、保健室での対応等により対象となる児童生徒を把握する。問題の把握については、児童生徒の訴えをよく聞き、何について、どのように思っているのかなどを具体的に聞いていく。その際は、聞き手が児童生徒の言葉を安易に察して「〇〇ということだよね」と判断をするのではなく、語られる言葉や表現を丁寧に聞き取り、何に困っているのか、どういった点がつらいのか、をありのままに受け取る。保健室をよく

解説　★3　文部科学省「教職員のための子どもの健康相談及び保健指導の手引」（平成23年8月）
https://www.mext.go.jp/a_menu/kenko/hoken/1309933.htm

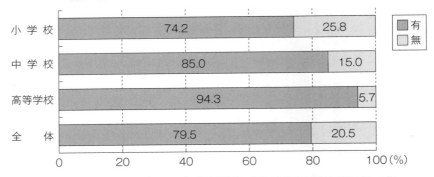

図5-2 養護教諭がかかわり、心身の健康問題のために健康相談等で継続支援した事例の有無（学校種別および全体）

出典：日本学校保健会『保健室利用状況に関する調査報告書　令和4年度調査結果』2024年　p.31

利用する児童生徒であっても、様子がいつもとは違うなどする場合は、抱えていた不安が大きくなっていたり、新たなニーズが出てきている場合もある[★4]。

　また、相談の内容によっては、教職員が「問題がある」と捉えていても、本人にはその自覚はなく問題だと思っていないケースもある（例：摂食障害）。その反対に、本人が問題だと思い悩んでいるのに、それが周囲に理解されないということもある。教職員は「いつものこと」「よくあること」「そのくらいなら大丈夫」といった価値観を押し付けずに、児童生徒のペースに合わせ話を聴き、身体症状も確認しながら、訴えを受け止めていく。

（2）緊急性・重症度の判断

　相談の中には、虐待、希死念慮、自傷行為、いじめ等、相談を受けた時点で至急対応が必要なものもある。児童生徒に生命の危険があると判断したときには、躊躇せずに関係機関と連携を取り、危機介入をしていく必要がある。

　虐待[★5]については、内出血、やけど、骨折、不自然な傷など身体的な虐待は教職員も発見しやすいが、性的虐待など本人が言葉にすることが困難な状況なども念頭にいれ、専門家らとともに迅速にかかわることが重要である。

（3）情報収集と情報の統合（見立て）

　情報収集は、児童生徒等からの訴えを中心に、まずは児童生徒の心身のつらさや悩みを、声のトーンや抑揚、しぐさなどにも注意を払い、その児童生徒にとって解決したいことは何なのかをゆっくりと聞いていく。さらに、児童生徒を多面的に把握するために、学級担任等の教職員らとも連携を図り情報を収集する。

　この情報収集でのポイントは「事実」と「想像・印象」を混同しないことである。児童生徒のみならず、教職員も自分の知りうる情報を生かそうとするが、その際には直接確認できた「客観的事実」と、情報源が不明確だったり、あいまいな情報から推測された「客観的事実ではない」と判断されたことを区別する必要がある。この区別をしていくことで、

「今は、どんな状態と考えられるのか」を適切に推測することができ、また不明確な情報について何をどこまで知らなければ「正しい見立て」ができないのかが明らかになる。

情報収集を行い情報の統合（見立て）を行っていく中で、相談内容によっては継続的な健康相談などを通じて解決をしていけるものもあれば、医療機関の受診が必要であると考えられるケースも出てくる。情報を統合しながら、現在、児童生徒はどのような問題を抱えているのか、それらの問題を解決できる糸口や方法を共に具体的に考えられそうか、課題の解決の方向性などを考えていく。子どもの抱えている問題の本質をとらえ、児童生徒の置かれている状況を理解することが必要である。

（4）支援目標と支援方法の決定

児童生徒の抱える問題の本質を捉えることができ、児童生徒の置かれている状況を理解した上で、「児童生徒がどうなりたい（どうしたい）と思っているのか」を確認し、実施可能で具体的な支援策を児童生徒や関係者ととともに検討をする。この際、支援目標が複数挙げられる場合がある。その場合、あくまでも児童生徒が「どうなったらよいか」という「児童生徒が主体である」という点を押さえつつ、優先度等を考慮し、長期目標や短期目標に分類をしていく。

支援方法を決定する際は「誰が」「いつまでに」「何を」「どのように」実施するのかを決定する。その際、教職員が1人で役割を担ったり抱え込むのではなく、場合によってはスーパーバイザー（相談役）などを決めておくことも有用である。

（5）支援のための協働

児童生徒の健康相談に対し、教職員も悩んだり戸惑いながら対応をすることもある。そして、児童生徒の抱える課題を根本から解決するには、専門家の力も借りながら解決にむけて確実に動く必要がある。そのため、児童生徒本人はもとより、保護者等の同意・協力を得ながら、児童生徒の抱える問題や支援目標や方法を共有し、教職員や専門職が支援体制を構築し、協働していく。

支援目標や支援方法の決定・検討が難しい場合や複雑な問題を抱える場合は、支援会議（ケース会議・事例検討）を開催し、意見を出し合いながら支援方針を決定していく場合もある。その際、他（多）職種等の意見を否定することなく、協働する者の考えを共感的・支援的に引き出し「児童生徒の課題解決を全員で考える」ことを共有していく。

★4　実際に養護教諭が受けた相談内容については、日本学校保健会『保健室利用状況に関する調査報告書　令和4年度調査結果』（2024年）にて詳細が発表されており、インターネットでも公表されているため、確認してみよう。

★5　虐待
児童虐待には大きく分けて4つの分類がある。身体的虐待・性的虐待・ネグレクト（養育の放棄・怠慢）・心理的虐待（児童虐待の防止等に関する法律　第2条）

表 5-3　地域の主な関係機関とその役割

地域社会の主な関係機関	主な役割	主な専門職と役割
教育センター 教育委員会所管の機関	子どもの学校や家庭での様子等を聞き取り、必要に応じて各種心理検査等を実施し、総合的に判断した上で、学校・家庭での対応や配慮等の具体的支援について、相談員がアドバイスする。医療機関等との連携も行っている。	○心理職 　臨床心理士（心理カウンセリング、教職員・保護者への指導・助言等） ○臨床発達心理士 　発達心理を専門とした心理職
子ども家庭相談センター （児童相談所）	子どもの虐待をはじめ専門的な技術援助及び指導を必要とする相談に応え、問題の原因がどこにあるか、どのようにしたら子どもが健やかに成長するかを判定し、その子どもに最も適した指導を行っている。	○児童福祉司 　児童の保護・相談 ○児童心理司 　心理判定
精神保健福祉センター	心の問題や病気、アルコール・薬物依存の問題、思春期・青年期における精神医学的問題について、専門の職員が相談に応じている。また、精神保健福祉に関する専門的機関として、地域の保健所や関係諸機関の職員を対象とする研修を行ったり、連携や技術協力・援助をとおして地域保健福祉の向上のための活動をしている。	○精神科医 　精神福祉相談 ○精神保健福祉士 　精神福祉領域のソーシャルワーカー ○保健師 　健康教育・保健指導 ○心理職 　臨床心理士（心理カウンセリング、本人・保護者への指導・助言等）
発達障害者支援センター	自閉症等発達障害に対する専門的な相談支援、療育支援を行う中核的な拠点センターとして活動を行っている。自閉症、アスペルガー症候群、学習障害（LD）、注意欠陥多動性障害（ADHD）などの発達障害のある子どもや家族にかかわるすべての関係者のための支援センターである。	○精神科医 ○心理職 　臨床心理士（心理査定、心理カウンセリング、本人、保護者への指導・助言） ○保健師 　健康教育・保健指導
保健所（健康福祉事務所） 保健センター	子どもの虐待及びドメスティック・バイオレンス（DV）をはじめ、難病の相談や講演会・交流会等、子どもと家庭の福祉に関する相談指導を行っている。	○医師 ○社会福祉士 　ソーシャルワーカー ○保健師 　健康教育・保健指導
警察 少年サポートセンター	万引き、薬物乱用等の非行、喫煙や深夜はいかい等の不良行為、また、いじめ、児童虐待、犯罪被害等で悩んでいる子どもや保護者等からの相談に応じ、問題の早期解決に向け、支援する。	○心理職 　臨床心理士（心理カウンセリング、本人・保護者への指導・助言） ○警察関係者（少年相談、本人・保護者への指導・助言）

出典：文部科学省『教職員のための子どもの健康相談及び保健指導の手引』2011年　pp.26-27

　また、1人の児童生徒の課題であったことを他の教職員と共有することで、学校全体の課題として捉えたり、再発防止を防ぐなど、学校の教育活動に還元していく必要もあるため、教職員や関係者との協働は不可欠である。

（6）支援の実践

　具体的な支援方法が決定したら、支援の実践に移っていく。しかし、児童生徒の気持ちや状況は刻々と変化をしていくため「決められた支援方法」通りに支援を進めるのではなく、児童生徒の反応を確かめながら、決定した支援方法が妥当であるかを考えながら支援を行う。この際も支援の内容や反応を共有し、教職員や専門職のみ中に「こもらない」「抱え込まない」ようにすることが重要である。

　支援を実践している中で新たな課題が浮かび上がったり、反対に児童生徒がもつ「強み」

第 5 章　ヘルスプロモーションと健康相談活動

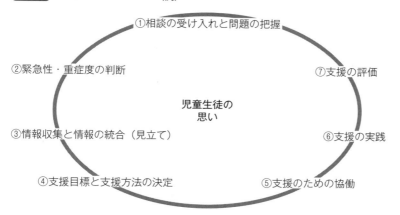

図 5-3　健康相談のプロセス（例）

①相談の受け入れと問題の把握
②緊急性・重症度の判断
③情報収集と情報の統合（見立て）
④支援目標と支援方法の決定
⑤支援のための協働
⑥支援の実践
⑦支援の評価

児童生徒の思い

を発見することもある。継続的な支援において、新たな情報を得たり情報が変化をする場合は、情報の整理と統合（見立て）を積み重ねていく。

（7）支援の評価

支援が開始されると、児童生徒の様子が変化してくることが多いため、ともすると教職員はその状況に安心してしまう。しかし、問題を抱えている児童の悩みが解決する方向に向かっているのかどうか、現在児童生徒はどのような状況にあるのかを確認し、支援目標や支援方法を見直し改善を行う評価は欠くことができない。そのため、支援の評価は支援が開始された段階で、定期的に実施し、支援している内容の妥当性や緊急性などが変更していないかを支援者の中で共有していく必要がある。

この段階では、児童生徒にも新たな訴えがあったり、その内容に変化もみられるだろう。プロセスの①に戻り、新たな情報を加え支援目標や支援方法をスパイラルアップさせ、関係者同士も密に連携を図っていく。

5　健康相談に関する留意点

（1）プライバシーの保護

心身の健康に関する困りごとや問題を他者に打ち明けることは、勇気がいることである。そのことを十分に念頭に置き、相談にはプライバシーが保たれるように十分に配慮する。

（2）保護者との連携

児童生徒から教職員が相談を受けた場合、「親には言わないでほしい」と希望されることがある。しかし、課題を解決していくためには保護者との十分な連携が必要な場合が多い。その場合は、学級担任や協働する支援者とも十分に意見を交わしながら、児童生徒に保護者との連携も必要な理由を説明する。そして、保護者にも丁寧に説明をし、連携して

問題の解決にあたれるようなコーディネートが必要である。児童生徒が「相談してよかった。親にも話してもらえてよかった」と思えるような関係づくりを目指していく。

(3) 支援経過の記録

　健康相談の経過記録は、支援目標や支援策が妥当であったか、児童生徒が抱える問題が解決できたかなどを検討・検証していく際に生かすことができる。また、経過が長くなればなるほど問題の本質や支援の方向性がぼやけていくことがあるが、そういった際に記録を見返し支援会議（ケース会議・事例検討）などを行うと、関係者が現状やずれていた認識などを共有でき、今後の適切な方向性を導き出すことができる。そのため、支援経過については記録を残しておくこと、さらに定期的に評価の場を設けることも有効である。

演習課題　ワークシートは巻末参照

1．子どもの健康を促進する要因・阻害する要因を、自身の経験から考えてみよう。
2．子どものヘルスプロモーションについて「ヘルスプロモーションの坂道」を緩やかにするために、社会においてどのような取り組みが必要か、考えてみよう。
3．小学生、中学生、高校生のいずれかを選び、現代の児童生徒がどのような健康課題を抱えている実態があるのか、調べてみよう。

【引用文献】
1）小児慢性特定疾病情報センターウェブサイト「対象疾病：1型糖尿病」
　https://www.shouman.jp/disease/details/07_01_001/

【参考文献】
- L.W. グリーン・M.W. クロイター（神間征峰訳）『実践ヘルスプロモーション』医学書院　2005年
- 学校保健協会『みんなで進める学校の健康づくり』2009年
- 文部科学省「『21世紀における国民健康づくり運動』におけるヘルスプロモーション」
　https://www.mext.go.jp/a_menu/shougai/houshi/detail/1369172.htm
- 金川克子『最新保健学講座1　公衆衛生看護学概論』メヂカルフレンド社　2021年
- 岡田加奈子・遠藤伸子・池添志乃編著『改訂養護教諭、看護師、保健師のための学校看護』東山書房　2017年
- 岡本陽子・郷木義子編著『最新学校保健』ふくろう出版　2021年
- 出井美智子・采女智子・佐藤紀久榮他編著『養護教諭のための学校保健［第16版］』少年写真新聞社　2020年
- 日本看護協会『実践力UP事例検討会におけるアセスメントを深めるためのファシリテーターの手引き』日本看護協会　2015年

第5章　ヘルスプロモーションと健康相談活動

COLUMN

1型糖尿病のA君

ここでは、ヘルスプロモーションに関するある事例を紹介します。

　A君が1型糖尿病＊を発症したのは小学2年生の時だった。治療にはインスリン注射が必要で、A君は恐怖や痛みに耐えながら保健室で自己注射をしていた。教職員はそのことを理解していたが、「病気を知られたくない」というA君の思いがあり、クラスメイト等には伏せられていた。しかし、運動会の練習で動きすぎた後に急に倒れてしまったり、低血糖になった時のための飴やチョコレートがポケットから何度か落ちたのをクラスの子ども達がみつけ、A君のことをからかいはじめた。「病気らしいよ……」「変な注射してる」「お菓子をズルしてもってきている」という言葉がA君にかけられるようになった。

　そこで、A君と保護者、教職員で話し合い、クラス会でA君自身が病気のことについて説明をすることにした。A君の病気を知った子ども達は、当初は戸惑っている様子もあったが、次第に「痛い注射をがんばってるね」「大丈夫？」「ポッケにちゃんと飴とかある？」と声をかけてくれるようになった。A君自身も、「ちょっと調子が悪い」「休みたい」というのをすぐに周囲に伝えられるようになり、血糖コントロールが良好になった。何より、身体の不調がなく登校でき、みんなと活動をしている様子がいきいきしている。その後、修学旅行などの大きなイベントもあったが、周囲の理解に包まれA君は無事に卒業をしていった。

　数年後、すっかり声変わりをしたA君が小学校へ遊びに来てくれた。1型糖尿病と付き合いながら、サッカーをしているという。そして、今は1型糖尿病の子どもたちの会のサポート役だという。夏にはサマーキャンプを企画するなど、子どもたちや保護者同士が悩みを言える場をつくり、自分の体験から子どもや保護者の支援を行っているというA君。そのキャンプには、昔「病気らしいよ……」と言っていた同級生も応援団として参加をしてくれるらしく、どんどん仲間が増えている。

　病気発症当時、A君は自分一人で「健康のボール」を一生懸命押し上げていました。しかしその後、家族や教職員、そして何より多くの友達が一緒にボールを押してくれる仲間になったことが「A君らしい豊かな人生」への力になっていました。病気への偏見がなくなり、A君への優しさや思いやりが坂道の傾斜を緩やかにしました。A君は今、ほかの1型糖尿病の子どもの背中を押す側にもなっています。

＊：1型糖尿病
　糖尿病は、インスリンの分泌不全、インスリン抵抗性、あるいはその両者による慢性的な高血糖によって特徴づけられる代謝異常と定義される。1型糖尿病は、膵β細胞の破壊による内因性インスリン不足により発症し、通常は絶対的なインスリン欠乏に陥るものである。したがって、1型糖尿病の治療の基本は、インスリン補充療法である[1]。

第6章 学校保健経営と学校保健組織活動

◆第6章のエッセンス◆

① 学校における保健活動の実施については「学校保健経営」という視点をもち、PDCAサイクルを循環させながらよりよい活動を行っていく。
② 学校保健計画や学校安全計画は、校長をはじめすべての教職員がかかわり、関係者の意見も反映させながら、策定・実施・評価をしていく必要がある。
③ 児童生徒の健康づくりを進める際には、家庭や地域との連携が不可欠である。保健組織活動として、児童生徒の保護者や地域関係者とも連携する学校保健委員会などがある。

Keyword　学校保健経営　PDCAサイクル　学校保健計画　組織活動　学校保健委員会

第1節 学校保健経営とは

学校における保健活動については、学校の設置者や校長をリーダーとしてすべての教職員が行う。学校保健活動の実施には計画性をもって行い、PDCAサイクルを循環させ、よりよい学校保健を適切に行っていく必要がある。

1 学校保健を推進していく「学校保健経営」

中央教育審議会答申「子どもの心身の健康を守り、安全・安心を確保するための学校全体としての取組を進めるための方策について」[1]では、校長の役割の一つとして「学校保健活動を推進し、子どもの現代的な健康課題の解決などを図るためには、校長自らが学校保健の重要性を再認識し、学校経営に関してリーダーシップを発揮することにより、学校内（学校保健委員会を含む）や地域社会における組織体制づくりを進めていくことが求められる」と記され、「学校保健を重視した学校経営」の必要性が明示されている。児童生徒の健康を保持増進するためには、主体的に健康的な生活を送るうえで必要な基本的な知識・技術を身につけるとともに、各々の児童生徒に適した学習環境や衛生状態を保つ必要がある。これらの管理は、学校の設置者や校長をリーダーとしてすべての教職員が行う。

「経営」というと、会社や企業の活動を想像するかもしれないが、広辞苑では「①力を尽くして物事を営むこと。②あれこれと世話や準備をすること。③継続的・計画的に事業を遂行すること。（中略）また、そのための組織」とされている。教育現場では、「学校経営」「学級経営」という言葉が用いられるが、学校保健においても「経営」（学校保健経営）

という考え方を持ち、年間を通して行うものや特定の期間に行うもの、その時の社会の状況や児童生徒の実態から、より効果的な活動を行っていくための目標を明確にし、各々の教育的な役割や組織体制を共通理解していくことが必要である。

また、活動には計画を立案し実施の際には見通しを立て、実施後には活動を振り返り、改善につなげるというサイクルが必要である。PDCA は、Plan（計画）、Do（実行）、Check（検証）、Action（改善）の頭文字を取った言葉であるが、Plan → Do → Check → Action の順に行い、Action が終わったら再び最初の Plan に戻ることから、「PDCA サイクル」とも呼ばれる（図6-1）。

学校保健においては、新たな課題や児童生徒のニーズに沿った活動を組織的かつ計画的に遂行していくためにも、「Plan（計画）→ Do（実行）」で活動を終了させるのではなく、多様な視点から「Check（検証）→ Action（改善）」を行い、よりよい学校保健へ向けて適切に活動を改善・継続していく必要がある。

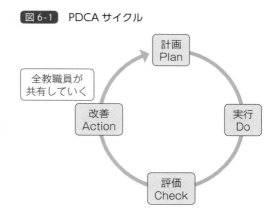

図6-1　PDCA サイクル

第2節　学校保健計画の策定

学校保健計画や学校安全計画は、学校保健や学校安全の年間を見通した総合的な基本計画である。計画に位置づいた活動がすべての教職員により組織的に推進されるようにし、評価を行いながらよりよい活動を目指していく。

1　学校保健計画の法的根拠

学校保健計画については、学校保健安全法第5条において「学校においては、児童生徒等及び職員の心身の健康の保持増進を図るため、児童生徒等及び職員の健康診断、環境衛生検査、児童生徒等に対する指導その他保健に関する事項について計画を策定し、これを実施しなければならない」と規定されている。

2　学校保健計画の必要性

学校保健計画とは、各学校において必要とされる「保健」に関する具体的な活動計画である。学校教育における目的を達成するためには、各学校の特色や地域特性も踏まえたうえで、教育活動の場面展開される保健管理と保健教育や組織活動を効果的に連動させる必

図6-2 学校保健の計画立案のプロセス例

①実態把握と情報収集
・児童生徒の健康課題の実態（健康・生活・衛生・環境等）や情報
・教職員や保護者、地域が把握している児童生徒の健康課題や情報
・学校の環境衛生に関する情報
・前年（過去）の学校保健活動の評価

②課題の分析と問題解決の優先度の決定
・児童生徒に関する健康課題の分析（本質的な問題の見極め）
・学校の保健目標として取り組む緊急度及び優先度の決定

③学校保健計画の立案
・保健目標、保健管理、保健教育、組織活動等を具体的に立案
・学校行事や地域特性、地域の協力なども考慮
・評価の時期や方法の組み込み

④学校保健計画案の共有と決定
・教職員の共通理解を図り、役割分担や責任者を確認
・学校長の決定を受け、関係者に周知

全教職員の問題意識や意見を反映させ、情報交換を行いながら、計画策定を進めていく。

表6-1 学校保健計画の内容の例

（ア）保健管理に関する事項
・健康観察や健康調査
・健康相談
・保健指導
・健康診断（保健調査）及び事後措置
・疾病や感染症予防
・環境衛生検査及び日常における環境衛生管理
・その他必要な事項
（イ）保健教育に関する事項
・体育科・保健体育科の保健に関する学習
・関連する教科における保健や生活に関する学習
・特別活動（学級活動・ホームルーム活動、児童会活動・生徒会活動、学校行事）における保健や生活に関する学習
・総合的な学習（探究）の時間における保健や生活に関する学習
・日常生活における指導及び児童生徒の実態に応じた個別指導
・社会的に課題となっている保健や生活に関する指導
（ウ）組織活動に関する事項
・学校内における組織活動
・学校保健に必要な校内研修
・家庭、地域社会、関係機関との連携
・学校保健委員会
・その他必要な事項

出典：日本学校保健会『保健主事のための実務ハンドブック―令和2年度改訂―』日本学校保健会　2021年　pp.9-10を一部改変（下線部筆者による）

要がある。そして年間の計画を立てて円滑に実施をすることにより、学校全体で目標や諸活動の共通目的が図られ、すべての教職員が学校保健活動にかかわるだけでなく、保護者や地域との協働も図られる。

　社会の状況も刻々と変化する中、学校保健活動を円滑に行っていくためにも、児童生徒

第 6 章　学校保健経営と学校保健組織活動

の健康課題を精査し、前例踏襲などではなく毎年度、各学校の目標や前年度の活動状況、実態等に合わせた計画立案が求められる。

3　学校保健計画の策定手順

　学校保健計画の策定にあたっては、保健主事や養護教諭が中心となり、教職員の問題意識や意見も十分に取り入れながら、児童生徒の実態に合わせた年間の保健計画を立案する。学校医や学校歯科医、学校薬剤師が課題を感じ取っている場合もあるため、関係者とも連携を取りながら計画策定を進める。前年（過去）の学校保健活動の評価等も活用しながら、具体的で実行可能な計画を立案し、教職員がそのプロセスや計画を共有していく。

　教職員が作成プロセスを共有する中で、浮かび上がっている健康課題だけでなく「本質的な問題の見極め」が行われ、保健目標が具体的になり、より実効性のある計画が立案される。誰が、何をやるべきなのかが共有できるような計画を策定する。例えば感染症の発生などにより、計画の変更を余儀なくされる場合もあるが、その場合は緊急性や優先度を職員会議等で議論・共有しながら、柔軟に計画を変更していくことも必要である。

　また、計画を立案する際には評価の時期や方法も決定し、児童生徒を主体とした保健活動が学校全体で行われ、成果が出るようにしていく必要がある。

4　学校保健計画の例

　表6-2（pp.76-77）に、小学校における学校保健年間計画の作成例を挙げた。なお、『保健主事のための実務ハンドブック―令和2年度改訂―』では、中学校、高等学校における作成例も挙げているため、参考にしてほしい。

5　学校保健計画の評価

　児童生徒を主体とした保健活動が学校全体で行われ、児童生徒の心身の健康が保持増進できたかを確認しなければならない。そのために、立案した目標が達成できたのか、プロセスは妥当であったのか、役割分担は適切であったか等を総合的に評価し、学校保健経営としてのPDCAサイクルを意識し次の計画立案の改善につなげる必要がある。

　評価としては、教育活動の中で児童生徒の健康の保持増進に関する意識や行動はどのように変化をしたのか、教職員が児童生徒を主体とした学校保健活動をどのように捉え協働できたか、保護者や地域住民・関係機関とどのように協働ができたか、などを目標に照らして評価を行う。なお、評価の活用や公表については、個人情報の保護や人権等にも配慮し、情報の発信方法に留意する。

表6-2 学校保健年間計画例（小学校）

月	保健目標	学校保健関連行事	保健管理 対人管理	保健管理 対物管理
4	自分の体の発育状態や健康状態について知ろう	・定期健康診断 ・大掃除	・保健調査 ・健康観察の確認と実施　・健康相談 ・健康診断の計画と実施と事後措置（身体測定・内科検診、歯科検診、視力検査、聴力検査等） ・結核健診、運動器検診の問診 ・有所見者の生活指導 ・手洗いの励行	・清掃計画配布 ・大掃除 ・飲料水等の水質及び施設・設備の検査 ・雑用水の水質及び施設・設備の検査 ・机、いすの高さ、黒板面の色彩の検査
5	運動会を元気に迎えよう	・定期健康診断 ・運動会 ・新体力テスト ・避難訓練	・健康観察の実施（強化）　・健康相談 ・健康診断の実施と事後措置（結核検診、耳鼻科検診、眼科検診、尿検査等） ・有所見者の生活指導 ・運動会前の健康調査と健康管理	・照度・まぶしさ、騒音レベルの検査 ・運動場の整備
6	歯を大切にしよう 梅雨時の健康に気をつけよう	・第1回学校保健委員会 ・歯と口の健康週間 ・プール開き ・心肺蘇生法	・健康観察の実施　・健康相談 ・歯と口の健康の取組 ・水泳時の救急体制と健康管理 ・食中毒・感染症予防 ・熱中症予防	・水泳プールの水質及び施設・設備の衛生状態の検査
7	夏を元気に過ごそう	・個人懇談 ・大掃除	・健康観察の実施　・健康相談 ・水泳時の救急体制と健康管理 ・夏休みの健康生活指導と健康管理	・換気、温度、相対湿度、浮遊じん、気流、一酸化炭素及び二酸化窒素の検査 ・ネズミ、衛生害虫等の検査 ・水泳プールの水質検査 ・揮発性有機化合物の検査 ・ダニ又はダニアレルゲンの検査 ・清掃用具の点検・整備
8・9	生活リズムを整えよう	・身長・体重測定 ・プール納め ・避難訓練 ・修学旅行6年	・健康観察の実施（強化）　・健康相談 ・夏休みの健康調査 ・疾病治療状況の把握 ・修学旅行前の健康調査と健康管理 ・手洗いの励行	・日常点検の励行
10	目を大切にしよう	・目の愛護デー ・視力検査 ・就学時の健康診断 ・宿泊学習5年	・健康観察の実施　・健康相談 ・目の健康について ・正しい姿勢について ・就学時の健康診断の協力 ・宿泊前の健康調査と健康管理	・照度・まぶしさ、騒音レベルの検査 ・雑用水の水質及び施設・設備の検査
11	寒さに負けない体をつくろう	・第2回学校保健委員会 ・いい歯の日	・健康観察の実施　・健康相談 ・屋外運動の奨励と運動後の汗の始末 ・かぜやインフルエンザの予防 ・歯と口の健康の取組	
12	室内の換気に注意しよう	・健康相談 ・個人懇談 ・大掃除	・健康観察の実施　・健康相談 ・かぜの罹患状況把握 ・室内の換気及び手洗いの励行 ・冬休みの健康生活指導と健康管理	・大掃除の実施の検査
1	外で元気に遊ぼう	・身長・体重測定 ・避難訓練	・健康観察の実施（強化）　・健康相談 ・冬休みの健康調査 ・屋外運動の奨励と運動後の汗の始末 ・かぜの罹患状況把握 ・疾病治療状況の把握	・日常点検の励行 ・換気、温度、相対湿度、浮遊じん、気流、一酸化炭素及び二酸化窒素の検査 ・雨水の排水溝等、排水の施設・設備の検査 ・ストーブ管理
2	かぜをひかないように健康管理をしよう	・第3回学校保健委員会 ・新入生説明会、一日入学	・健康観察の実施　・健康相談 ・屋外運動の奨励 ・かぜの罹患状況把握 ・室内の換気及び手洗いの励行	・ストーブ管理
3	健康生活の反省をしよう	・耳鼻科 ・大掃除	・健康観察の実施 ・一年間の健康生活の反省 ・春休みの健康生活指導と健康管理 ・新年度の計画	・保健室の整備 ・学校環境衛生検査結果等のまとめと次年度への課題整理 ・清掃用具の点検・整備

出典：日本学校保健会『保健主事のための実務ハンドブック　令和2年度改訂』日本学校保健会　2021年　pp.60-61

第6章　学校保健経営と学校保健組織活動

月	保健教育				組織活動
	教科書	特別活動		個別・日常指導	
		学級活動	児童会活動		
4	・道徳「自分を見つめて（節度、節制）」（1年）	・健康診断の目的・受け方 ・保健室の利用の仕方	・組織づくりと年間計画作成 ・係分担	・健康診断の受け方 ・保健室の利用の仕方 ・身体・衣服の清潔 ・トイレの使い方 ・手洗いの仕方	・組織づくり（職員保健部、PTA保健部、学校保健委員会等） ・保健だより等の発行（毎月）
5	・体育「心の健康」（5年） ・社会「人々の健康や生活環境を支える事業」（4年） ・道徳「自分を高めて（節度・節制）」（3年）	・せいけつな体（2年）	・歯と口の健康週間の計画	・歯みがきの仕方 ・基本的な生活習慣 ・遊具の正しい遊び方 ・光化学スモッグ、PM2.5	・職員保健部会
6	・体育「病気の予防」（6年） ・家庭「衣服の着用と手入れ」（6年） ・道徳「いのちにふれて（生命の尊さ）」（2年）	・むし歯をふせごう（2年）	・歯と口の健康週間の活動 ・梅雨時の過ごし方 ・保健集会①	・むし歯の予防 ・手洗いの仕方 ・雨の日の過ごし方 ・食中毒の予防 ・体の清潔、プール ・光化学スモッグ、PM2.5	・第1回学校保健委員会の開催 ・職員保健部会 ・PTA保健部会 ・心肺蘇生法講習会
7	・体育「健康な生活」（3年） ・家庭「食事の役割」（5年）	・薬物乱用防止教育（5、6年）	・1学期の反省 ・保健集会②	・望ましい食生活 ・夏に多い病気の予防 ・歯みがき指導 ・夏の健康生活	・職員保健部会 ・個人懇談
8 9	・理科「人の体のつくりと運動」（4年） ・理科「人の体のつくりと働き」（6年） ・総合的な学習の時間「目指せ生き生き健康生活」（6年）	・よい姿勢（2年）	・2学期の活動計画 ・目の愛護デーの計画	・積極的な体力つくり ・基本的な生活習慣 ・運動後の汗の始末 ・歯みがき指導	・職員保健部会 ・夏休みの健康状況把握
10	・体育「体の発育・発達」（4年） ・理科「動物の誕生」（5年） ・家庭「栄養を考えた食事」（5年）	・目を大切にしよう（4年）	・目の愛護デーの活動 ・保健集会③	・目の健康 ・正しい姿勢 ・けがの防止 ・積極的な体力つくり	・職員保健部会 ・学校保健に関する校内研修
11	・家庭「快適な住まい方」（6年） ・道徳「命を感じて（生命の尊さ）」（4年）	・みんなか輝く学級生活をつくるために（4年） ・永久歯を守ろう（3年）	・かぜ予防ポスターの作成 ・いい歯の日の活動	・かぜの予防 ・手洗いの指導	・第2回学校保健委員会の開催 ・職員保健部会 ・地域の健康祭りへの参加
12	・道徳「命をいとおしんで（生命の尊さ）」（6年）	・健康な生活を続けるために（6年）	・かぜ予防の啓発活動 ・2学期の反省	・かぜの予防 ・冬の健康生活 ・手洗いの指導	・職員保健部会 ・地区懇談会 ・個人懇談
1	・社会「我が国の国土の自然環境と国民生活との関連」（5年） ・道徳「自分をみがいて（節度、節制）」（5年）	・からだのせいけつ（1年）	かぜ予防の啓発活動	・かぜの予防 ・外遊びについて ・歯みがき指導 ・手洗いの指導	・職員保健部会 ・冬休みの健康状況把握
2	・体育「けがの防止」（5年） ・生活「家庭生活：自分でできること」（1年）	・いのちのつながり（3年）	・耳の日の計画 ・保健集会④	・かぜの予防 ・外遊びについて ・歯みがき指導 ・手洗いの指導	・職員保健部会 ・第3回学校保健委員会の開催
3	・生活「家庭生活：自分の役割」（2年）	・早ね早おき朝ごはん（1年）	・耳の日の活動 ・1年間の反省	・耳の病気と予防 ・1年間の健康生活の反省 ・春の健康生活	・職員保健部会 ・1年間のまとめと反省

第3節 学校保健組織活動とは

> 学校における組織活動としては、学校における健康問題を協議し、健康づくりを推進するための、教職員の保健組織、児童生徒の保健委員会、PTA保健委員会、学校保健委員会などがある。学校、家庭、地域の関係機関などの連携による効果的な活動を目的とする。

1 学校における組織活動とは

　学校保健や学校安全の活動が円滑に進められ、教育的な成果を上げるには、学校生活の中のみの教育にとどまらず、家庭や地域での暮らしの中でも諸活動が有機的に展開されることが必要である。そのため、学校の教職員をはじめ、学校医等の専門職、保護者、さらには地域組織や地域の関係機関との協働は欠かせない。学校保健や学校安全を進めていくうえでは、児童生徒や学校保健にかかわる者すべてが活動の目標や内容を共通認識し、計画的かつ組織的に取り組む必要がある。

　学校保健にかかわる代表的な組織活動としては、教職員の保健組織、児童生徒の保健委員会、PTA[*1]保健委員会、学校保健委員会などが挙げられる。学校安全にかかわる組織活動としては、教職員の安全組織、地域学校安全委員会などがある。

2 学校における保健組織

　学校における保健組織としては、教職員の保健組織（保健部・保健係）、児童生徒の保健委員会、PTA保健委員会が挙げられる。

（1）教職員の保健組織

　教職員の保健組織は、学校内の保健活動の推進役となるチームであり、リーダーシップをとりながら活動を実施・評価していくことが求められる。構成メンバーは、各学校の実態により異なるが、保健主事、養護教諭、栄養教諭、保健体育教諭、学級担任や各学年代表教諭等で構成されることが多い。

（2）児童生徒の保健委員会

　特別活動の一つであり、児童生徒が参画する委員会の一部である。児童生徒の積極的な活動は、他の児童生徒の関心を引いたり、自分たち自身で目標や活動を決定していくことにより、学校全体での学校保健への取り組みが積極的になるなど、その意義は大きい。

　主に各クラスから1～2名が選ばれ、養護教諭や保健主事の助言のもとで活動を行う。指導にあたる養護教諭や保健主事は、主体性を尊重しながら、発達段階に応じた活動ができるようにアドバイスをしていくことも必要である。近年では、教職員の指導のもとに児

第 6 章　学校保健経営と学校保健組織活動

童生徒自身がSNS★2や動画を使った学校保健の情報を発信している例もあり、児童生徒の力で学校保健を盛り上げていくことが期待されている。

(3) PTA 保健委員会

保護者の組織であるこの委員会は、学校と家庭との連携を図るうえで重要な組織である。具体的な活動としては、以下で述べる学校保健委員会の参加、広報活動、PTA 保健委員

保健委員会の生徒が熱中症の危険度を測定

保健委員会による掲示物作成

週1回の委員会でのせっけん液補充

保健委員会の児童による保健指導

解説
★1　PTA
　　P：Parents（保護者）、T：Teacher（教員）、A：Association（組織）の略。児童生徒のすこやかな成長のために、保護者と教員だけでなく、家庭、学校、地域社会がお互いに協力し合い活動を行う集まり。
★2　SNS
　　Social Networking Service（ソーシャルネットワーキングサービス）の略であり、インターネット上で、ユーザー同士が繋がれるような場所を提供するサービスの総称である。例として、Facebook（フェイスブック）、X（エックス）、LINE（ライン）、Instagram（インスタグラム）、YouTube（ユーチューブ）、TikTok（ティックトック）などが挙げられる。

会主催の講演会などが行われている。学校規模や実情によりすべての学校に設置されているわけではないが、家庭と学校をつなぎながらの健康づくりの推進役としての機能が期待されている。

学校保健委員会

　学校保健委員会は、学校と家庭、地域を結ぶ組織で、児童生徒の健康課題・健康づくりを協議していくものである。学校における児童生徒の健康づくりは、家庭や地域社会の協力なしに成果をあげることは難しい。児童生徒が学校にいる時間は限られ、むしろ家庭や地域社会で過ごす時間の方が多い。地域の中で開かれた学校づくりを進めるとともに、多様な課題に対し、地域を含む組織が一体となって問題を共有し活動をしていく意義は大きい。

　学校保健委員会は、学校長をはじめ、保護者や地域関係者、児童生徒の代表で構成し、保健主事や養護教諭が中心となり、教職員の協力のもと開催される。学校保健委員会のメンバーは、固定化するのではなく、協議するテーマや議題に応じて必要な協力者等を参集していく（表6-3）。

　学校保健委員会の実施においては、協議する議題を明確にし、活発な意見交換等が図られるようにできるだけ具体的な課題にする。開催にあたっては、早めに日程や目的を周知し、協力を仰ぐ。

　会の開催は、関係者の意見を聞き、ディスカッションができる有意義な場となる。活動報告や資料の説明に時間を割くのではなく、参加者が自由に発言をできることを保障し、会の活性化を図る。また、プライバシーや人権の配慮については会の冒頭で丁寧に説明をし、協力を得ることも必要である。会の終了後は参加者や関係者に謝意を伝えると共に、PDCAサイクルを意識し評価を行う。

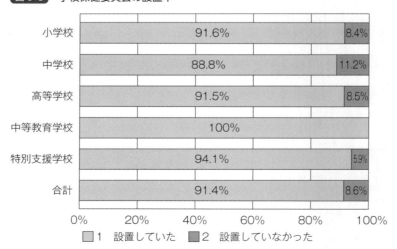

図6-3　学校保健委員会の設置率

	設置していた	設置していなかった
小学校	91.6%	8.4%
中学校	88.8%	11.2%
高等学校	91.5%	8.5%
中等教育学校	100%	
特別支援学校	94.1%	5.9%
合計	91.4%	8.6%

出典：日本学校保健会「平成27年度『学校保健委員会に関する調査』報告書」

表6-3　学校保健委員会の構成例表

学校：学校長、副校長、教頭などの管理職
　　　保健主事、養護教諭、栄養教諭、教務主任、生徒指導主事、保健体育主任、学年主任等教職員の代表
　　　児童生徒の代表（保健委員、体育委員、生徒会役員等）
保護者：PTAの役員、PTAの保健委員、関心のある保護者など
学校医など：学校医、学校歯科医、学校薬剤師、スクールカウンセラー、スクールソーシャルワーカー
地域の関係者：教育委員会、保健所・保健センター（保健師等）、こども家庭センター、児童相談所（児童福祉士等）、民生・児童委員、警察署、消防署、学童クラブ、児童館、中学校、通学区の安全管理担当者、町内会や商店街の代表など
その他：（必要に応じて）大学教員等の有識者

表6-4　学校保健委員会実施の手順例

開催準備	・職員会議での提案及び協議、議題やねらいの共有 ・開催時期の調整、関係者への連絡 ・資料やプレゼンテーションの準備 ・児童生徒の保健委員会への事前説明 ・教職員の役割分担の確認
会の実施	・会場設営や受付 ・提案や報告、ディスカッション
事後活動	・記録の作成 ・職員会議での報告、今後の提案 ・全校の子どもへの報告や保護者への報告 ・評価と今後へ向けての課題の洗い出し

表6-5　学校保健委員会の現状

①学校保健委員会の設置は、全体で9割を超え、複数回開催している学校が全体の3割を超え、設置しているが開催しなかった学校が全体の1割弱であった。
②学校保健委員会の構成人数は、全体では「10～19人」が4割弱と最も多く、小学校では、「30人以上」が3分の1強と最も多かった。学校保健委員会の構成員は、全体で校長・教頭等、保健主事、養護教諭、学校医・学校歯科医・学校薬剤師が9割以上であり、保護者は、どの校種でも6割（小学校では8割）以上となっている。一方で、専門家や地域の学校関係者が極めて低い割合であった。
③学校保健委員会の年間開催回数は、全体では1回が約6割と最も高く、2回以上が約3割となっている。校種別に見ると高等学校では1回が約7割と高く、開催しなかったが約1割となっている一方、複数回開催する特別支援学校は約5割、小学校でも約4割であった。月別では、全体では、最も多いのは2月、次いで7月となっており、開催時間帯では、「午後の授業時間」、「放課後」が多く、どの校種でも「1時間程度」が最も多かった。
④協議した内容は、どの校種でも「自校の学校保健の課題について」が最も多く、小学校、中学校で7割、高等学校、中等教育学校及び特別支援学校で8割を超えていた。また、どの校種でも「歯と口の健康」が高い割合で取り上げられており、小学校、中学校では、「生活のリズム」「食生活」「体力つくり」等の割合も高かった。なお、中学校、高等学校、中等教育学校では「心の健康について」協議する学校もあり、高等学校・中等教育学校・特別支援学校では、「感染症・食中毒の予防」、「環境衛生」、「安全・危機管理」についても多くなっている。校種間において課題とする内容がやや異なることが分かった。
⑤運営や内容の工夫を全体で見ると、「学校医等や関係機関が参加しやすい時間帯で設定した」8割弱、「学校の実態が分かるような調査内容を入れた」6割となっておりどの校種でも高くなっている。また、「各回の学校保健委員会の運営案を作成し事前打ち合わせや役割分担を行った」「これまでの開催状況や課題を把握し、改善に役立てた」「事前の調査や準備を念入りに行った」「反省事項や課題を整理し、円滑な引き継ぎを行った」は3割以上であった他にも、小学校、中学校、特別支援学校では「保護者が参加しやすいよう広報活動をした」「関心の高い内容の講演などを実施したり、拡大学校保健委員会にしたりして多くの保護者が参加できるようにした」と回答した学校が多く、「参加者が体験できる内容にした」「グループワークを入れ、参加者が意見を言いやすいよう工夫した」と回答した学校は他校種に比べて小学校、中学校が多くなっている。

出典：日本学校保健会「平成27年度『学校保健委員会に関する調査』報告書」

演習課題 ワークシートは巻末参照

1. 自身の小学生、中学生、高校生時代を想起し、いずれかの学校の学校保健計画を立案してみよう。
2. 全国の学校では、児童生徒の学校保健委員会でどのような活動が行われているのか、調べてみよう。
3. 「コロナ禍における子どもの健康」が気がかりとなっており、学校保健委員会を開催したいと仮定する。テーマを明確にし、協議に必要な参加者などを検討しながら、次第（プログラム）を作成してみよう。※テーマを明確にするためには、「コロナ禍における健康課題」を調べる必要があります。

【引用文献】
1) 中央教育審議会「子どもの心身の健康を守り、安全・安心を確保するために学校全体としての取組を進めるための方策について（答申）」2008 年
 https://www.mext.go.jp/b_menu/shingi/chukyo/chukyo0/toushin/__icsFiles afieldfile/2009/01/14/001_4.pdf
2) 新村出編『広辞苑［第 6 版］』岩波書店　2008 年
3) 日本学校保健会『保健主事のための実務ハンドブック―令和 2 年度改訂―』日本学校保健会　2021 年　pp.60-65
4) 文部科学省「学校安全資料『生きる力』をはぐくむ学校での安全教育」2019 年　p.49
 https://www.mext.go.jp/a_menu/kenko/anzen/1416715.htm
5) 日本学校保健会「平成 27 年度『学校保健委員会に関する調査』報告書」2016 年　p.5
 https://www.mext.go.jp/component/a_menu/education/detail/__icsFiles/afieldfile/2016/09/16/1292844_03.pdf

【参考文献】
- 門田新一郎・大津一義編著『学校保健―子どもの「生きる力」を育む―』大学教育出版　2021 年
- 出井美智子・采女智子・佐藤紀久榮他編著『養護教諭のための学校保健［第 16 版］』少年写真新聞社　2020 年
- 岡本陽子・郷木義子編著『最新学校保健』ふくろう出版　2021 年
- 教員養成系大学保健協議会編『学校保健ハンドブック［第 7 次改訂］』ぎょうせい　2019 年
- 三木とみ子編集代表『改訂　保健室経営マニュアル　その基本と実際』ぎょうせい　2018 年
- 三木とみ子編集代表『新訂　養護概説』ぎょうせい　2018 年
- 日本学校保健会『保健主事のための実務ハンドブック―令和 2 年度改訂―』日本学校保健会　2021 年
- 植田誠治・河田史宝監『新版・養護教諭執務の手引き［第 10 版］』東山書房　2018 年
- 中島晴美『ウェルビーイングな学校をつくる』教育開発研究所　2023 年

COLUMN
国や都道府県からの情報にも目を向けよう

　養護教諭仲間とおしゃべりをするのがとても好きで、保健室をどのように運営しているか、学校関連のトピックは何かなどを話しているとあっという間に2～3時間になります。そして、「熱中症で〇人搬送」「科学実験中に気分不良となり〇人が病院へ」などの報道を見るたび、「気をつけよう」と確認しあいます。が、こういったニュース・報道だけではなく国や都道府県からの通知・通達にもたくさんの情報が含まれています。

　国や都道府県などのいわゆる行政文書は、その書式で内容が堅苦しく見え、回覧をされても「閲覧部分に印を押して隣の席へ……」と回覧しがちだが、実は重要な情報がぎっちりです！

　例えば2023年4月に発足した「こども家庭庁」。「こどもや家庭が抱える様々な複合する課題に対し、制度や組織による縦割りの壁、年齢の壁を克服した切れ目ない包括的な支援」等を理念とし発足しており、児童虐待や貧困問題等にもこれまで以上に力を入れています。子どもの自殺対策、ヤングケアラーなどについても触れられており、身近な課題のことを国や行政としてどのように考えていくかは、まさに現場と直結しています。

　現在（2023年6月現在）国は大綱を作成中ですが、具体的に国や都道府県、市町村がどのような形で子どもやその家族を支えていく仕組みが具体的に出来上がるのか、その方向性に期待もしています。養護教諭の業務は幅広く多忙ですが、目の前の活動だけでなく、国や都道府県の動向にも目を向け視野の広い養護教諭になることも、大切であると思います。そして、私たちが生きていく社会の変化に敏感になり、一人の国民として、さまざまな社会の情勢に興味を持っていくことも必要です。

　養護教諭仲間の中で「私に連絡がなく、色々なことが進んでいく（笑）」という笑い話がでることがあります。そう、アンテナを張るのは養護教諭側なのです。

第7章 疾病の予防と管理

◆第7章のエッセンス◆

① 疾患には「急性疾患」と「慢性疾患」があり、子どもの疾患は変化してきている
② 毎日の健康観察の中で子どもの体調の変化に気づき、予防的に対応を行うことが重要である
③ 学校において注意すべき疾患として感染症があり、感染予防や蔓延防止のための出席停止基準などが法律で決められている

Keyword 疾病構造　疾病管理　体調不良　感染症　医療的ケア

第1節　子どもの疾病の特徴と管理

近年の子どもの疾病構造は変化しており、病気がある子どもが学校での教育活動に参加するために多様な対応が必要となっている。ここでは学校保健統計に基づく疾病構造の変化や学校管理下での体調不良者への対応などについて学ぶ。

1　子どもに多い疾病

疾病にはインフルエンザや胃腸炎のように発熱や嘔吐、下痢などが急激に始まり、数日、長くても2～3週間で完治する「急性疾患」と、心臓病、腎臓病、糖尿病のように症状や痛みが徐々にあらわれ、治癒に2～3か月以上の長期間を要する「慢性疾患」がある。急性疾患、慢性疾患ともに痛みや炎症の原因はさまざまで、短期間の欠席や安静で回復する

表7-1　急性疾患と慢性疾患の違い

	急性疾患	慢性疾患
初期	急速	徐々に
原因	一つの原因	多くの原因
期間	短期	不定
診断	一般に正確	不確かなことが多い
診断用検査	大体、確定的	しばしば、限られた意味しかない
治療	一般に治療する	治療はまれ
専門職の役割	治療の選択と実施	指導者でありパートナーである
患者の役割	指示に従う	医療従事者のパートナーであり、日常管理の責任をもつ

出典：K. ローリッグ他（近藤房江訳）『慢性疾患自己管理ガイダンス』日本看護協会出版会　2001年

表7-2 主な疾病・異常等の推移

		裸眼視力1.0未満の者	眼の疾病・異常	耳疾患	鼻・副鼻腔疾患	むし歯（う歯）	アトピー性皮膚炎	ぜん息	心電図異常（注1）	蛋白検出の者
幼稚園	平成25年度	24.53	2.09	2.58	3.44	39.51	2.39	2.13	…	0.89
	30	26.68	1.55	2.31	2.91	35.10	2.04	1.56	…	1.03
	令和元	26.06	1.92	2.57	3.21	31.16	2.31	1.83	…	1.02
	2	27.90	1.36	1.97	2.38	30.34	1.90	1.64	…	1.00
	3	24.81	1.48	2.00	2.96	26.49	1.75	1.48	…	0.66
	4	24.95	1.27	2.36	3.03	24.93	1.62	1.11	…	0.87
	5	22.92	1.63	2.19	2.99	22.55	1.48	1.15	…	1.12
小学校	平成25年度	30.52	5.32	5.43	12.07	54.14	3.06	4.15	2.62	0.74
	30	34.10	5.70	6.47	13.04	45.30	3.40	3.51	2.40	0.80
	令和元	34.57	5.60	6.32	11.81	44.82	3.33	3.37	2.42	1.03
	2	37.52	4.78	6.14	11.02	40.21	3.18	3.31	2.52	0.93
	3	36.87	5.13	6.76	11.87	39.04	3.20	3.27	2.50	0.87
	4	37.88	5.28	6.60	11.44	37.02	3.14	2.85	2.55	0.98
	5	37.79	5.32	6.28	12.38	34.81	3.25	2.87	2.44	0.84
中学校	平成25年度	52.79	4.63	3.89	11.11	44.59	2.48	3.22	3.44	2.45
	30	56.04	4.87	4.72	10.99	35.41	2.85	2.71	3.27	2.91
	令和元	57.47	5.38	4.71	12.10	34.00	2.87	2.60	3.27	3.35
	2	58.29	4.66	5.01	10.21	32.16	2.86	2.59	3.33	3.25
	3	60.66	4.84	4.89	10.06	30.38	2.95	2.31	3.07	2.80
	4	61.23	4.95	4.76	10.70	28.24	2.96	2.23	3.15	2.90
	5	60.93	5.08	4.87	10.48	27.95	2.99	2.00	3.21	2.80
高等学校	平成25年度	65.84	3.26	2.15	8.74	55.12	2.14	1.90	3.19	2.68
	30	67.23	3.94	2.45	9.85	45.36	2.58	1.78	3.34	2.94
	令和元	67.64	3.69	2.87	9.92	43.68	2.44	1.79	3.27	3.40
	2	63.17	3.56	2.47	6.88	41.66	2.44	1.75	3.30	3.19
	3	70.81	3.35	2.51	8.81	39.77	2.58	1.70	3.16	2.80
	4	71.56	3.58	2.25	8.51	38.30	2.68	1.71	3.03	2.83
	5	67.80	3.57	2.63	7.60	36.38	2.39	1.50	3.08	2.52

注1：「心電図異常」については、6歳、12歳及び15歳のみ調査を実施している。
※：いずれの項目も調査時期の影響が含まれるため、令和2～4年度の数値は、令和元年度までの数値と単純な比較はできない。
■：過去最大（令和元年度までの値の比較）
＿：過去最少（令和元年度までの値の比較）
出典：文部科学省「令和5年度学校保健統計（確定値）の公表について」2024年
https://www.mext.go.jp/content/20241127-mxt_chousa02-000038854_1.pdf

場合もあれば、長期間にわたる入院や自宅療養、生活習慣の改善等が必要な場合もある。
　第二次世界大戦直後の日本では子どもの入院理由は肺炎や乳児下痢症などの急性疾患が多く、慢性疾患ではリュウマチ熱や急性腎炎など溶連菌感染が原因となることが多かった。しかし、近年ではこれらの疾患による入院は少なくなり、代わって悪性腫瘍、先天異常、白血病などが小児の入院理由の上位となっている[1]。また、近年ではアレルギー疾患や生

活習慣病、摂食障害・不登校・いじめなどメンタルヘルスに起因する体調不良などが大きな課題となっている。

このような疾病構造の変化を踏まえ、学校では健康診断や健康観察、健康相談等で治療や配慮が必要な子どもを把握し、その状態を理解した上で可能な限り運動を含む各教育活動に参加できるように配慮する必要がある。そのためには、全教職員の共通理解のもと、保護者や主治医、学校医、地域の関係機関と連携して対応することが大切である。

2　健康観察を利用した疾病管理と対応

学校生活の中で教職員は子どもたちの健康状態を把握しておく必要がある。いつも子どもと接している担任教諭や養護教諭が「今日はなんだかいつもと様子が違う」と感じることが、子どもの病気を早期にみつける手がかりとなり、またその発見が病気の悪化や集団感染を防ぐことにつながる。「元気がなく顔色が悪い」「きっかけがないのに吐く」「いつもより食欲がない」「発疹がある」などの症状に気づいた時は迅速な対応を行う。

（1）発熱

ウイルスや細菌などの病原体に感染すると、それらに対抗する抗体が体内でつくられる。その間、ウイルスや細菌の活動を抑えるために体温調節中枢が作用して体温が上がる。

熱の上がりはじめは、寒気を感じて手足が冷たくなるため、寒がるようなら暖める。しかし、熱が上がりきると暑く感じるため、着るものや寝具を薄くして涼しくする。また、汗をかくため、脱水症状にならないように水分補給をする。

（2）下痢

下痢は身体に侵入してきた病原体を早く外に出そうとするための作用である。嘔吐を伴うような場合は、ウイルスや細菌に感染したことが原因の胃腸炎であることを疑う。

嘔吐や吐き気がなく、便の色が黒や血液が混入していない場合は軽症であることが多いので、脱水を防ぐために、少量ずつこまめに水分補給を行い、食事はおかゆ、スープなど水分が多くて消化のよい食べ物をとるように指導する。

（3）嘔吐

子どもは食べすぎ、咳き込みなどがきっかけで吐くことがあるが、吐いたあと元気であればあまり問題はない。しかし、発熱や下痢の症状を伴う場合は感染症を疑う。また、同時期に数人が嘔吐し始めた場合は、食中毒の可能性もあるので、給食を確認する。

嘔吐がある子どもを寝かせる時は、嘔吐物が気管に入らないように身体を横向きに寝かせる。ある程度吐き気がおさまったら、脱水防止のため、少量ずつ水分補給をする。なお、頭を打ったあとに嘔吐した場合は、至急受診する。

（4）咳

　咳は、喉や気管の通りをよくするための体の防御反応の一つで、痰のなどの異物を気管から外に出そうとしたり、気温や湿度の変化や煙などの刺激に反応したりして咳き込む。また気道が狭くなったり、痰などがつまったりするとゼーゼー、ヒューヒューという呼吸音（喘鳴）がすることもある。咳が激しい時は前かがみの姿勢で座って呼吸をさせ（起坐呼吸）、背中をさすったり、軽くたたく。横に寝かせるときは上半身を高くし、首と背中がまっすぐになるようにする。

（5）発疹

　発疹とは、皮膚や粘膜にみられる色や形の病的な変化で、原因は感染症、アレルギー、皮膚への刺激などが多い。発疹があらわれた時は、時間とともに増えていないか、どこから出始めてどのように広がったのか、どのような形状か、かゆみや痛みはあるかなどを確認する。アトピー性皮膚炎や蕁麻疹のように感染性がないものもあるが、発疹とともに発熱がみられる場合は感染症、食事後に発疹が出てきた場合は食物アレルギーやアナフィラキシーの可能性があるので注意する。

（6）けいれん

　けいれんとは、何らかの原因により脳の神経細胞が興奮状態になり、筋肉が自分の意思に反して動くことをさし、体が反り返り手足が伸びきる強直性けいれんや、手足の屈曲と伸展を繰り返す間代性けいれんなどがある。

　けいれんの原因にはてんかん発作や髄膜炎などがあるが、短時間でおさまることも多いため、あわてず落ち着いてけいれんの計測時間、手足や眼球の動き、意識の有無などを記録する。ただしけいれんが5分以上続くときや頭を打ったあと、頭痛、嘔吐を伴うけいれんの場合は救急車を要請する。

第2節　学校において注意すべき疾患

　学校管理下で注意すべき疾患には、インフルエンザなどの感染症やアレルギー疾患などがある。また、治療に時間を有する心疾患や腎疾患などの慢性疾患をもちながら通学する子どももいる。ここでは感染症の予防策やこれらの疾患に対する対応法などについて学ぶ。

1　感染症

（1）感染症とは

　原虫、スピロヘータ、真菌、細菌、ウイルスなどの病原微生物が動植物の体内に侵入して増殖することによって生じる病気を「感染症」という。感染症に罹患すると、発熱、発

疹、下痢、局所の炎症といったさまざまな症状が出現し、状況により脳障害などの後遺症を残したり、死亡することもある。

　近年ではSARS、MARS、鳥インフルエンザ、新型コロナウイルス感染症など今まではなかった新しい感染症（新興感染症）が出現したり、結核、狂犬病、マラリア、コレラ、麻疹、百日咳などの一時期は罹患者数が減少していた感染症が再び流行しているため、学校においても感染症への対応を慎重に行う必要がある。

　感染の成立には「ウイルスや細菌などの感染源」「唾液や唾などの飛沫、水、空気などの感染経路」「病原体に対する抵抗力や免疫」の3要素が大きく関与し、この3つが複雑にかかわりあって感染するかが決まる。また、感染症には病原体が体内に侵入してから症状が出るまでの潜伏期間があり、その間に病原体が増殖すると発病して症状があらわれる。

（2）学校感染症

　学校では感染症の予防を最優先事項とし、衛生管理等を行っているが、感染症の罹患者が発生した場合は蔓延を防止する必要がある。そこで、学校保健安全法施行規則により、学校において予防すべき感染症を第1種、第2種、第3種と分けて指定し、罹患しているまたは罹患している疑いがある児童生徒がいた場合、校長の判断をもとに出席を停止したり、学校を臨時休業にするといった措置を講じる（表7-3）。校長が出席停止を指示したときは、その旨を学校の設置者に報告しなければならず、さらに学校の設置者は保健所に連絡しなければならない。

　感染症を予防するには手洗いや消毒、マスクや手袋の着用などで感染経路を遮断したり、運動や栄養に気をつけて病原体に感染しても発症しない健康な体を作ることが重要である。特に、子どもは毎日の学校生活の中でさまざまなものに触れているため、正しい方法で手を洗う必要がある。手や指についた菌やウイルスは、流水による15秒の手洗いだけで1/100になり、石けんなどで10秒もみ洗いし15秒すすいだ場合は1/10000に減らすことができる[2]。きちんと手洗いができていれば、その後、アルコール消毒液を使用する必要はない[3]。また、日本人にはうがいの習慣もある。

　手洗いやうがいは個人の健康を守るためだけではなく、感染症の蔓延を防ぐためにも大切な清潔習慣となるため、給食の前や排せつ後などに自発的に行えるように習慣をつける。

　また、感染症に罹患する前に人工的に免疫を作る予防接種を接種することも感染症予防対策の一つといえる。すべての病気に対してワクチンがつくれるわけではないが、予防接種がある感染症は、予防接種を打つことで感染の可能性を減らしたり、罹患した場合に重症化を防ぐことができる。

　予防接種には、予防接種法によって対象疾病、対象者及び接種期間などが定められた定期予防接種と、それ以外の任意予防接種がある。感染症の流行状況や予防接種法、学校保健安全法などの法律などを確認し、かかりつけ医や学校医の助言などを参考にしながら接種を推奨していくとよい。

第 7 章　疾病の予防と管理

表 7-3 学校で予防すべき感染症

種別	感染症の種類	出席停止の期間の基準	
第1種	エボラ出血熱	第1種の感染症にかかったものについては、治癒するまで。	※第1種若しくは第2種の感染症疾患者のある家に居住する者またはこれらの感染症にかかっている疑いがある者については、予防処置の施行の状況その他の事情により学校医その他の医師において感染のおそれがないと認めるまで。 ※第1種または第2種の感染症が発生した地域から通学する者については、その発生状況により必要と認めたとき、学校医の意見を聞いて適当と認める期間。 ※第1種または第2種の感染症の流行地を旅行したものについては、その状況により必要と認めたとき、学校医の意見を聞いて適当と認める期間。
	クリミア・コンゴ出血熱		
	痘そう		
	南米出血熱		
	ペスト		
	マールブルグ病		
	ラッサ熱		
	急性灰白髄炎		
	ジフテリア		
	重症急性呼吸器症候群（病原体がベータコロナウイルス属 SARS コロナウイルスであるものに限る）		
	中東呼吸器症候群（病原体がベータコロナウイルス属 MERS コロナウイルスであるものに限る）		
	特定鳥インフルエンザ（病原体がインフルエンザウイルスA属インフルエンザAウイルスであってその血清亜型が新型インフルエンザ等感染症の病原体に変異するおそれが高いものの血清亜型として政令で定めるものであるものに限る）		
第2種		第2種の感染症（結核及び髄膜炎菌性髄膜炎を除く）にかかった者については、次の期間。ただし、病状により学校医その他の医師において感染の恐れがないと認めた時はこの限りではない。	
	インフルエンザ（特定鳥インフルエンザを除く）	発症した後5日を経過し、かつ、解熱した後2日（幼児にあっては、3日）を経過するまで。	
	百日咳	特有の咳が消失するまでまたは5日間の適正な抗菌性物質製剤による治療が終了するまで。	
	麻しん	解熱した後3日を経過するまで。	
	流行性耳下腺炎	耳下腺、顎下腺、または舌下腺の腫脹が発現した後5日を経過し、かつ、全身状態が良好になるまで。	
	風しん	発しんが消失するまで。	
	水痘	すべての発しんが痂皮化するまで。	
	咽頭結膜熱	主要症状が消退した後2日を経過するまで。	
	結核	病状により学校医その他の医師において感染のおそれがないと認めるまで。	
	髄膜炎菌性髄膜炎		
	新型コロナウイルス感染症（病原体がベータコロナウイルス属のコロナウイルス（令和2年1月に、中華人民共和国から世界保健機関に対して、人に伝染する能力を有することが新たに報告されたものに限る）であるものに限る）	発症した後5日を経過し、かつ、症状が軽快したあと1日を経過するまで。	
第3種	コレラ	病状により学校医その他の医師において感染のおそれがないと認めるまで。	
	細菌性赤痢		
	腸管出血性大腸菌感染症		
	腸チフス		
	パラチフス		
	流行性角結膜炎		
	急性出血性結膜炎		
	その他の感染症		

感染症の予防及び感染症の患者に対する医療に関する法律第6条第7項から第9項までに規定する新型インフルエンザ等感染症、指定感染症及び新感染症は、前項の規定にかかわらず、第1種の感染症とみなす。

注：第2種の感染症欄の但し書き「ただし、病状により学校医その他の医師において感染の恐れがないと認めた時はこの限りではない」は、インフルエンザ、百日咳、麻しん、流行性耳下腺炎、風しん、水痘、咽頭結膜熱の各感染症に適用される。医師が「感染のおそれがない」と認めれば登校できる。
出典：「学校保健安全法施行規則」より作成

図 7-1　手洗いの方法

①手を水でぬらす

②石鹸を手に取り、泡立てる

③手のひらを洗う

④手の甲を洗う

⑤指先・爪の間を洗う

⑥指の間を洗う

⑦手のひらを洗う

⑧親指を洗う

⑨手のひらを洗う

⑩手首を洗う

⑪せっけんを水でよく洗い流す

⑫タオル（またはペーパータオル）できれいに拭く

2　アレルギー疾患

　身体には、外部から侵入してきた異物（抗原）を排除しようとして抗体をつくり、次に同じものが体内に侵入してきたときに、それを攻撃して外部へ追い出そうとする抗原抗体反応がある。この働きを免疫という。

　しかしこの抗原抗体反応が過剰となり、免疫の対象となる病原体ではないものや刺激などに反応し、身体に不利になるような反応を起こすことがある。これがアレルギーで、この身体に不利になるような反応を起こす原因となるものをアレルゲンという。

　子どものアレルギーは、成長とともに起こる症状が変化していく。生まれたときにもともとアレルギーになりやすい素因をもっていると①乳児期→食物アレルギー、アトピー性

皮膚炎、②幼児期→気管支喘息、③学童期→アレルギー性鼻炎、というように、その時期によって症状が変化してあらわれることがある。このことをアレルギーマーチという（図7-2）。すべての子どもにアレルギーマーチが起こるわけではなく、症状に合った治療をすれば、ある時期からアレルギー症状が自然となくなることも多い。

学校にはさまざまなアレルギー疾患をもつ子どもがおり、重症度が高いと命にかかわることもあるため、子どもも保護者も不安を感じている。また、アレルギー疾患は急激な体調変化を起こすことがあるため、子どもたちが、安全に学校生活が送れるように、保護者と教職員が正しい知識を共有し、協力して子どもを見守っていくことが重要となる。

（1）食物アレルギー

特定の食品が体内に入ると、それを体が異物とみなして排除しようとするために、皮膚粘膜症状や消化器症状、呼吸器症状などさまざまなアレルギー症状が出る。子どもには卵、乳製品、小麦が三大アレルゲンで、その他として、そば、えび、イクラ、ピーナツ、キウイ、バナナなどさまざまな食物抗原がある（表7-4 参照）。学校の給食ではかかりつけ医から提出される生活管理指導表に基づき、アレルゲン物質を使用しない除去食を基本とし

図7-2　アレルギーマーチ

出典：厚生労働省「リウマチ・アレルギー相談員養成研修会　4.食物アレルギー」2009年

表7-4　特定原材料等

根拠規定	特定原材料等の名称	理由	表示の義務
食品表示基準（特定原材料）	えび、かに、くるみ、小麦、そば、卵、乳、落花生	特に発症数、重篤度から勘案して表示する必要性の高いもの。	義務
消費者庁次長通知（特定原材料に準ずるもの）	アーモンド、あわび、いか、いくら、オレンジ、カシューナッツ、キウイフルーツ、牛肉、ごま、さけ、さば、大豆、鶏肉、バナナ、豚肉、マカダミアナッツ、もも、やまいも、りんご、ゼラチン	症例数や重篤な症状を呈する者の数が継続して相当数みられるが、特定原材料に比べると少ないもの。特定原材料とするか否かについては、今後、引き続き調査を行うことが必要。	推奨（任意）

出典：消費者庁「食物アレルギー表示に関する情報」より作成

た対応を行う。また、食品衛生法関連法令で規定されているアレルギーをおこしやすい成分を含む食品の加工表示を参考にするとよい。

　食物アレルギーで特に注意が必要なのはアナフィラキシーによるショック症状である。アナフィラキシーとは、複数のアレルギー症状が、同時に、急激に現れた状態のことで、ショック症状を伴うものをアナフィラキシーショックといい、適切に対応しないと死に至ることもある。アナフィラキシーを一度でも起こしたことがある子どもやその危険性がある子どもと食事をする場合は、調理や配膳等に気をつけて給食指導を行う必要がある。

（2）気管支ぜん息

　ハウスダスト、ダニ、カビ、花粉、動物の毛、煙などのアレルゲンに反応して、気管支平滑筋という筋が収縮し、気管支内の分泌物が増えたり粘膜が腫れたりして、空気の通り道が狭くなる状態をぜん息という。

　ぜん息の発作を誘発させるものには、上記のアレルゲンに加え、激しい運動、ストレスや過労、季節の変わり目や天候不順などもある。

　ゼーゼー、ヒューヒューという呼吸音（喘鳴）が聞こえた場合は呼吸困難が起きているので水分をとり、上体を起こし気味にして様子をみる。

（3）アトピー性皮膚炎

　アレルギー性の皮膚炎で、皮膚の乾燥とかゆみのある湿疹が慢性的に続き、皮膚が乾燥して粉を吹いたように白くなったり、赤い小さな湿疹ができたりする。かゆみのため患部を繰り返し掻くため、皮膚がかたくなったり、皮膚が黒ずんで厚くなる苔癬化が起こることもある。症状がひどい時は患部を清潔にして保湿剤を塗り、乾燥を防ぎ、炎症を鎮めるためにステロイド剤を用いて様子をみる。

（4）アレルギー性結膜炎

　目に強いかゆみがあり、涙がでて、まぶたにゴロゴロとした異物感を生じるなどが主な症状である。通年性の場合は、ハウスダスト、ダニの成分、ペットの毛やフケなどが原因であり、季節性の場合はスギ、カモガヤ、ブタクサなどの花粉が原因となる。

　治療は主に点眼薬を使用し、アレルギーの原因となるものを除去する。

（5）アレルギー性鼻炎

　くしゃみ、透明な鼻水、鼻詰まりが主な症状で、目のかゆみを伴うこともある。主な原因は、花粉、ハウスダスト、ダニ、動物の毛などで、花粉の種類や飛散する時期により対応が異なる。また、動物の世話をする時や掃除の時などに症状が出ることがあるので、マスクを着用し、終わったら手洗い・うがいするように指導する。

(6) じんましん

アレルギー反応の一つで、突然かゆみのある大小さまざまな発疹ができ、出たり消えたり、発疹同士がくっついて大きくなったりする。体調の悪い時に発疹が出ることが多く、ストレスや日光、寒冷などの刺激で出ることもある。

学校管理下での対応は、患部を冷やし、保護者に連絡して発疹が出ている時に速やかに受診するように伝える。

3 その他の疾患

(1) 心疾患

心疾患は先天性のものが多く、左右の心室の間にある中隔に穴が開いている心室中隔欠損と、右心房と左心房の間の中隔に穴が開いている心房中隔欠損が代表的である。心室や心房に穴が開いていると、動脈血と静脈血が混ざってしまうため、体や心臓に負担がかかるので、穴の大きさや体力などを考慮して手術で治療する。

心疾患は命にかかわる疾患であるため、体育の授業や学校行事への参加はかかりつけ医と相談して決める。

(2) ネフローゼ症候群

腎臓で血液をろ過して尿をつくる糸球体になんらかの異常があって、多量のたんぱくが尿が出ている状態を指し、まぶたや顔、手足のむくみ、体重増加、食欲不振や嘔吐などの症状がみられる。

多くの場合、入院治療で安静を保つ必要があり、食事では腎臓への負担を減らすために塩分の制限が行われる。学校給食においても塩分制限が必要となることがあるため、かかりつけ医や栄養士と相談して対応を行う。

(3) 尿路感染症

尿は腎臓で作られ、腎盂、尿管、膀胱、尿道を通って排泄されるが、この尿路にウイルスや細菌が感染して炎症を起こすことを尿路感染症という。尿路感染症には「膀胱炎」や「腎盂腎炎」などがあり、抵抗力が落ちていたり、尿を我慢したりすることにより、大腸菌などが膀胱や腎臓に入り炎症を起こす。

咳や鼻水などの症状がないのに高熱が出て、顔色が悪く、食欲も落ち、嘔吐や黄疸が見られる場合は、腎盂腎炎を疑う。

(4) 川崎病

全身の血管が炎症を起こす病気で、6か月～4歳くらいまでの男子に多くみられる。「発熱」「両目の結膜の充血」「真っ赤な唇、イチゴ状舌」「発疹」「手足の先のむくみや紅斑」「頸

部リンパ節の腫れ」の症状のうち5つを満たすことで診断される。

　川崎病に罹患すると心臓に血液を送り込んでいる冠動脈に瘤ができることがあり、後遺症として心炎や心不全などを起こすことがあるため、アスピリンやワーファリンを投与して瘤の発生頻度を減らす。

　また、川崎病の罹患歴がある場合、学校健康診断等で経過観察を行う。

（5）てんかん

　大脳の神経細胞は規則正しいリズムでお互いに調和を保ちながら電気的に活動しているが、この穏やかなリズムを持った活動が突然崩れて、激しい電気的な乱れが生じることによってけいれんなどの発作をおこしたり、意識を失ったりする病気である。抗てんかん剤を毎日服用することで、発作をコントロールできる患者も多い。

　授業中にてんかん発作を起こすと危険なので、てんかんの既往症がある場合は教職員で情報共有を行い、発作時の対応をマニュアル化しておくとよい。

第3節　長期欠席と医療的ケアを必要とする子ども

　学校には病気が原因で長期欠席をしたり、教育活動に制限がかかっている子どもがいる。また、学校に通い、授業に参加するために医療的なケアが必要な子どももいる。ここでは長期欠席者の状況や医療的ケアへの学校での対応などについて学ぶ。

1　病気による長期欠席

　子どもの体調不良の多くは急性疾患だが、子どもは体力があり、免疫力も高いので短期間の欠席で登校を再開できることが多い。しかし、体調不良が原因で長期欠席を余儀なく

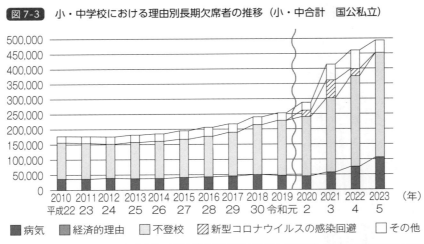

図7-3　小・中学校における理由別長期欠席者の推移（小・中合計　国公私立）

出典：文部科学省「令和5年度 児童生徒の問題行動・不登校等生徒指導上の諸課題に関する調査結果について」2024年

されている子どももいる。

　文部科学省の調査によると、2023（令和5）年度の小中学校における30日以上の長期欠席者は49万3,440人、そのうち病気による欠席者は10万5,838人で在籍児童生徒数に占める割合は1.14％であった。病気による長期欠席の理由の多くは慢性疾患であり、慢性疾患を有する子どもとその保護者は、欠席に加えて行事への参加制限や食事制限などを強いられることもあり、日頃からさまざまなストレスや困難を感じている。よって、学校では病気等でやむを得ず長期欠席をする子どもに対して、教職員で疾患の種類や重症度を理解し、最善の対応策を考慮する必要がある。また、長期欠席による授業への遅れだけではなく、クラスメイトとの人間関係の構築などについても配慮する必要がある。

2　学校における医療的ケア

　近年、日本における医療技術は進歩し、これまで救えなかった命が救えるようになった。しかし、その一方で、命を救うことはできたが何らかの障害や疾病が残り、日常生活を送る上で医療的なケアを必要としている子どもが増加している。医療的ケアは「人工呼吸器による呼吸管理、喀痰吸引その他の医療行為」と定義される。学校や自宅など、病院などの医療機関以外の場所で日常的に継続して行われる、喀痰吸引や経管栄養、気管切開部の衛生管理、導尿、インスリン注射などの医行為を指す。そして、このようなケアを必要としている子どものことを「医療的ケア児」と呼ぶ。在宅で医療的ケアを受けている子どもは約2万人と推測され、学校に通う医療的ケア児も増加している。

　「令和5年度学校における医療的ケアに関する実態調査」によると、特別支援学校に在籍する医療的ケア児は8,565人で、喀痰吸引（口腔内）、喀痰吸引（鼻腔内）、経管栄養（胃ろう）、喀痰吸引（気管カニューレ内部）などが行われている。また、幼稚園、小・中・高等学校に在籍する医療的ケア児は2,199人で、導尿、血糖値測定、インスリン注射、喀痰吸引（気管カニューレ内部）、経管栄養（胃ろう）などが行われている。

　医療的ケア児は、医療的ケアが日常的に必要であることを理由に生活上でさまざまな制限を強いられることが課題となっているため、文部科学省は「学校における医療的ケアの今後の対応について」において、学校における医療的ケアの基本的な考え方や医療的ケアを実施する際に留意すべき点等について各教育委員会等に示し、実施体制の整備を促している。しかし、このような医療的ケアを学校で実施するには、保護者等の付き添いが必要だったり、看護師や認定特定行為業務従事者が必要となる。そのため、職種の配置に係る経費の一部を補助するなど、医療的ケア児に対して教育を行う体制の拡充等が始まっている。

図 7-4 学校で実施されている医療的ケアの項目

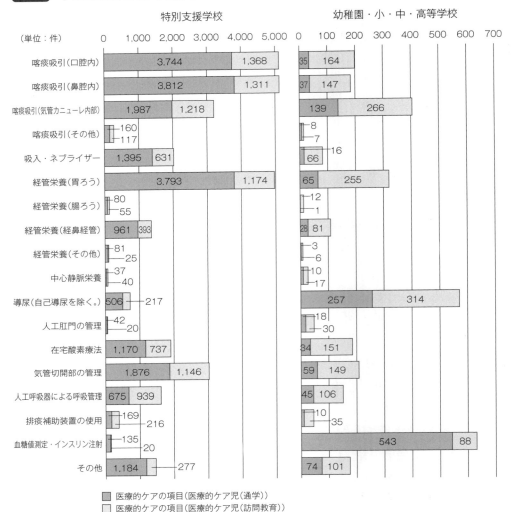

出典：文部科学省「令和5年度 学校における医療ケアに関する実態調査（概要）」2024年

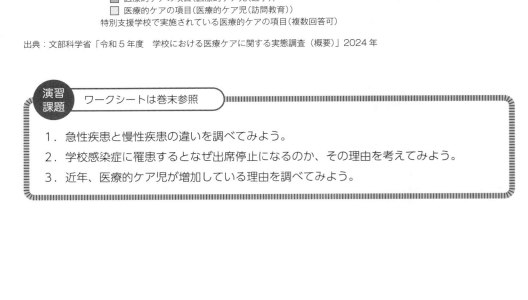

演習課題　ワークシートは巻末参照

1．急性疾患と慢性疾患の違いを調べてみよう。
2．学校感染症に罹患するとなぜ出席停止になるのか、その理由を考えてみよう。
3．近年、医療的ケア児が増加している理由を調べてみよう。

【引用文献】
1）内山有子・田中哲郎「日本における小児患者数の推移と疾病構造の変化」『厚生の指標』第 65 巻

【参考文献】
・文部科学省「令和 5 年度学校保健統計」2024 年
・厚生労働省「人口動態統計」
・日本学校保健会「学校において予防すべき感染症の解説〈令和 5 年度改訂〉」2024 年
・日本学校保健会「学校のアレルギー疾患に対する取り組みガイドライン〈令和元年度改訂〉」2020 年
・文部科学省「教職員のための子どもの健康観察の方法と問題への対応」2009 年
・消費者庁「アレルギー表示について」2023 年
・文部科学省初等中等教育局児童生徒課「令和 5 年度　児童生徒の問題行動・不登校等生徒指導上の諸課題に関する調査結果について」2024 年
・文部科学省「令和 5 年度学校における医療的ケアに関する実態調査結果（概要）」2024 年

COLUMN

インフルエンザなのに病院に行かない子ども

　インフルエンザなどの学校感染症に罹患した場合、法律に基づき出席停止となります。しかし、病院に行って学校感染症の診断をもらうと一定日数、学校を欠席しなくてはならなくなるので病院を受診せずに、市販の解熱剤などで熱を下げて子どもを登校させる保護者がいます。

　確かに子どもが出席停止になると保護者も仕事を休まなければならないため、生活に支障が出ることがあるし、受診にはお金がかかります。しかし、学校感染症に罹患した子どもが出席停止になる理由は、感染症の拡大を防止し、体調が悪い子どもを安静にして回復を促すことにあります。市販薬等を使用すれば体調が回復することはあるが、あくまでも一時的な回復であり、本来、病気が治癒するには一定の日数が必要です。

　病気に罹患し、一番つらい思いをしているのは子ども本人であることを考え、最善の対応をすることを保護者に周知してくことが重要です。

第8章 救急処置

◆**第8章のエッセンス**◆
① 学校の管理下で発生する事故やケガに対して行う救急処置には教職員の役割と範囲がある
② 学校で児童生徒がケガをした場合、教職員はケガの重症度を判断して的確な応急手当を行う必要がある
③ 救急処置を組織的に行うために、救急処置計画を立て、年度末に評価して改善していく

Keyword　救急処置　救急車　心肺蘇生法　エピペン®

第1節　学校で行う救急処置

学校管理下で発生する事故やケガは軽微なものから、生命にかかわるような重症度が高いものまで複数の種類がある。ここでは救急処置の必要性と教職員の役割、学校管理下における救急処置の範囲などを学ぶ。

1　救急処置の必要性

救急処置とは、命に危険がある状態の人を救うために行う優先順位の高い手当てを指し、医療従事者ではない一般の人ができる心肺蘇生、AEDの使用、気道異物除去などの「一次救命処置」と、医師や十分に教育訓練を受けた看護師や救急救命士などが医師の指示下で行う静脈路の確保、医療用補助器具や薬剤などを用いて行う「二次救命処置」がある。

一次救命処置はけがや病気を治療することが目的なのではなく、けがをした人や病気の人の状態がこれ以上悪化しないため、また医療機関へ搬送するまでに痛みを和らげたりするために行われるもので、保健室などで行う止血、冷却、圧迫、固定なども含まれる。教職員は基本的な救急処置ができるように講習を受けたり、保健室のどこにどのような救急処置用備品があるかを知っておくなど、救急体制を整えておくことが重要である。

学校管理下で発生する事故やけがは、擦り傷、切り傷、打撲などの軽微なものから、意識不明、呼吸不全のような生命にかかわる重症度が高いものまで複数ある[1]。事故やけがなどで命に危険がある場合、近くにいた人が行う救命処置は命を救い、後遺症を残さないために重要である。欧米では古くから目の前に傷病者がいた場合、救急車が来る前に自分ができる救急処置を行うのが当然という「バイスタンダー」の考え方が浸透している。

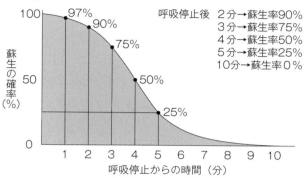

図 8-1　ドリンカーの救命曲線

呼吸停止後　2分→蘇生率90％
　　　　　　3分→蘇生率75％
　　　　　　4分→蘇生率50％
　　　　　　5分→蘇生率25％
　　　　　　10分→蘇生率0％

※呼吸停止後から救命処置を始めるまでの時間と組成する割合の関係をイメージ化したもの。
出典：Drinker P.「WHO 報告書」1966 年

　呼吸停止状態になった場合、10 分近くなにもしないで放置していると蘇生率はほぼ 0 ％だが、2 分以内に救命処置を始めると 90％、3 分後で 75％、4 分後で 50％を救命できる可能性があると「ドリンカーの救命曲線」が示している。また、呼吸が停止するとやがて心臓も停止し、心臓が停止すると血液中にある大量の酸素を必要としている脳や臓器に影響を及ぼすため、心停止状態が 3 〜 4 分以上続くと蘇生しても重大な後遺症が残る可能性がある。しかし、消防庁のデータによると、2023（令和 5）年の救急車の現場到着所要時間は全国平均で 10.0 分、病院収容所要時間は 45.6 分[2]なので、救急車を待つ間にその場に居合わせた人々が行う一次救命処置が命を助ける鍵となる。

2　学校における緊急時の教職員の役割

　学校の管理下で事故やケガが発生した場合、教職員は状況を迅速に判断し、緊急時対応図に従って対応を行う必要がある。

①発見者は近くの教職員に応援を依頼する。近くに教職員がいない場合は、児童生徒に養護教諭や教員を呼びにいかせ、自分は傷病者から離れない。
②養護教諭は傷病者を保健室に搬送する指示を出したり、搬送が難しい状況の場合はその場で救急処置を行う。
③担任は事故の状況把握と関係する児童生徒から事情を聴取する。また、状況に応じて保護者へ連絡する。
④保健主事は、事故全体を把握し、連絡調整にあたる。
⑤救急車の要請については、養護教諭の意見をもとに学校長が決定する。医療機関への移送時には、担任あるいは養護教諭が付き添っていく。

　このような役割分担は危機管理マニュアルの一部として周知し、日頃より訓練等を行うことが重要であるが、緊急時には混乱が生じたり、役割の担当者が不在で訓練のようには進まないことがある。そのような場合を考えて、自分が担当する役割ではない動きについても理解し、臨機応変に動ける準備をしておくとよい。

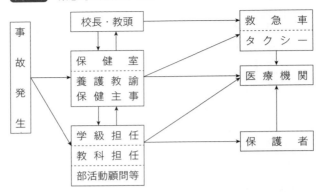

図8-2 緊急時の連絡網（例）

出典：郷木義子編集代表『職場・学校・家庭・地域での応急手当マニュアル［改訂版］』ふくろう出版　2014年　p.180

3　学校における救急処置の範囲

　学校は教育機関であって医療機関ではないので、学校における救急処置の範囲は必要に応じて医療処置が行われるまでの応急的なものである。子どものケガはその重症度に応じて「保健室での観察」「保護者の迎えによる早退」「教員による医療機関への移送」「救急車の要請」の大きく4つに分けられる。養護教諭や教員は、ケガの現状やその進行状態などを考え、迅速かつ的確に判断を行う。

（1）保健室での観察

　軽度の傷など医療機関を受診する対象とならない程度の軽微な傷病で、消毒や冷却をしたり、観察、問診、触診、バイタルサインの確認をしながら安静にして様子をみる。また、症状に改善がみられるようであれば教室復帰を促す。

```
①情報収集
　発生時期：いつから　　部位：どこを　　性状：どのような
　原因：どうして　　　　場所：どこで
　既往歴、生活習慣なども聴取する
②観察
　視診：全体の様子・出血・左右対称・可動性など
　触診：視診で得られた情報の確認・圧痛など
　打診：皮膚を叩く音の大きさや振動の確認
　聴診：体内から発せられる音の確認
```

（2）保護者の迎えによる早退

　保健室での観察により受診するほうが良いと判断する状態で、養護教諭等が応急手当などをしたのち、保護者に迎えに依頼し受診をすすめる。

（3）教員による医療機関への移送

保健室での対応後、保護者の迎えを待つ時間的な余裕はないが、救急車を依頼するほどの重症度ではない場合、教職員がタクシーなどで医療機関に搬送することもある。

（4）救急車の要請

救急車を要請し、医療機関に搬送する必要があるケースには以下のような状態が挙げられる。

①意識混濁状態	⑤大出血
②ショック状態	⑥骨の変形（骨折）
③5分以上続くけいれん	⑦大きな開放創
④激痛	⑧広範囲の熱傷

医療機関への搬送にはそれまでの経過のわかる者が付き添い、学校や施設などには随時、状況報告を行う。

●救急車の要請方法
① 119番に電話をする
②「火事」か「救急」か聞かれるので「救急です」と答える
③場所を告げる→「施設名」「住所」「電話番号」「目印」
④傷病者の「氏名」「年齢」「性別」「持病」などを告げる
⑤状況を手短に伝える→「いつ」「どこで」「どうして（発生原因）」「現在どんな容態か」
⑥救急車到着までの手当の方法を聞き、応急手当に役立てる
⑦目印まで救急車を迎えに行く（学校の敷地に入ったらサイレンを鳴らさないように依頼することもある）
⑧救急隊員にそれまでの容態と実施した応急手当、かかりつけ医や搬送を希望する病院などを伝える

学校は教育活動の場であることから、上記の軽症から重症のいずれの対応であっても傷病の状態が落ち着いたのちに状況の検証を行い、同じような事故やケガが起きないように教職員と子どもたちが一緒に考える保健指導の場を設けるとよい。

図 8-3　救急処置の手順

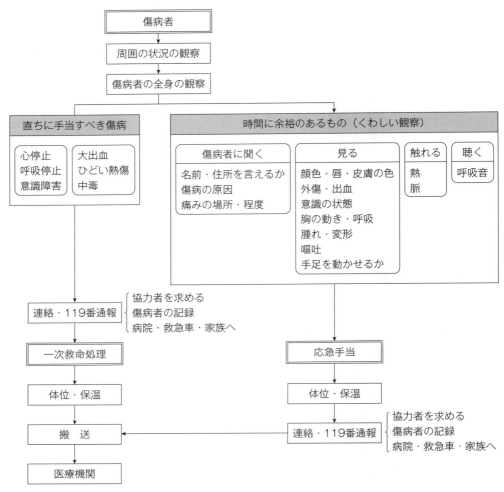

出典：日本赤十字社編『救急法講習教本』日赤会館　2005年　p.20 一部改変

4　救急処置の報告と記録

　学校管理下で発生したけがについては、状況に応じて保護者に報告する必要がある。頭部のけがや広範囲のけが、出血が多かったけが、腫れが残っているけがなどは、可能な限り下校前に保護者に電話等で状況を伝える。また、被害者、加害者がいる場合、あるいはけがが発生した場合は学校が間に入り状況を整理する必要があるため、双方の子どもや保護者の気持ちに配慮した聞き取りを行う。

　職員会議や保護者会、学級で事故の報告を行う際は、事前に経緯をまとめておくことが重要である。発生時の状況、学校で行った対応、治療経過などを経時的な記録とともに、保護者へ連絡した場合は、いつ、誰が、誰に伝えたかなども記録しておく。けがの記録の主なポイントは以下であり、時間や対応内容などを簡潔に記載する。

①日時
②けがをした子どもの氏名
③発生場所
④けがの状況や症状
⑤応急手当など対応
⑥保護者への連絡事項
⑦記載者

　このような記録は、教職員間での情報共有や保護者へ経緯説明に使用するだけではなく、学校での処置を巡る保護者とのトラブルを防ぐためにも重要である。また、発生時には軽症であっても、時間が経過してから症状が出てきたり、後遺症が残ってしまった場合などにも記録を用いて再確認することが必要になる。加えて、このような記録はけがの発生原因の究明や再発防止対策の検討などに役立てることもできる。

第2節　学校で行う応急手当

　学校には好奇心旺盛で活発な児童生徒が大勢集まり、学習活動を行っているため、注意を払っていても事故やけがが発生する。ここでは学校管理下で行う主な応急手当や心肺蘇生法の手順、エピペンの使用方法などについて学ぶ。

1　主な応急手当

　学校は好奇心旺盛で活発な児童生徒が大勢集まり、学習活動を行っているため、注意を払っていても事故やけがが発生する。これまでのけがに対する主な応急手当は、水道水で患部を洗って消毒をし、絆創膏やガーゼなどで覆い、乾燥させてかさぶた（痂疲）を作りながら治すのが一般的だった。しかし、皮膚には自然治癒力があり少量の細菌があっても傷は治っていくことから、最近ではすり傷や切り傷などには消毒薬を使わず、傷口を水道水や生理食塩水で洗い流し、消毒をしない手当も行われるようになってきた。

　このような方法を取り入れている学校も増えてきているが、学校で起きたけがは帰宅後に保護者に確認してもらう必要があるため、保護者の意向や学校医の見解などを確認しながら取り入れるのがよい。

　学校管理下で行う主な応急手当には以下のようなものがある。

（1）切傷・擦過傷・刺傷

　ハサミや紙などで指を切ることを切傷、転んで膝や手を擦りむくことを擦過傷、とげなどが刺さることを刺傷と呼び、このように皮膚の表面に傷ができることを総じて創傷と呼ぶ。

●応急手当
①傷口が汚れている場合は流水で洗い、傷口の大きさや深さを確認する
②出血している場合は傷口の上からガーゼなどをあてて止血する
③血が止まったら、絆創膏などで傷口を保護する

●病院受診の判断
●出血がなかなか止まらない時
●ガラスや釘が刺さった時
●頭や顔を大きく切った時
●傷が乾かずに化膿してきた時

図8-4　傷の種類と手当

擦り傷

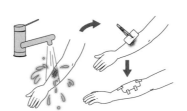 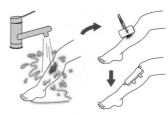

汚れを流水で洗い流し、ガーゼなどで保護する。

切り傷　　　　　　　　　　　　　　　刺し傷

小さな切り傷はよく洗って絆創膏を貼る。
出血が多い場合は、三角巾やガーゼなどで上から押さえる。

傷の奥までよく洗う。刺さったものが取れずに残っている場合は、無理に抜かずに清潔なガーゼなどで覆って医療機関を受診する。

（2）打撲・捻挫・脱臼・骨折

　四肢や体躯部をぶつけたり、打ったりすると皮下出血をしてあざができたり、こぶができることを打撲と呼ぶ。また、関節を捻ることで関節を支えている靱帯や関節包などの軟部組織や軟骨が損傷することを捻挫、腕や足を強く引っ張ることで関節が外れることを脱臼、転んだり落ちたりして骨が折れることを骨折と呼ぶ。

● 応急手当
① 傷がある場合は包帯の上から、傷がない場合は直接、患部を冷やす
② 捻挫、脱臼、骨折の場合は副木を患部にあて圧迫して固定し、患部を心臓より高く上げる
③ 頭部を打った場合は安静にして寝かせて吐き気などがないか様子をみる
④ 胸部を打った場合は胸を圧迫しないように壁に寄りかからせるなどして座らせ、呼吸が楽になる姿勢にして様子をみる
⑤ 腹部を打った場合は衣服をゆるめ、膝を抱えて横向きにしたり仰向けにして足を高く上げるなど本人にとって楽な姿勢で寝かせて様子をみる

● 病院受診の判断
● 患部が明らかに変形している時
● 患部を動かすことができないほどひどく痛がる時
● 時間とともに腫れがひどくなってきた時
● 皮膚の色が変わり、大きく腫れている時
● 顔色が悪くなり、ふるえがきている時
● 2～3日経過しても腫れがひかない時

● 救急車の要請
● 頭部を打ち、頭が陥没している時
● 嘔吐を繰り返す時
● 名前を呼んでも返事がない時
● けいれんがみられる時
● 折れた骨が皮膚を破って外に突き出している開放性骨折の時
● ショック状態となり血圧の低下や意識障害がみられる時

　頭部や胸部、背部を強くぶつけた打撲は医療機関への搬送が必要になることもある。また、骨折と捻挫を見分けるのは難しいため、様子を観察して疑わしい時には迷わずに受診する。

（3）咬傷・ひっかき傷
　人や動物に咬まれることを咬傷、爪や物などが皮膚の表面をこすって傷がつくことをひっかき傷と呼ぶ。犬や蛇などに咬まれたり、猫などにひっかかれた場合は感染症を発症する恐れがあるため、必ず受診する。

図8-5　骨折や捻挫の手当

骨折が疑われる場合は、幹部に副木をあてて動かないように固定し、医療機関を受診する。ちょうど良い副木がない場合は、下記のような物で代用できる。

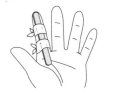

アイスキャンデーの棒やかまぼこの板、筆記用具など

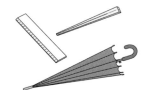

箸、ものさし、傘、雑誌など

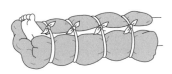

木の枝や毛布など

●応急手当
①傷口を流水で洗う
②清潔なガーゼで傷口を保護する

●病院受診の判断
●動物にかまれた時
●傷口が深く、出血が止まらない時
●目の周りや眼球をひっかかれたり、つつかれた時

（4）目のけが

砂やゴミなどの異物が目に入った場合は眼球を傷つけないようにこすらないように注意する。また、目や目の周辺にボールなどが当たった場合は、時間が経過してから視力などに影響することがあるため、1週間程度、経過観察を行う。

●応急手当
①異物が入った方の目をつぶらせ、目頭を軽く押さえ、自然に涙が出てくるのを待つ
②①で取れない場合は、流水または洗面器に水をためて目を洗う
③眼球についた異物が見えるようであれば、湿らせた綿棒やガーゼなどで取り除く

●病院受診の判断
- ●鉛筆、箸、ガラスなどの異物や、洗剤などの液体が目に入った時
- ●異物がなかなか取れない時
- ●異物が取れた後も眼球が充血している時
- ●眼球に出血がみられる時
- ●物が二重に見えたり、かすんで見える時
- ●目が開けられない時
- ●激しい痛みが取れない時

（5）鼻出血

　鼻をぶつけたり、暑い環境でのぼせて鼻から出血することを鼻出血と呼ぶ。基本的には詰め物は使用せず、出てきた血液をティシュなどで受け止めるようにし、キーゼルバッハ部位をしっかりおさえて止血する。出血量が少なくすぐに止まるようなら心配はないが、出血がひどい時には鼻の中に詰め物を詰めることもあるが、ティッシュや綿球を入れると血が乾いた時に粘膜に繊維が残ってしまうため、鼻出血専用の鼻栓を使用するとよい。また、頻回に鼻出血する時は、白血病などの病気が隠されている可能性があるため耳鼻科を受診する。

●応急手当
① 上を向いたり寝かせたりすると血液が口腔に流れるのでこのような体勢にしないで、いすなどに少し前かがみになるように座らせる
② 鼻のつけ根にあるキーゼルバッハ部位を強めにつまむ

●病院受診の判断
- ●頭部を強く打った後の鼻出血
- ●10分以上、出血が止まらない時

（6）口の中のけが

　ぶつかったり転んだりして口の中や唇を切ったり、歯が折れたり欠けたりすることがある。折れたり欠けたりした歯は、状態によっては元の位置に戻せる可能性があるので、根の方をもたないようにして、水道水で洗わずに生理食塩水や牛乳の中に入れて保存し、できるだけ早く歯科を受診する。

●応急手当
①ぬるま湯で軽くうがいをして、口の中の状況を確認する
②口の中に異物がある場合は取り除く
③口の中が出血している場合は、脱脂綿やガーゼを咬ませて止血する
④頬が腫れている場合は冷たいタオルなどで冷やす

●病院受診の判断
●出血が止まらない時
●歯が折れたり、欠けたり、グラグラしている時
●あごや歯ぐきを激しく痛がる時

（7）虫刺され

　蚊、ハチ、ダニ、ノミなどの虫に刺されたり、毛虫に触って赤く腫れたり、かゆくなったりすることがある。

　夏の屋外活動や遠足時には虫除けスプレーなどを利用し、できるだけ虫に刺されないように気をつける。また、木陰や軒下などにハチの巣や毛虫などがいないか定期的に点検し、みつけた際には市区町村へ駆除を依頼する。

●応急手当
①安全な場所に移動する
②皮膚に針やとげなどが残っていればピンセットやセロハンテープで抜く
③患部を流水で洗う
④冷たいタオルや氷嚢で冷やす
⑤抗ヒスタミン薬などの軟膏を塗る
⑥かかないようにガーゼなどで患部を覆う

●病院受診の判断
●スズメバチやアシナガバチなどの大きなハチに刺された時
●ミツバチのような小さなハチに一度にたくさん刺された時
●ひどく腫れたり痛みが強い時

●救急車の要請
●ハチなどに刺されてアナフィラキシーショックをおこし、血圧の低下や意識障害がみられる時

（8）熱傷

熱傷は重症の場合は跡が残ったり、命にかかわることがある。学校では調理実習時の火や湯、理科の実験時の化学薬品などで熱傷になることがある。熱傷の重症度は患部の面積と深度で決まり、低温やけどでも広範囲の場合は重症となる。

●応急手当
①流水で痛みや熱感がなくなるまで冷やす。衣服が患部に張りついている場合は無理にはがさずにシャワーなどを使って冷やす
②患部をガーゼなどで保護する
③水ぶくれは細菌感染を防ぐためにできるだけつぶさないようにする

●病院受診の判断
●患部に衣服がくっついてはがれない時
●顔や陰部をやけどした時
●広範囲のやけど
●Ⅰ度で手のひらより大きなやけど
●Ⅱ度で500円硬貨より大きなやけど
●Ⅲ度のやけど

図8-6　体表面積の割合

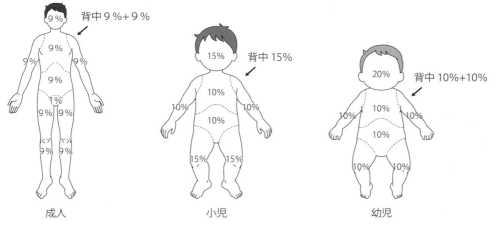

成人　　　小児　　　幼児

出典：Wallace AB：The exposure treatment of burns. Lancet 1951；1：501-504.（9の法則）、Blocker TG：Burns. In：Reconstructive plastic Sugery, 1st ed, Converse JM ed, WB Saunders, Philadelphia, 1964, pp.208-265.（5の法則）、熱傷診療ガイドライン〔改訂第3版〕作成委員会「熱傷診療ガイドライン〔改訂第3版〕」2021年より作成

表8-1 やけどの深度

	皮膚の外観	症状	経過
Ⅰ度	発赤	ヒリヒリした痛み	数日で治癒
Ⅱ度	水泡	時に強い疼痛	感染がなければ1～2週間で治癒
Ⅲ度	青白色、皮膚がない	疼痛を感じない	数か月を要し瘢痕が残る 皮膚移植が必要

2　心肺蘇生法

　子どもへの心肺蘇生法は基本的には成人と同じだが、心停止の原因や年齢による体格の違いから、手順にいくつか違いがある。窒息など呼吸停止が原因で心停止になることが多い乳幼児にはできるだけ早く気道確保と人工呼吸を行うことが重要である。

(1) 周囲の状況の確認

　傷病者を発見した場合には、まず周囲を見渡して安全であることを確認する。
　もし、倒れている場所が車の往来が激しい場所であったり、物が落ちてくるような危険がある場合は、状況に応じてできる限り安全な場所に傷病者を移動させる。

(2) 意識の確認（反応はあるか）

　傷病者に顔を近づけ、肩をやさしく叩いて耳元で「大丈夫ですか？」などと声をかけて確認する。これらの刺激に対して、目を開けたり、体を動かすなどのなんらかの反応があれば意識があると判断する。これらに対して反応がなければ、心肺停止かこれに近い状態と判断する。

(3) 協力者を求める

　「誰かきてください」などの大声を出して周囲に助けを求める。周囲に協力者がいる場合は「あなたは救急車を呼んでください」「あなたはAEDが近くにないか探して持ってきてください」などと協力を求める。もし周囲に協力者がみつからなかった場合は救助者が救急車を呼び心肺蘇生を開始する。

(4) 呼吸をみる（心停止の判断）

　呼吸の状態は胸や腹部の動きをみて10秒以内で確認する。普段通りの呼吸がみられない、または呼吸をしているのかどうかがはっきりしない場合は、呼吸停止と判断する。普段通りの呼吸をしていれば、横向きに寝かせ楽な姿勢にして、協力者や救急隊員の到着を待つ。

（5）胸骨圧迫

　普段通りの呼吸をしていない場合は心肺停止状態とみなし、胸骨圧迫を行う。救助者は傷病者の胸の横に膝をついて、乳児の場合は両乳頭を結ぶ線の少し下に中指と薬指の2本の指先を垂直に立てて圧迫する。幼児の場合は胸の真ん中に両手または片手の手のひらのつけ根を置き圧迫する。圧迫する際は肘をまっすぐに伸ばし、傷病者の体の真上から垂直に体重をかけるようにする。

　圧迫する力は胸の厚みの約1／3を目安に、十分に沈み込む程度の強い力で、圧迫回数は1分間に100～120回のテンポで、続けて30回圧迫する。

（6）気道確保

　効果的な人工呼吸のためには空気の通り道である気道を確保する必要がある。

　気道確保は、下あごを引き上げて頭部を後方に傾けることで喉の奥を広げる頭部後屈あご先挙上法が一般的だが、乳幼児は首が柔らかいため、後方に傾け過ぎないように注意する。

（7）人工呼吸

　傷病者の気道を確保し、鼻をしっかりつまんで、救助者の口から傷病者の口へ呼気を吹き込む。乳児の場合は顔が小さいため、救助者は大きく口を開け、乳児の鼻と口を同時に覆うように口をあてて呼気を吹き込む。胸骨圧迫30回に対し人工呼吸2回の組み合わせ（傷病者は小児で、救助者が2人いる場合は胸骨圧迫15回、人工呼吸2回）で行い、できるだけ途切れないようにする。

（8）AEDの使用

　AEDが手元にあれば、普段通りの呼吸がないことを確認した時点でAEDを使用する。AEDの使用方法はAEDの種類によって違うので、それぞれのAEDの音声指示に従う。AEDが手元にない場合は、胸骨圧迫を続けながらAEDの到着を待ち、届き次第、装着する。8歳未満児にAEDを使用する時は小児用AEDパッドを使うが、もし小児用がない時は、大人用のパットを使用する。

　傷病者が普段通りの呼吸を再開したり、嫌がるような動きをみせたら心肺蘇生をいったん中止する。しかし、中止後に再び意識を失ったり、呼吸が停止することもあるので、そばに付き添い傷病者の意識、呼吸、脈拍、顔色、体温などの状態を観察しながら、救急隊員の到着を待ち、もし再び悪化がみられたら心肺蘇生を再開する。

　心肺蘇生法の手順や胸骨圧迫、人工呼吸の回数を覚えることは、確かに重要なことだが、心肺蘇生法は数や時間の正確さよりも、傷病者の命を救うために勇気を持って迅速に開始することが何よりも重要である。

図 8-7　子どもの心肺蘇生の手順

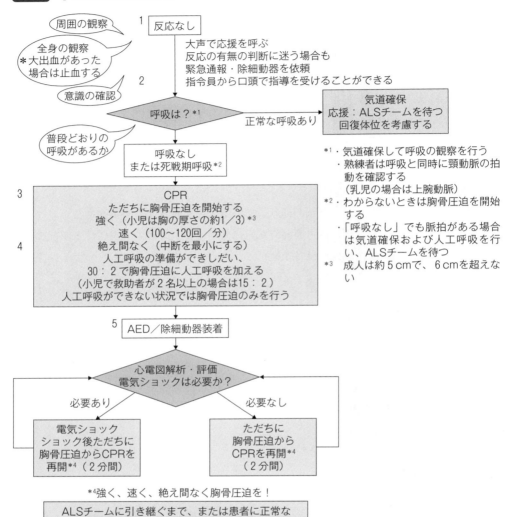

出典：「JRC 蘇生ガイドライン 2020」医学書院、「改訂 6 版 救急蘇生法の指針 2020 市民用・解説編」日本救急医療財団 心肺蘇生法委員会をもとに筆者改変。

3　エピペン®

アレルギーによるアナフィラキシーを一度でも起こしたことがある子どもやその危険性がある子どもがいる場合には、日頃から十分に配慮する必要がある。

しかし、アナフィラキシーショックを起こすアレルゲンに接触してしまった場合は、ショック状態になる前にエピネフリン（アドレナリン）の自己注射、通称エピペン®を使用することで、救命率が上がる。

エピペン®は円筒形の注射で、容器の先端を太ももに強く押しつけると針が出て、薬剤

が体内に入る仕組みをもち、服の上からでも打てる。エピペン®の処方を受けている子どもがいる場合は、子どもは自分でエピペン®を管理・使用することはできないので、保健室や職員室で預かり、エピペン®の使用を介助する必要がある。

図 8-8　アドレナリン自己注射薬（エピペン®）の使い方および指導

■ **注射の準備**

打つ場所の再確認

太腿の付け根と膝の中央のやや外側に注射する。衣服の上からでも打つことができる。

介助者がいる場合

介助者は太腿の付け根と膝をしっかり固定する。

■ **注射の方法**

カバーを開け、ケースから取り出す。
カバーキャップ

利き腕でペンの中央を持ち、青色の安全キャップを外す。
安全キャップ

太腿の前外側に垂直にオレンジ色の先端を「カチッ」と音がするまで強く押しつける。太腿に5秒間押しつけ注射する。

自分で打つ場合

介助者が2人の場合

介助者が1人の場合

■ **注射後の対応**

エピペン®を太腿から抜き取り、カバーが伸びているのを確認する。

オレンジ色のニードルカバー
伸びた状態
カバーが伸びていない場合は、再度押しつける。

使用済みのエピペン®をオレンジ色のカバー側からケースに戻す。

ふたは閉まらない

救急車を呼び、医療機関を受診する。

写真提供：ヴィアトリス製薬株式会社

出典：日本アレルギー学会「アナフィラキシーガイドライン 2022」2022 年　p.27

第3節 救急処置計画の作成と評価

学校では校長を中心にした救急体制を確立し、チームとして組織的に救急体制に取り組む必要がある。ここでは救急処置計画の必要性や救急処置の評価方法、救急処置の教育的意義などについて学ぶ。

学校では、全教職員が基本的な応急手当をできるようにするなど、救急時の体制が整備されていることが必要である。校長を中心においた救急体制を確立し、役割分担を行い、救急処置にチームとして組織的に取り組むには、養護教諭は各教職員や保健部等と連携する必要がある。そして、校内研修や危機管理マニュアルの整備などを明記した救急処置計画を作成し、教職員、児童生徒、保護者に周知し、理解と協力を得ておくことが重要である。

(1) 救急処置計画の作成

年度始めに学校の実態に即した救急処置に関する年間計画を作成し、職員会議で周知する。救急処置計画の主な内容は、「救急処置に対する連絡体制」「養護教諭不在時の対応」「緊急事態時の各教職員の役割分担」「記録の方法」「応急手当に関する研修の計画」等である。

また、傷病者にどのように対処し、「だれが」「どこに」「どんな方法で」「どのような内容について」連絡するのかなどを明記した校内連携体制図を作成し、職員室、保健室等に掲示し、誰でもすぐにわかるようにしておく。

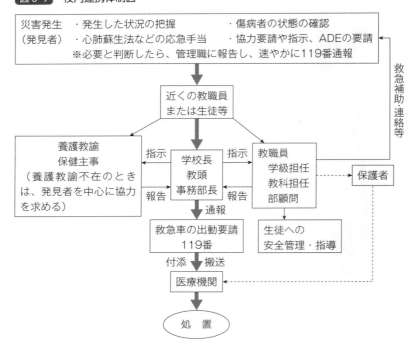

図8-9 校内連携体制図

（2）救急処置の評価

　救急処置および救急体制については、常に評価を行い、必要に応じて追記したり不備の修正を行うことが大切である。評価は自己評価と他者評価の双方から総合的に行い、事故予防、緊急時の体制整備の両面から改善を図っていくことが重要である。評価は以下のような観点で行うとよい。

　①救急体制について全教職員の共通理解を図ったか
　②救急箱、担架、AED等の整備及び位置が明示されており、周知されているか
　③学校医や地域の医療機関等と連携ができたか
　④再発防止、保健指導など適切な事後措置が行えたか
　⑤管理職・担任など関係者への報告は適切に行えたか
　⑥関係事項の記録をとり、適切に保管し事故防止に生かしているか
　⑦応急手当等に関する校内研修が企画され実施されているか
　⑧要管理児童生徒について、教職員に周知され共通理解がされているか
　⑨必要時個別の対応マニュアルが作成され、組織的に対応しているか

（3）救急処置の活用

　学校で行われる救急処置には「医学的意義」とともに「教育的意義」がある。児童生徒は自分や友人の応急手当を経験することで、応急手当の知識や技能を習得することができる。救急処置のデータを資料にしたり、記録を教材にしたりして、同じような事故やけがの防止に役立てる。
　そのために、学校保健計画、学校安全計画の保健教育や健康に関わる指導の中に救急処置の活用を明記しておくとよい。

演習課題　ワークシートは巻末参照

1．学校における緊急時の教職員の役割を調べて説明してみよう。
2．学校における救急処置の4つの範囲を調べて説明してみよう。
3．救急処置を教育的に活用する方法を考えてみよう。

【引用文献】
1）日本スポーツ振興センター「学校等の管理下の災害［令和6年版］」2025年
　https://www.jpnsport.go.jp/anzen/Tabid/3053/Default.aspx
2）総務省消防庁「令和5年版　救急・救助の現況」2024年
　https://www.fdma.go.jp/publication/rescue/post-5.html

【参考文献】
・総務省「令和5年版　救急・救助の現況」2024年

- 日本赤十字社『救急法講習教本』
- 郷木義子『職場・学校・家庭・地域での応急手当マニュアル　小さなケガから救急救命処置まで［改訂版］』ふくろう社　2014 年
- 熱傷診療ガイドライン〔改訂第 3 版〕作成委員会「熱傷診療ガイドライン〔改訂第 3 版〕」2021 年
- 杉浦守邦『改訂 養護教諭のための診断学〈外科編〉』東山書房　2023 年
- 夏井睦『創傷治療ハンドブック』三輪書店　2022 年
- 日本救急医療財団心肺蘇生法委員会『改訂 6 版 救急蘇生法の指針 2020　市民・解説編』へるす出版 2020 年・日本蘇生協議会監『JRC 蘇生ガイドライン 2020』医学書院　2021 年
- 日本熱傷学会ウェブサイト「熱傷（やけど）に関する簡単な知識」
  https://www.jsbi-burn.org/ippan/chishiki/outline.html
- 日本赤十字社『救急法講習（15 版）』2022 年
- 食物アレルギー冊子編集委員会「エピペンの使い方」環境再生保全機構　2022 年

COLUMN

学校における内服薬の使用について

　薬には医師による処方箋が必要で薬局にて薬剤師から購入する「医療用医薬品」と、ドラッグストアなどで誰でも購入できる「一般用医薬品」があります。日本にはドラッグストアがたくさんあり、解熱剤、鎮痛剤、咳止めなどの内服薬や目薬、シップ、絆創膏なども簡単に入手できます。このような状況から、体調不良時に保健室に薬をもらいにくる子どもが一定数います。

　しかし、「医薬品、医療機器等の品質、有効性及び安全性の確保等に関する法律」により医師が常駐している保健室以外では薬を渡すことが禁じられています。薬は傷病の治療に用いるものですが、使用方法や容量を間違えるとアレルギーなどの副作用を引き起こすことがあるのが、その理由です。

　もし、子どもが学校で薬を飲まなければならない場合は、個人に管理を依頼します。慢性疾患などのやむを得ない理由で預かる場合は、医師から処方されたものに限定し市販の薬は預かりません。また、薬の使用方法や保管場所等を明記した依頼状を保護者から提出してもらい、細心の注意を払って使用する必要があります。

第9章 学校安全と危機管理

◆第9章のエッセンス◆
① 日本の学校安全は学校保健安全法に基づき、管理されている。
② 学校安全に関する活動を円滑に実施するために学校安全計画を作成したり、事件や事故が発生した際に的確な対応を行うために危険等発生時対処要領を作成する必要がある。
③ 子どもが学校の管理下で負傷や疾病などの災害にあって病院を受診した場合、保護者に対して医療費、障害見舞金、死亡見舞金などの災害共済給付金が支払われる制度がある。

Keyword 学校保健安全法　学校安全計画　危険等発生時対処要領　ヒヤリハット　災害救済制度

第1節　学校安全の概念

日本の学校安全を考えるきっかけとなった事件から、学校保健安全法が改正された経緯や改正内容を学ぶ。そしてこの法律により策定が義務づけられた学校安全計画や危険等発生時対処要領の作成方法について学ぶ。

1　日本の学校安全

　2001（平成13）年6月8日、大阪教育大学附属池田小学校に出刃包丁を持った男が侵入して児童を襲撃し、児童8名が殺害され、児童13名と教諭2名に傷害を負わせた[1]。現場で犯人は取り押さえられたが、警察による犯人逮捕までの間、現場は混乱し、死亡した8名の児童は救急搬送までに20分間近くを要し、その間校内に放置されたなど救命活動が遅れた。また、管理職や教務主任は事件の全容や状況がつかめず、組織的な避難誘導や負傷児童の氏名、場所、人数、負傷の程度などの状況把握ができず、保護者への児童の搬送先病院の連絡が大きく遅れた。
　この事件が起きた当時の日本では、学校は地域のコミュニティの場であり、保護者が自由に校内に入ったり、児童生徒が放課後の校庭で遊ぶなどの風景が見られており、学校でこのような事件が起きることは想定されておらず、校内への不審者の侵入や凶悪事件の発生に対して教職員による十分な対応が検討されていなかった。この池田小学校事件は、「地域に開かれた学校」から安全対策重視の「閉ざされた学校」に方針転換するきっかけとなり、学校内へ部外者が立ち入るのを厳しく規制したり、監視カメラを設置したり警備員を

配置するなどの対策が講じられるようになった。

またこの事件は、「学校保健法」が「学校保健安全法」に改称されるきっかけにもなった。

2　学校保健安全法

2009（平成22）年4月に施行された学校保健安全法は、学校保健および学校安全の充実を図るために養護教諭の役割の明確化や、学校安全のための国・地方公共団体・学校設置者の責務などが明記された法律である。

「学校安全に関する学校の設置者の責務」（第26条）では、学校安全に関する学校ごと

表9-1　学校保健安全法の主な改正内容

	改正法	旧法
第1章 総則	第1条　この法律は、学校における児童生徒等及び職員の健康の保持増進を図るため、学校における保健管理に関し必要な事項を定めるとともに、学校における教育活動が安全な環境において実施され、児童生徒等の安全の確保が図られるよう、学校における安全管理に関し必要な事項を定め、もつて学校教育の円滑な実施とその成果の確保に資することを目的とする。 （国及び地方公共団体の責務） 第3条　（略） 2　国は、各学校における安全に係る取組を総合的かつ効果的に推進するため、学校安全の推進に関する計画の策定その他所要の措置を講ずるものとする。 3　地方公共団体は、国が講ずる前項の措置に準じた措置を講ずるように努めなければならない。	第1条　この法律は、学校における保健管理及び安全管理に関し必要な事項を定め、幼児、児童、生徒及び学生並びに職員の健康の保持増進を図り、もつて学校教育の円滑な実施とその成果の確保に資することを目的とする。 （新設）
第2章 学校保健	第1節　学校の管理運営等 （学校保健に関する学校の設置者の責務） 第4条　学校の設置者は、その設置する学校の児童生徒等及び職員の心身の健康の保持増進を図るため、当該学校の施設及び設備並びに管理運営体制の整備充実その他の必要な措置を講ずるよう努めるものとする。 （学校保健計画の策定等） 第5条　学校においては、児童生徒等及び職員の心身の健康の保持増進を図るため、児童生徒等及び職員の健康診断、環境衛生検査、児童生徒等に対する指導その他保健に関する事項について計画を策定し、これを実施しなければならない。 （保健室） 第7条　学校には、健康診断、健康相談、保健指導、救急処置その他の保健に関する措置を行うため、保健室を設けるものとする。 第2節　健康相談等 （健康相談） 第8条　学校においては、児童生徒等の心身の健康に関し、健康相談を行うものとする。 （保健指導） 第9条　養護教諭その他の職員は、相互に連携して、（中略）児童生徒等の心身の状況を把握し、健康上の問題があると認めるときは、遅滞なく、当該児童生徒等に対して必要な指導を行うとともに、必要に応じ、その保護者に対して必要な助言を行うものとする。 （保健所との連絡） 第18条　学校の設置者は、この法律の規定による健康診断を行おうとする場合その他政令で定める場合においては、保健所と連絡するものとする。	（新設） （学校保健安全計画） 第2条　学校においては、幼児、児童、生徒又は学生及び職員の健康診断、環境衛生検査、安全点検その他の保健又は安全に関する事項について計画を立て、これを実施しなければならない。 （新設） （新設） （新設） （新設）

	改正法（新設）
第3章 学校 安全	（学校安全に関する学校の設置者の責務） 第26条　学校の設置者は、児童生徒等の安全の確保を図るため、その設置する学校において、事故、加害行為、災害等により児童生徒等に生ずる危険を防止し、及び事故等により児童生徒等に危険又は危害が現に生じた場合において適切に対処することができるよう、当該学校の施設及び設備並びに管理運営体制の整備充実その他の必要な措置を講ずるよう努めるものとする。 （学校安全計画の策定等） 第27条　学校においては、児童生徒等の安全の確保を図るため、当該学校の施設及び設備の安全点検、児童生徒等に対する通学を含めた学校生活その他の日常生活における安全に関する指導、職員の研修その他学校における安全に関する事項について計画を策定し、これを実施しなければならない。 （学校環境の安全の確保） 第28条　校長は、当該学校の施設又は設備について、児童生徒等の安全の確保を図る上で支障となる事項があると認めた場合には、遅滞なくその改善を図るために必要な措置を講じ、又は当該措置を講ずることができないときは、当該学校の設置者に対し、その旨を申し出るものとする。 （危険等発生時対処要領の作成等） 第29条　学校においては、児童生徒等の安全の確保を図るため、当該学校の実情に応じて、危険等発生時において当該学校の職員がとるべき措置の具体的内容及び手順を定めた対処要領を作成するものとする。 2　校長は、危険等発生時対処要領の職員に対する周知、訓練の実施その他の危険等発生時において職員が適切に対処するために必要な措置を講ずるものとする。 3　学校においては、事故等により児童生徒等に危害が生じた場合において、当該児童生徒等及び当該事故等により心理的外傷その他の心身の健康に対する影響を受けた児童生徒等その他の関係者の心身の健康を回復させるため、これらの者に対して必要な支援を行うものとする。この場合においては、第10条の規定を準用する。 （地域の関係機関等との連携） 第30条　学校においては、児童生徒等の安全の確保を図るため、児童生徒等の保護者との連携を図るとともに、当該学校が所在する地域の実情に応じて、当該地域を管轄する警察署その他の関係機関、地域の安全を確保するための活動を行う団体その他の関係団体、当該地域の住民その他の関係者との連携を図るよう努めるものとする。

出典：文部科学省「学校保健法等の一部を改正する法律新旧対照表」をもとに筆者作成

の施策や安全な環境を整えるためには、その義務を負う者を明確にするという観点から、学校の設置者にその義務が生じることを明確にし、「学校安全計画の策定等」（第27条）では、今まで1つにまとめられていた学校保健安全計画を学校保健計画と学校安全計画に分けてそれぞれ作成することを明記している。

「学校環境の安全の確保」（第28条）では、学校の耐震化など、各校で生起した安全上の課題については、校長が学校の設置者に対して改善のための報告義務があること、また日常的に校長は安全な環境を確保する義務があることを明記し、「危険等発生時対処要領の作成等」（第29条）では、不審者対策や急な自然災害への対応、傷病者の速やかな搬送などに関する危険等発生時対処要領（危機管理マニュアル）を策定することが明確にされ、すべての学校に備えるべきものとなった。

3　学校安全計画と危険等発生時対処要領

（1）学校安全計画の法的根拠

学校安全計画については、学校保健安全法27条において「学校においては、児童生徒等の安全の確保を図るため、当該学校の施設及び設備の安全点検、児童生徒等に対する通学を含めた学校生活その他の日常生活における安全に関する指導、職員の研修その他学校における安全に関する事項について計画を策定し、これを実施しなければならない」と規

表 9-2 学校安全計画例（小学校）　　※学級活動の欄　◎…1単位時間程度の指導　・…短い時間の指導

項目		月	4	5	6	7・8	9
		月の重点	通学路を正しく歩こう	安全に休み時間を過ごそう	梅雨時の安全な生活を使用	自転車のきまりを守ろう	けがをしないように運動をしよう
		道徳	規則尊重	生命の尊重	思いやり・新設	勤勉努力	明朗誠実
安全教育		生活	・遊具の正しい使い方 ・校内探検 ・廊下の歩き方、安全な校内での過ごし方	・地域巡り、野外観察の交通安全 ・活動に使用する用具等の安全な使い方	・通学路の様子、安全を守っている人々の働き	・雨水の行方と地面の様子 ・実験・観察器具の正しい使い方	・はさみの使い方
		社会	・我が国の国土と自然環境（5）	・地域の安全を守る働き（消防署や警察署）（3）	・自然災害と人々を守る行政の働き（4）	・地域に起こる自然災害と日頃の備え（4）	・国土の保全と国民生活（自然条件と災害の種類や発生の位置や時期）（5）
		理科	天気の変化 ・ガスバーナーの使い方など正しい加熱、燃焼や気体の発生実験	・カバーガラス、スライドガラス、フラスコなどガラス実験器具の使い方	・雨水の行方と地面の様子 ・実験・観察器具の正しい使い方	・夜間観察の安全	・天気の変化と災害
		図工	・ハサミ・カッター・ナイフ・糸のこぎり・金づち・釘抜き・彫刻刀・ペンチ等の用具、針金・竹ひご・細木、				
		家庭	・針、はさみの使い方 ・用具の個数確認	・アイロン等の熱器具の安全な取扱い	・食品の取扱い方	・包丁の使い方 ・調理台の整理整頓	実習時の安全な服装
		体育	・固定施設の使い方 ・運動する場の安全確認	・集団演技、行動時の安全	水泳前の健康観察 ・水泳時の安全		・鉄棒運動の安全
		総合的な学習の時間	「○○大好き～町たんけん」（3年）「交通安全ポスターづくり」（4年）				
	学級活動	低学年	・通学路の確認 ◎安全な登下校 ・安全な給食配膳 ・子供110番の家の場所	・休み時間の約束 ◎防犯避難訓練の参加の仕方 ・遠足時の安全 ・運動時の約束	・雨天時の約束 ◎プールの約束 ・誘拐から身を守る	・夏休みの約束 ◎自転車乗車時の約束 ・落雷の危険	◎校庭や屋上の使い方のきまり ・運動時の約束
		中学年	・通学路の確認 ◎安全な登下校 ・安全な清掃活動 ・誘拐の起こる場所	・休み時間の安全 ◎防犯避難訓練への積極的な参加 ・遠足時の安全 ・運動時の約束 ◎防犯教室（3年生）	・雨天時の安全な過ごし方 ◎安全なプールの利用の仕方 ・防犯にかかわる人たち	・夏休みの安全な過ごし方 ・自転車乗車時のきまり ・落雷の危険	◎校庭や屋上の使い方のきまり ・運動時の安全な服装
		高学年	・通学路の確認 ◎安全な登下校 ・安全な委員会活動 ・交通事故から身を守る ◎身の回りの犯罪	・休み時間の事故とけが ◎防犯避難訓練の意義 ・交通機関利用時の安全	・雨天時の事故とけが ◎救急法と着衣泳 ・自分自身で身を守る ・防犯教室（4、5、6年生）	・夏休みの事故と防止策 ・自転車の点検と整備の仕方 ・落雷の危険	◎校庭や屋上で起こる事故の防止策 ・運動時の事故とけが
		児童会活動等	・新1年生を迎える会	・児童総会 ・クラブ活動、委員会活動開始		・児童集会 ・地域児童会集会	
		主な学校行事等	・入学式 ・健康診断 ・交通安全運動	・運動会・遠足 ・避難訓練（不審者）	・自然教室 ・集団下校訓練（大雨等） ・プール開き		・交通安全運動 ・総合防災訓練（地震→引渡し）
安全管理		対人管理	・安全な通学の仕方 ・固定施設遊具の安全な使い方	・安全のきまりの設定 ・電車・バスの安全な待ち方及び乗降の仕方	・プールでの安全のきまりの確認	・自転車乗車時のきまり、点検・整備 ・校舎内での安全な過ごし方	・校庭や屋上での安全な過ごし方
		対物管理	・通学路の安全確認 ・避難経路の確認 ・安全点検計画	・諸設備の点検及び整備	・学校環境の安全点検及び整備	・夏季休業前や夏季休業中の校舎内外の点検	・校庭や屋上など校舎外の整備
学校安全に関する組織活動（保護者、地域、関係機関等との連携）			・登下校時、春の交通安全運動期間の街頭指導（保護者等との連携）	・校外における児童の安全行動把握、情報交換	・地域ぐるみの学校安全推進委員会 ・学区危険箇所点検	・地域パトロール意見交換会	・登下校時、秋の交通安全運動期間の街頭指導地域パトロール（保護者等との連携）
		研修	・通学路の状況と安全上の課題 ・防犯に関する研修（緊急時の校内連絡体制マニュアルの点検）	・熱中症予防と発生時の対応 ・安全教育に係るカリキュラム・マネジメントの考え方	・応急手当（止血等、心肺蘇生とAEDを含む）研修（PTAと連携）	・遊具等の安全点検方法等	・防災に関する研修（訓練時）

出典：文部科学省「学校安全資料『生きる力』をはぐくむ学校での安全教育」2019年　pp.128-129
https://www.mext.go.jp/component/a_menu/education/detail/__icsFiles/afieldfile/2019/04/03/1289314_02.pdf

第9章　学校安全と危機管理

10	11	12	1	2	3
乗り物の乗り降りに気をつけよう	けがをしないように運動をしよう	安全な冬の生活をしよう	災害から身を守ろう	道路標識を守ろう	安全な生活ができるようにしよう
思いやり・親切	家庭愛	勇気	勤勉努力	節度節制	愛校心
・竹ひご、つまようじ、きりの使い方	・郵便局見学時の安全	・はさみ、ステープラの使い方	・はさみの使い方	・昔遊びの安全な行い方	・移植ごての使い方
			・自然災害からの復旧・復興（6）		
・薬品の正しい使用・管理・廃棄	・流れる水の働き ・河川の働きと水害 ・ポリ袋、ゴム風船の使い方	・土地のつくりと変化（地震・津波・火山活動と災害） ・鏡、凸レンズ、ガラス器具の使い方	・夜間観察の安全	・試験管、ビーカー、フラスコ、ガラス管の使い方	
接着剤・ニス等の造形活動で使用する材料や用具等の安全な扱い方					
・熱湯の安全な取扱い方	・ミシンの使い方	・油の安全な取扱い方	・食品の取扱い方	・包丁の使い方	・実習時の安全な服装
・用具操作の安全	・けがの防止（保健）	・ボール運動時の安全	・持久走時の安全	・跳躍運動時の安全	・器械運動時の安全
「安全マップづくり」（5年）「社会の一員として活動しよう」（6年）					
◎乗り物の安全な乗り降りの仕方 ・廊下の安全な歩行の仕方	・誘拐防止教室 ・安全な登下校	安全な服装 ◎冬休みの安全な過ごし方	◎「おかしも」の約束 ・危ないものを見つけたとき	・身近な道路標識 ・暖房器具の安全な使用	・1年間の反省 ◎けがをしないために
◎車内での安全な過ごし方 ・校庭・遊具の安全な遊び方	◎校庭や屋上の使い方のきまり ・安全な登下校	◎冬休みの安全な過ごし方 ・凍結路の安全な歩き方	「おかしも」の約束 ◎安全な身支度	◎自転車に関係のある道路標識 ・暖房器具の安全な使用	
◎乗車時の事故とけが ・校庭・遊具の安全点検	◎校庭や屋上で起こる事故の防止策 ・安全な登下校	◎冬休み中の事故やけが ・凍結路の安全な歩き方	◎災害時の携行品 ・安全な身支度、衣服の調節	◎交通ルール ・暖房器具の安全な使用	・1年間の反省 ◎けがの種類と応急処置
		・児童集会			
・修学旅行	・収穫祭、音楽発表会	・避難訓練（火災）	・学習発表会	・ありがとう集会（地域の見守り隊等） ・避難訓練（地震）	・卒業式
・校外学習時の道路の歩き方 ・電車・バスの安全な待ち方及び乗降の仕方	・安全な登下校	・凍結路や雪道の歩き方	・災害時の身の安全の守り方	・道路標識の種類と意味	・1年間の評価と反省
・駅・バス停周辺の安全確認	・通学路の確認	・校内危険個所の点検	・防災用具の点検・整備	・学区内の安全施設の確認	・通学路の安全確認 ・安全点検の評価・反省
・学校安全委員会（学校保健委員会）	・地域教育会議	・年末年始の交通安全運動の啓発	・地域パトロール意見交換会	・学校安全委員会（学校保健委員会）	・地域ぐるみの学校安全推進委員会
・校内事故等発生状況と安全措置に関する研修	・学校安全における先進的な実践校の視察	・防災に関する研修（訓練時）	・各種訓練結果の検証と各マニュアルの見直し	・災害共済給付、交通事故の事例等から指導のポイント分析	・安全教育の指導計画作成に向けた考え方

定されている。

（2）学校安全計画の必要性

児童生徒等の事件・事故や災害は突如、そしてあらゆる場面において発生し得ることから、すべての教職員が「安全」という重要性を認識し、さまざまな取り組みを共通理解のもとに進めることが求められる。学校保健計画と同様に地域特性も踏まえたうえで、児童生徒が日常生活全般の安全確保に関する実践的な知識・技術を身につけるだけでなく、他者の安全や命の尊重、安全な社会づくりなどにも関連づけた教育活動ができるよう、教職員が連携を図りながら計画策定を行う。

（3）学校安全計画の策定手順

学校安全計画の策定については、各学校で発生した事故等はむろん、県内・国内・で発生した児童生徒に係る事件・災害事故の発生状況等も参考に、課題を明確にする必要がある。そして、学校保健計画と同様に教職員が感じている問題意識や意見も十分に取り入れながら、児童生徒の実態に合わせた年間の計画を立案していく。

学校安全計画は、児童生徒の通学や突然の災害などにもかかわってくることから、家庭や地域、関係機関との連携は不可欠である。地域や関係機関の意見も取り入れながら、生活安全、交通安全、災害安全の安全教育や指導方針を立案する。

（4）学校安全計画の例

表9-2 （pp.120-121）に、小学校における学校安全計画の作成例を挙げる。

（5）学校安全計画の評価

文部科学省は、安全教育の評価方法として 表9-3 の4点を示している。さらに、安全教育の指導計画については、 表9-4 の7点を示している。どちらも、PDCAサイクルを意識し次の計画立案の改善につなげる必要がある。

（6）危険等発生時対処要領

危険等発生時対処要領（危機管理マニュアル）とは、学校において事件や事故などの危険が発生した際に教職員が円滑かつ的確な対応ができるために、全ての学校において作成することが学校保健安全法で義務づけられている。不審者侵入や自然災害への対応のほか、さまざま危機的事象を想定して組織的かつ迅速な対応ができるように検討を行い、学校の立地や自治体の地域防災計画、国民保護計画等についても考慮して作成する。

また、作成した要領は教職員に周知徹底し、要領に基づく訓練などを実施し、想定通りの避難等ができるかなどを確認して、不備があった場合は随時、見直しを行う。

表9-3　児童生徒への生活安全・交通安全・災害安全それぞれに対しての評価

①日常生活における事故の現状、原因及び事故の防止について理解できたか。
②現在及び将来に直面する安全の課題に対して、的確な思考・判断に基づく意思決定や行動選択ができるようになったか。
③日常生活の中に潜む様々な危険を予測し、自主的に安全な行動をとるとともに、自ら危険な環境を改善できるようになったか。
④自他の生命を尊重し、安全な社会づくりの重要性を認識して、学校、家庭及び地域社会の安全に進んで参加・協力できるようになったか。

出典：表9-2に同じ　p.49

表9-4　安全教育の指導計画の評価

①全校的な指導体制が確立されているか、教職員間の連携が図られているか。
②訓練等の日程や時間、実施回数は適切であるか。
③安全管理との連携が図られているか。
④児童生徒等の実態、地域の特性を反映しているか。
⑤指導の内容や方法に課題はないか。
⑥指導に必要な教材・教具、資料等が整備されているか。
⑦保護者や地域諸機関の協力や理解が得られているか。

出典：表9-2に同じ　p.49

第2節　学校安全の構造と危機管理

学校安全は「安全教育」「安全管理」「学校安全組織活動」の3領域から構成されている。ここでは事件や事故を未然に防ぐための危機管理の考え方や、「ヒヤリ」「ハット」の活用方法などを学ぶ。

1　学校安全の構造

　学校安全は、「安全教育」「安全管理」「学校安全組織活動」の3領域から構成されており、「生活安全」「交通安全」「災害安全（防災）」などが含まれる。
　また、安全教育は「各教科」「総合的な学習の時間」「特別活動」など、安全管理は「対人管理」と「対物管理」に分類される。
　中学校学習指導要領総則に「学校における体育・健康に関する指導を、生徒の発達の段階を考慮して、学校の教育活動全体を通じて適切に行う（中略）。特に、学校における食育の推進並びに体力の向上に関する指導、安全に関する指導及び心身の健康の保持増進に関する指導については、保健体育科（中略）の時間はもとより、各教科、道徳科及び総合的な学習の時間などにおいてもそれぞれの特質に応じて適切に行うよう努めること。また、それらの指導を通して、家庭や地域社会との連携を図りながら、日常生活において適切な体育・健康に関する活動の実践を促し、生涯を通じて健康・安全で活力ある生活を送るための基礎が培われるよう配慮すること」（抜粋）とあるように安全教育における安全学習とは教科教育の中で安全に関する内容を学ぶ機会を指す。
　学校は保護者から安全に子どもを預かる責任と義務があるため、事件や事故が発生しないように十分な危険予測や対応策を準備する必要がある。しかし、学校には大勢の子ども

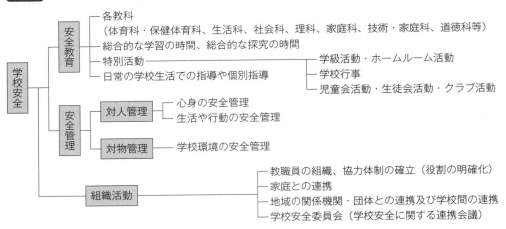

図9-1 学校安全の体系

出典：表9-2に同じ p.12

が集まって集団活動を行っている以上、万全な防止対策を立てていても事件や事故をゼロにすることは不可能である。そこで、万が一、事件や事故が発生してしまった時には教職員は的確な対応を行う必要がある。そして、同じような事件や事故が再び繰り返されることがないように、防止対策を立て直す必要がある。

2 危機管理とは

　危機管理（リスクマネジメント）とは、リスク（危ないと思われる可能性・悪い結果を招く確率が高いもの）を組織的に管理し、これから起きるかもしれない危険に対して事前に対応する行動を指す。リスクの反対語として安全があるが、安全とは「心身や物品に危害をもたらす様々な危険や災害が防止され、万が一、事件や事故、災害等が発生した場合には、被害を最小限にするために適切に対処された状態」と定義される。危険を早期に発見し、その危険を取り除くことによって事件・事故が起こることを防ぐことは重要であるが、あらゆる事件・事故の発生を100％未然に防ぐことは困難であるため、事件や事故が発生した場合には、適切かつ迅速に対処することによって、被害を最小限に抑えることが可能となっている状態もまた安全ととらえる。

　学校における危機管理には、施設設備の充実を中心としたハード面（防犯カメラの設置、門扉のオートロック、耐震対策など）と、教職員や保護者、関係諸機関による危機管理体制づくりや教育等のソフト面（危機管理マニュアルの作成・防犯訓練・学校内外の巡視など）などがある。近年、不審者対策として、学校への警備員の配置や集団登校などを行ったり、名札を廃止したり校内のみの着用に限定したりする学校が増えた。また、保護者に腕章や名札を配り来校時に装着するよう求めたり、警察等関係機関、地域のボランティア等との連携による学校安全体制の強化を図るため、自治体に「子ども110番」「学校安全

危機管理とは事故が起こる前に、事故が起こらないように考える対策のこと

ボランティア」「学校安全対策委員会」などを設置するなどさまざまな対策が行われている。
　また、リスクマネジメントと一緒にクライシスマネジメントという言葉が使われることがある。クライシスマネジメントとは発生したダメージをできるだけ少なくするという考え方である。もし、学校の管理下において事件や事故、災害などが発生した場合は、子どもと教職員の安全確保を図るため、迅速な通報を行うとともに、止血や心肺蘇生法などの適切な処置を施さなければならない。そして、負傷者及び他の子どもの心身の健康に配慮し、教職員間の情報の共有、保護者への説明、場合によっては警察やマスコミに対応し、災害後の心のケアにも配慮する必要がある。

3　ヒヤリハットの活用

　学校の内外で擦り傷や打撲などの軽いけがを経験している児童生徒は多数いる。しかし、これらの「軽いけが」の積み重ねが重大な事故につながることがある。

（1）ハインリッヒのヒヤリハット

　ハインリッヒは55万件に及ぶ労働災害のデータを分析して「死亡：軽傷：ヒヤリハット」＝「1：29：300」の法則を1931年に発表した。事故やけがが起こりそうになるときには、それまでにも重大な出来事までには至らなくても、それに類似したもしくはそれを感じさせるような「ヒヤリ」「ハット」した経験があることがある。そのような経験とその後の重大事故を比率で示したものが「ハインリッヒのヒヤリハット」と呼ばれるもので、1件の重大事故の背景には、29件の比較的軽微な事故があり、その背後には300件のヒヤリハットがあるというものである。
　学校現場においては危険認知が低い子どもたちが大勢いるため、大人が想像しなかった動きをすることより、「ヒヤリ」とか「ハット」することがたびたび発生する。それは大人と子どもの経験や判断力の違いからくるものであり、そのうちある程度の経験は子どもの発達過程において必要な場合もある。
　しかし、子どもの命を奪ったり、後遺症を残すような大事故は決して起こってはならな

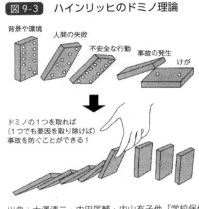

図9-2　ハインリッヒのヒヤリハット

1「重大災害」（死亡・高度後遺症）
29「事故」（軽症や軽微なけが等）
300「ヒヤリハット事故」

図9-3　ハインリッヒのドミノ理論

背景や環境　人間の失敗　不安全な行動　事故の発生　けが

ドミノの1つを取れば（1つでも要因を取り除けば）事故を防ぐことができる！

出典：大澤清二・内田匡輔・内山有子他『学校保健の世界[第2版]』杏林書院　2016年　p.168

いため、未然に済んだ「ヒヤリ」や「ハット」した経験を「大事に至らなくて良かった」で終わらせず、検証して活用してくことが重要である。

（2）ハインリッヒのドミノ理論

　ドミノ理論の由来は、それぞれの要因がドミノが倒れていくように次々に前の要因を継続して生起し、重大事故を引き起こすことをさしている。ドミノはその途中のひとつが取り除かれれば倒れるのがストップするように、ある要因の段階でその要因を改善できれば、次のステップには進まない。

　その時系列ごとの連続的な要因とは、「背景や環境」→「人間の失敗」→「不安全な行動」→「事故の発生」→「けが」という順序で起こっている。

　例えば、日常生活では1限に試験がある前日に「深夜までのアルバイト」→「朝寝坊」→「慌てて自転車で大学に向かう」→「カーブで曲がり切れず転倒」→「骨折」というようにケガが生じる。

（3）ブロークン・ウインドウ

　日本語で「割れ窓理論」として紹介されている。もともとは、環境犯罪学の理論としてジョージ・ケリングが提唱したもので、建物の割れた窓をそのまま放置していると、その地域の環境には誰も感心をもっていないという認知のされ方が広まり、やがてはゴミなどが散乱するようになり、犯罪の温床へと発展していくという理論である。

　この理論は、危機管理の場面に多く登場する。例えば、学級崩壊で授業中に児童生徒が走り回ったり、授業を妨害したり、大きな声をあげてクラス内での授業や学級活動が成立しない状態になるのは、教員が児童生徒のおしゃべりを注意しなかったり、掲示物や備品が整理整頓されていなかったりということからつながると考えられている。

　重大な事故や出来事の予兆となる要因を把握し、次に起こりうる危機を未然に防ぐこと

がこの理論の特徴である。事件や事故はリスクがある一定以上になると発生しやすくなり、学校におけるリスクには「①子どもがもつリスク」「②教職員がもつリスク」「③施設・設備がもつリスク」がある。それぞれのリスクを低減させるためには、下記のような観点から対応を考える必要がある。

❶子どもがもつリスク

　遊び方などへの指導→安全教育

　精神的な安定→人間関係の安定化

❷教職員がもつリスク

　子どもの特性の理解→研修

　事故の実態を知る→マニュアルで学習

❸施設・設備がもつリスク

　構造の安全→設計、建築上

　日常の点検→チェックポイントを明確にして実施

第3節　スポーツ振興センターの災害給付制度

　学校では事件や事故が発生しないように対策を講じているが、学校の管理下において子どもがケガをすることがある。ここでは学校で災害が発生した場合の法的責任やスポーツ振興センターの災害共済給付制度について学ぶ。

　学校で災害が発生した際の法的責任とは、多くの場合、民法または国家賠償法に基づく

表9-5　災害給付制度の対象となる学校等

義務教育諸学校	小学校、中学校、義務教育学校、中等教育学校の前期課程 特別支援学校（盲学校、聾学校、および養護学校）の小学部および中学部を含む。
高等学校	高等学校（全日制、定時制および通信制） 中等教育学校の後期課程および特別支援学校の高等部を含む。
高等専門学校	
幼稚園	特別支援学校の幼稚部を含む。 幼稚園型認定こども園の幼稚園部分は「幼稚園」となる。
幼保連携型認定こども園	
高等専修学校	高等専修学校（昼間学科、夜間等学科および通信制学科）
保育所等	児童福祉法第39条に規定する保育所、保育所型認定こども園、幼稚園型認定こども園の保育機能施設部分、地方裁量型認定こども園、特定保育事業（児童福祉法第6条の3に規定する家庭的保育事業、小規模保育事業および事業所内保育事業）を行う施設、一定の基準を満たす認可外保育施設および企業主導型保育施設

注：国立、公立、私立の別を問わない。
出典：日本スポーツ振興センターウェブサイト「加入契約」一部改変
　　　https://www.jpnsport.go.jp/anzen/saigai/seido/tabid/83/Default.aspx

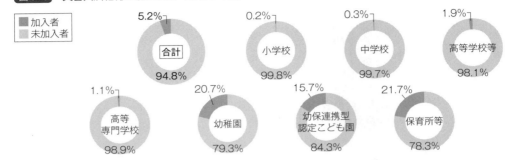

図 9-4　災害共済給付の加入状況（令和 5 年度）

出典：日本スポーツ振興センター災害共済給付事業部「令和 5 年度（2023 年度）災害共済給付状況（速報値）」

表 9-6　学校の管理下となる範囲

学校の管理課となる場合	例
1．学校が編成した教育課程に基づく授業中	・各教科（科目）、道徳、自立活動、総合的な学習の時間、幼稚園における保育中 ・特別活動中（児童・生徒・学生会活動、学級活動、ホームルーム、クラブ活動、儀式、学芸会、運動会、遠足、修学旅行、大掃除など）
2．学校の教育計画に基づく課外指導中	・部活動、林間学校、臨海学校、夏休みの水泳指導、生徒指導、進路指導など
3．休憩時間中	・始業前、業間休み、昼休み、放課後
4．通常の経路および方法による通学中	・登校（登園）中、下校（降園）中
5．学校外で授業等が行われる時、その場所、集合・解散場所と住居・寄宿舎との間の合理的な経路、方法による往復中	・鉄道の駅で集合、解散が行われる場合の駅と住居との間の往復中など
6．学校の寄宿舎にあるとき	

出典：日本スポーツ振興センターウェブサイト「給付対象範囲」一部改変
https://www.jpnsport.go.jp/anzen/saigai/seido/tabid/84/Default.aspx

損害賠償責任である。損害賠償責任が生じるには、①故意または過失がある、②違法に他人に損害を与える、③行為と損害の間に因果関係があることが条件となる。

特に学校災害では「過失」は、「予見すべきであったが予見しなかったこと」「結果は予見したが結果を防止しなかった」ことの 2 つを指す。両者を合わせて「注意義務違反」と呼ぶが、注意義務を果たすことが教職員として災害発生を防ぐうえで最低限必要となる。

また、子どもが学校の管理下で負傷や疾病などの災害にあって病院を受診した場合、保護者に対して医療費、障害見舞金、死亡見舞金などの災害共済給付金を支払われる制度がある。この制度では保護者は「独立行政法人日本スポーツ振興センター」との間に災害共済給付契約を結んで掛金を支払い、運営に要する経費を国、学校等の設置者及び保護者の三者で負担している。2023（令和 5）年には全国の学校等で児童生徒等総数の約 95％にあたる 1,575 万人が加入している。

給付金の支払請求の時効は 2 年間で、医療費の支給期間は、初診から 10 年間であるため、

表 9-7　災害給付の対象となる災害の範囲と給付金額

災害の種類	災害の範囲		給付金額
負傷	その原因である事由が学校の管理下で生じたもので、療養に要する費用の額が 5,000 円以上のもの		医療費 ・医療保険並の療養に要する費用の額の 4/10（そのうち 1/10 の分は、療養に伴って要する費用として加算される分）。ただし、高額療養費の対象となる場合は、自己負担額（所得区分により限度額が異なる）に、療養に要する費用の額の 1/10 を加算した額 ・入院時食事療養費の標準負担額がある場合はその額を加算した額
疾病	その原因である事由が学校の管理下で生じたもので、療養に要する費用の額が 5,000 円以上のもののうち、内閣府令で定めるもの		
	・学校給食等による中毒 ・ガス等による中毒 ・熱中症 ・溺水 ・負傷による疾病	・異物の嚥下又は迷入による疾病 ・漆等による皮膚炎 ・外部衝撃等による疾病	
障害	学校の管理下の負傷又は上欄の疾病が治った後に残った障害で、その程度により 1 級から 14 級に区分される		障害見舞金　4,000 万円〜 88 万円 〔通学（園）中の災害の場合　2,000 万円〜 44 万円〕
死亡	学校の管理下において発生した事件に起因する死亡及び上欄の疾病に直接起因する死亡		死亡見舞金　3,000 万円 〔通学（園）中の場合　1,500 万円〕
		運動などの行為に起因する突然死	死亡見舞金　3,000 万円 〔通学（園）中の場合　1,500 万円〕
		運動などの行為と関連のない突然死	死亡見舞金　1,500 万円 〔通学（園）中の場合も同額〕

出典：日本スポーツ振興センターウェブサイト「給付金額」一部改変
https://www.jpnsport.go.jp/anzen/saigai/seido/tabid/85/Default.aspx

学校管理下での災害により子どもが受診した場合は、状況を確認して速やかに給付の申請を行うように保護者に伝える。

　学校生活ではさまざまな場面において安全管理がなされなければならず、授業中はもちろん、課題指導中、休憩時間、通学時などのすべての教育活動がこの給付の対象となっている。しかし、「交通事故などの第三者の加害行為による災害で、その加害者から損害賠償を受けたとき」や「地震や津波などの非常災害で一度に大勢の児童生徒が災害に遭い、給付金の支払が困難になったとき」「高等学校の生徒および高等専門学校の学生の故意等による災害や自殺」などの場合には給付が行われないことがある。

第 4 節　学校安全教育（避難訓練、防犯訓練など）

> 近年の日本では、自然災害も犯罪も多数、発生しているため、さまざまな危険を想定して、日頃から避難訓練や防災訓練を行う必要がある。ここでは、有効的な訓練方法や地域の機関との連携などについて学ぶ。

　近年の日本では、地震や台風、竜巻などの自然災害とともに、交通事故や誘拐などの犯罪も多数、発生している。災害発生時や不審者などに遭遇したときに、クラスの全員が同じ場所にいるとは限らないため、学校ではさまざまな自然災害を想定し、日頃から避難訓

練や防災訓練を行ったり、備蓄品を準備したりして備えることが大切である。

　地震や津波や土砂災害などは、学校の周辺地域の地理的特徴によって警戒すべき点が異なるため、過去の事例や市区町村が作成しているハザードマップで確認し、避難する際に必要な情報等を記入した防災マップや防災マニュアルを作成しておくとよい。

　また、登下校時に交通事故、誘拐、窃盗などの犯罪に巻き込まれないための、地域の警察や消防署などに協力を依頼して防犯訓練を実施することも重要である。

1　避難訓練

　避難訓練の目的は、地震、津波、火災などの危機的状況時に子どもたちが緊急放送や教職員の指示に従い落ち着いて身を守る行動ができるようになることである。災害の種類や状況に応じて非常階段や非常すべり台などの避難器具を使うことや防災頭巾の使い方などを学ぶ。避難先を学外に設定する場合は、避難先やそこまでの道のりが本当に安全なのかなど、事前に確認しておくことが大切である。

　また、地震の場合、建物が傾いてドアが開かなくなることを防ぐため、地震を感じたらすぐにドアを開ける。揺れがおさまるまで机やテーブルの下に入り身を守り、揺れがおさまってから避難を開始する。火災の場合は、避難と同時に初期消火を行う場合もあるため、消火器の正しい使い方を学んでおく。避難する時は炎が燃え広がるのを防ぐために窓や出入り口のドアを閉めて避難する。

2　防犯訓練

　学校内に不審者が侵入した場合や、学校外で不審者に遭遇した場合の避難方法を訓練する。子どもには、あやしい人を見かけたらすぐにその場から離れ、教職員や保護者、周りの大人に知らせるよう指導する。また保護者や警察などから不審者に関する情報や事件に関する連絡などを受けた場合は、速やかに全職員、保護者に情報を伝え、お迎えなどの依頼を行う。

　これらの訓練を繰り返し行うことで、子どもたちは事件や事故に遭遇しても落ち着いて迅速に行動ができるようになってくる。教職員はさまざまな状況を想定し、日頃から人数確認の習慣をつけ、緊急時に備えた教職員の役割、連絡体制、防犯ブザー、消火器などをきちんと管理、点検しておく必要がある。

　また、地震などで道路が遮断されたり、車や電車などの交通手段が使えなくなることがある。東日本大震災の際には交通機関が止まったため、多くの保護者が学校に子どもを迎えに来ることができず、学校に泊まったこどもが出た。大災害時には保護者に子どもを迎えに来てもらうことになるが、自宅や会社から学校までの想定時間を聞いておくと、実際の引き渡し時の目安となる。想定時間より大幅に遅い場合は、保護者に何かあったのでは

ないかと予測することができる。

　保護者が迎えに来た子どもから帰していくが、家や保護者の勤務先が遠い場合は保護者の到着が遅くなる場合、お迎えを待つ子どもが不安にならないよう配慮する。また、保護者の他にもすぐに連絡のつきやすい人を緊急連絡先として追加しておくとよい。

　また、災害後は子どもや教職員の心のケアも必要となる。大勢の人が亡くなったり家屋が失われたりすることは精神的なストレスを引き起こす。日常生活に戻るまで長い時間を有することもある。災害後は子どもの様子をよく観察し、言動や行動などに変化があった場合、スクールカウンセラーや専門機関へつなぐことも必要である。

> **演習課題**　ワークシートは巻末参照
>
> 1．危機管理の概念を説明してみよう。
> 2．学校安全計画と危険等発生時対処要領を作成する法的根拠を調べてみよう。
> 3．避難訓練と防犯訓練の違いを調べてみよう。

【引用文献】
1）大阪教育大学「附属池田小学校事件の概要」
　　https://osaka-kyoiku.ac.jp/university/emergency/safety/fuzoku_ikd/jikengaiyo.html
　　文部科学省「学校安全参考資料『生きる力』をはぐくむ学校での安全教育」2010 年

【参考文献】
・日本スポーツ振興センター「令和 6 年度災害共済給付ガイド」2025 年
・日本スポーツ振興センター「学校管理下の災害［令和 6 年版］」2024 年

COLUMN
中止する勇気

　夏休みに入ってすぐに、ある小学校では自由参加のプールが予定されていました。その前週に小学生が夏休みのプール指導中に熱中症でなくなるなどの熱中症患者が急増したこと、プール指導の実施期間も同じくらい暑くなることが予想されたため、近隣ではプールを中止にする学校もありましたが、中止には至りませんでした。

　プール実施日は予想通り、朝から気温があがり、プールへの参加人数は予想を遙かに上回り、中にはプールには参加できない小さい兄弟を一緒に連れてくる保護者もいました。

　幸いこの年のプール開放期間中は体調を崩す子どもは出ずに無事に終わりましたが、何もなかったからよいのでしょうか？　今回は運よく何もなかっただけです。うちの学校は大丈夫という思いこみは危険です。

　プールは子どもたちが楽しみにしている大切な活動ですが、暑さが厳しい時には外で遊ばない、不要の外出を控えることを教えることも教育なのではないでしょうか？子どもに自分で自分の身を守るすべを教えていくことも大切な安全教育の一つです。前例がないから、今までは大丈夫だったから、子どもが楽しみにしているから・・・。環境は変わっています。子どもを守るのは大人です。子どもを守るために、気温などの実状に合わせた柔軟な判断が必要な時代になっていると思います。

第10章 保健教育

◆第10章のエッセンス◆
① 健康に関する指導は、体育科・保健体育科における保健の学習を中核として、学校の教育活動全体を通じて行われる。
② 保健の学習の目標は、育成が目指される資質・能力に基づいて、「知識及び技能」「思考力、判断力、表現力等」「学びに向かう力、人間性等」の3観点で示されている。
③ 児童生徒の「主体的・対話的で深い学び」を実現するためには、多様な指導方法の工夫を行うことが重要である。

Keyword　カリキュラム・マネジメント　学習指導要領　資質・能力　主体的・対話的で深い学び　観点別学習状況の評価

第1節　学校の教育活動全体で行う健康に関する指導

健康に関する指導は、各教科、総合的な学習（探究）の時間、特別活動および特別の教科道徳等のそれぞれの特質に応じて、学校の教育活動全体を通じて行われる。カリキュラム・マネジメントの考え方を踏まえて、目標の達成に必要な教育の内容を教科等横断的な視点で組織的に配列していくことなどが重要となる。

1　教科等横断的に進める健康に関する指導

今日、多様化・深刻化する人々の健康問題は、国際社会にかかわる地球規模課題の一つとなっており、将来に向けても新型コロナウイルス感染症にみるような新たな脅威の出現は絶えないものと思われる。また、グローバル化や情報化等の社会環境の変化や生活様式の変化を背景として、子どもたちの身体運動の不足、偏った食行動、睡眠不足をはじめとした基本的な生活習慣の乱れ、メンタルヘルスの問題、性に関する問題、薬物乱用等の健康課題が顕在化している。子どもたちがこれからの予測困難な時代を生きていくためには、学校において、生涯を通じて健康な生活を送ることのできる資質・能力の育成を目指した健康に関する指導を一層推進することが不可欠である。

2016（平成28）年の中央教育審議会答申「幼稚園、小学校、中学校、高等学校及び特別支援学校の学習指導要領等の改善及び必要な方策等について」では、「カリキュラム・マネジメント」の考え方が示され、さまざまな分野で社会へのアカウンタビリティが重視される中で、学校においても「社会に開かれた教育課程」の実現が一層求められるように

なった。これは、各教科等の目標や内容等に基づいて育成された資質・能力を、当該教科等の文脈以外の実社会のさまざまな場面で活用できる汎用的な能力に育てていく必要性を示したものである。この実現のためには、教育課程の構造上の工夫が必要となり、各教科等の教育内容を相互の関係で捉え、目標の達成に必要な教育の内容を教科等横断的な視点で組織的に配列していくことなどが重要とされている。

そうした中で学校における健康に関する指導は、学習指導要領の総則において学校の教育活動全体を通じて行うものであること、保健の学習を要として、各教科、総合的な学習（探究）の時間、特別活動および特別の教科道徳等のそれぞれの特質に応じて、児童生徒の発達の段階を考慮して適切な指導を行わなければならないことが示されている。

> 中学校学習指導要領
> 第1章 総則　第1の2の（3）
> 学校における体育・健康に関する指導を、児童の発達の段階を考慮して、学校の教育活動全体を通じて適切に行うことにより、健康で安全な生活と豊かなスポーツライフの実現を目指した教育の充実に努めること。特に、学校における食育の推進並びに体力の向上に関する指導、安全に関する指導及び心身の健康の保持増進に関する指導については、体育科、家庭科及び特別活動の時間はもとより、各教科、道徳科、外国語活動及び総合的な学習の時間などにおいてもそれぞれの特質に応じて適切に行うよう努めること。また、それらの指導を通して、家庭や地域社会との連携を図りながら、日常生活において適切な体育・健康に関する活動の実践を促し、生涯を通じて健康・安全で活力ある生活を送るための基礎が培われるよう配慮すること。

図 10-1　心身の健康の保持増進に関する教育のイメージ

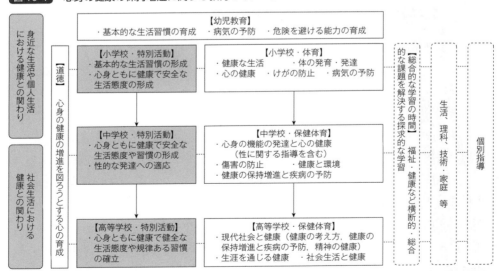

出典：中央教育審議会答申「幼稚園、小学校、中学校、高等学校及び特別支援学校の学習指導要領等の改善及び必要な方策等について（別紙4）」2016年

健康に関する指導について各学校でカリキュラム・マネジメントを実現するには、すべての教職員がこの指導の意義や果たす役割についてしっかりと共通理解することが求められる。そして、各学校の教育目標や育成を目指す資質・能力を明確にして、体育科および保健体育科を中核とした各教科等での役割や位置づけを検討する必要がある（図10-1）。

2 教育課程に基づく性に関する指導

学校における性に関する指導は、心身ともに発育発達が著しく、思春期を迎える子どもたちを対象とする教育として、とりわけ重要な位置づけとなっている。重要なことは、性に関する指導は体育科および保健体育科を中核として、教育活動全体を通じて位置づけられているという点である。すなわち、カリキュラム・マネジメントの視点から教科等横断的に取り組まれることによって教育効果が高まると考えられている。その際には、体育科および保健体育科をはじめとした各教科、特別活動、総合的な学習（探究）の時間および特別の教科道徳等において、それぞれの指導の特質に応じて適切に行われることが求められる。また、それらの指導の関連を図り、学校全体で共通理解をした上で進めていく必要がある。そして、児童生徒の発達の段階を踏まえて、性に関する科学的知識を身につけ、生命を尊重する態度や異性等の理解と共生やジェンダー平等の精神を育み、自ら考え適切に判断して意思決定・行動選択を行うことができる能力を培いたい[1]。

以下に、各教科等における文部科学省「学習指導要領」（2018、2019年）から性に関する主な内容を示す。

（1）体育科および保健体育科の保健における性に関する内容

すべての児童生徒が身につけるべき心身の発育発達や性感染症等の科学的知識については、小学校体育科保健領域、中学校保健体育科保健分野、高等学校保健体育科科目保健を中心として学習することになっており、その学習内容は発達の段階に応じて系統的に位置づけられている[2]。

具体的には、小学校3・4年の「体の発育・発達」では、思春期の体の変化について男女でそれぞれ特徴があらわれることや、初経、精通が起こることなどが位置づけられており、現象面の変化を中心として理解できるようにすることになっている。中学校の「心身の機能の発達と心の健康」では、思春期には内分泌の働きによって生殖にかかわる機能が成熟することや、そうした成熟に伴う変化に対応した適切な行動をとることが必要であることなどを学習する。ここでは、体の機能面の発達について焦点を当てて指導することとなっている。また、「健康な生活と疾病の予防」では、エイズおよび性感染症の予防について、その疾病概念や感染経路、予防方法を身につける必要があることなどを学習する。高等学校の「生涯を通じる健康」では、思春期では性的成熟等に伴い、身体面、心理面、行動面が変化すること、そうした変化に対応して自分の行動への責任感や異性を尊重する

態度が必要であることなどを学習する。また、健康な結婚生活について理解するために、受精、妊娠、出産とそれに伴う健康課題等について学習する。さらに、「現代社会と健康」では、エイズおよび性感染症の原因やそれらの予防のための個人の行動選択や社会の対策について理解できるようにすることになっている。

（2）関連教科における性に関する内容

理科では、小学校5学年「B 生命・地球」の「(2) 動物の誕生」において、「人は、母体内で成長して生まれること」を学習する。

社会科では、例えば、中学校公民的分野の「A 私たちと現代社会」の「(1) 私たちが生きる現代社会と文化の特色」の中で少子高齢化等について理解することや、「(2) 現代社会を捉える枠組み」の中で「個人の尊厳と両性の本質的平等」等について理解することが位置づけられ、高等学校公民科「公共」では「A 公共の扉」の「(2) 公共的な空間を作る私たち」の中では、自らを成長させる人間としてのあり方や生き方について理解することや、人間は、個人として相互に尊重されるべき存在であること等を理解することとなっている。同様に「倫理」では「A 現代に生きる自己の課題と人間としての在り方生き方」の「(1) 人間としての在り方生き方の自覚」の中で幸福、愛、徳などに着目して、人間としての在り方生き方について思索するための手掛かりとなるさまざまな人生観について理解すること等が位置づけられている。「B 現代の諸課題と倫理」の「(1) 自然や科学技術に関わる諸課題と倫理」では、「内容の取扱い」において、生命を取り扱う場合には生命科学や医療技術の発達を踏まえ、生命の誕生、老いや病、生と死の問題などを通して、生きることの意義について思索できるようにすることが示されている。

家庭科では、例えば高等学校科目家庭基礎の「A 人の一生と家族・家庭及び福祉」において「(2) 青年期の自立と家族・家庭」が位置づけられており、自立や男女の平等と相互の協力などについて理解できるようにするとともに、男女が協力して家庭を築くことの意義等について理解を深めること等となっている。その際には、固定的な性別役割分業意識を見直し、相互の尊重と信頼関係のもとで夫婦関係を築くこと、共に協力して家庭を築くことの意義や重要性を考察できるようにすることが示されている。また、「(3) 子供の生活と保育」では、子どもを生み育てることの意義について考えるとともに、子どもの健やかな発達のために親や家族および地域や社会の果たす役割の重要性について考察することとなっている。

（3）特別の教科道徳および特別活動における性に関する内容

特別の教科道徳では、性に関する内容として、小学校5・6年「B 主として人とのかかわりに関すること」の「友情、信頼」、中学校「B 主として人とのかかわりに関すること」の「友情、信頼」等が挙げられる。

特別活動では、小・中学校の学級活動および高等学校のホームルーム活動において、性

に関する内容が少なからず位置づけられている。例えば、小学校では「(2) 日常の生活や学習への適応と自己の成長及び健康安全」の「ウ 心身ともに健康で安全な生活態度の形成」、中学校では「(2) 日常の生活や学習への適応と自己の成長及び健康安全」の「イ 男女相互の理解と協力」および「ウ 思春期の不安や悩みの解決、性的な発達への適応」、高等学校では「(2) 日常の生活や学習への適応と自己の成長及び健康安全」の「イ 男女相互の理解と協力」および「オ 生命の尊重と心身ともに健康で安全な生活態度や規律ある習慣の確立」等がある。

第2節 体育科・保健体育科における保健の学習

体育科・保健体育科における保健の学習は、学習指導要領に示された目標および内容に基づいて進められる。また、「指導と評価の一体化」の視点から、よりよい授業を実現していくことが求められる。

1 育成を目指す資質・能力

2016（平成28）年の中央教育審議会答申「幼稚園、小学校、中学校、高等学校及び特別支援学校の学習指導要領等の改善及び必要な方策等について」の中で、グローバル化や情報化等が進展するわが国の将来を見据え、また児童生徒が主体的に判断し行動することに課題がみられる現状等を踏まえて、新しい時代を担う子どもたちに育成すべき資質・能力について次の3つの柱で整理された。すなわち、「何を理解しているか、何ができるか（生きて働く『知識・技能』の習得）」「理解していること・できることをどう使うか（未知の状況にも対応できる『思考力・判断力・表現力等』の育成）」「どのように社会・世界と関わり、よりよい人生を送るか（学びを人生や社会に生かそうとする『学びに向かう力・人間性等』の涵養）」である。学校教育を通して何ができるようになり、どうよりよく生きていけるようになるかという視点が一層重視されたものといえる。

学校教育として進められる保健の学習においても、この育成すべき資質・能力は同じである。多様な価値観やさまざまな問題がみられる社会の中で、生涯を通じて健康を保持増進していくために、適切に判断して行動していくための基礎・基本となる資質・能力を児童生徒に身につけさせることが重要である[3]。

2 保健の学習の目標

2017、2018（平成29、30）年改訂の学習指導要領では、小学校の体育科、中学校および高等学校の保健体育科保健の学習の目標はそれぞれの発達の段階に応じて、「知識及び技能」「思考力、判断力、表現力等」「学びに向かう力、人間性等」の3観点で示されている。今改訂では、保健の学習の目標に「技能」が新たに加わり、注目されている。

小学校学習指導要領
第2章 第9節 体育
第1　目標
体育や保健の見方・考え方を働かせ、課題を見付け、その解決に向けた学習過程を通して、心と体を一体として捉え、生涯にわたって心身の健康を保持増進し豊かなスポーツライフを実現するための資質・能力を次のとおり育成することを目指す。
　(1)　その特性に応じた各種の運動の行い方及び身近な生活における健康・安全について理解するとともに、基本的な動きや技能を身につけるようにする。
　(2)　運動や健康についての自己の課題を見付け、その解決に向けて思考し判断するとともに、他者に伝える力を養う。
　(3)　運動に親しむとともに健康の保持増進と体力の向上を目指し、楽しく明るい生活を営む態度を養う。

中学校学習指導要領
第2章 第7節 保健体育
第1　目標
体育や保健の見方・考え方を働かせ、課題を発見し、合理的な解決に向けた学習過程を通して、心と体を一体として捉え、生涯にわたって心身の健康を保持増進し豊かなスポーツライフを実現するための資質・能力を次のとおり育成することを目指す。
　(1)　各種の運動の特性に応じた技能等及び個人生活における健康・安全について理解するとともに、基本的な技能を身につけるようにする。
　(2)　運動や健康についての自他の課題を発見し、合理的な解決に向けて思考し判断するとともに、他者に伝える力を養う。
　(3)　生涯にわたって運動に親しむとともに健康の保持増進と体力の向上を目指し、明るく豊かな生活を営む態度を養う。

高等学校学習指導要領
第2章 第6節 保健体育
第1款　目標
体育や保健の見方・考え方を働かせ、課題を発見し、合理的、計画的な解決に向けた学習過程を通して、心と体を一体として捉え、生涯にわたって心身の健康を保持増進し豊かなスポーツライフを継続するための資質・能力を次のとおり育成することを目指す。
　(1)　各種の運動の特性に応じた技能等及び社会生活における健康・安全について理解するとともに、技能を身につけるようにする。
　(2)　運動や健康についての自他や社会の課題を発見し、合理的、計画的な解決に向けて思考し判断するとともに、他者に伝える力を養う。
　(3)　生涯にわたって継続して運動に親しむとともに健康の保持増進と体力の向上を目指し、明るく豊かで活力ある生活を営む態度を養う。

また、中央教育審議会答申（2016年）において示された「保健の見方・考え方」である「個人及び社会生活における課題や情報を、健康や安全に関する原則や概念に着目して捉え、疾病等のリスクの軽減や生活の質の向上、健康を支える環境づくりと関連付けること」を踏まえて、こうした資質・能力の育成を目指すことが求められることになったことも、新たな点である。これは、すべての教科に共通の視点であり、資質・能力を育成する学びの過程を重視するものである。

　なお、今日の子どもたちをめぐってはさまざまな健康課題が指摘されており、最終的にはそうした健康課題の改善や解決に応えうる保健の学習であるべきであるが、教科として位置づいている授業としてはそればかりを早計に、直接的に目指すことのないように注意しなければならない。すなわち、学校教育としての保健の学習では、生涯を通じて健康を保持増進していくために適切に判断し、行動していくための「基礎・基本」となる資質・能力である「知識及び技能」「思考力、判断力、表現力等」「学びに向かう力、人間性等」の育成こそを目指すのであり、このことはしっかりとおさえておきたい[3]。

3　保健の学習の内容

　小学校、中学校および高等学校の保健の学習の概要について、表10-1 に示す。小学校3・4学年から始められる保健の学習は、発達の段階を踏まえて、「身近な生活における」健康や安全に関する内容を「実践的に」身につけることに主眼が置かれている。小学校での保健の学習は、その後の中学校および高等学校を通してスパイラルに積み上げられていく資質・能力の土台となるものである。

　中学校における保健の学習は、その発達の段階からみて、心身が著しく変化する時期であり、これらの思春期の変化に適切に対応できるようにするための学習指導として重要である。また、小学校と高等学校におけるそれぞれの保健の学習を見据えて、「個人生活における」健康や安全に関する内容を「科学的に」身につけること等の意義がある[3]。

　高等学校における保健の学習は、小学校および中学校で積み上げられた保健の学習に関する資質・能力をもとにして、さらに「個人および社会生活における」健康や安全に関する内容を「総合的に」身につけることを目指している。

　2017、2018（平成29、30）年の学習指導要領改訂における内容の改善のポイントとしては、まず、小学校第5・6学年の「心の健康」において、不安や悩みへの対処をすることが新たに位置づけられた点がある。また「けがの防止」において、けがなどの簡単な手当てをすることも新たに位置づけられた。いずれも「技能」に関する内容として注目されるものである。さらに、第5・6学年の「内容の取扱い」において、「けがや病気からの回復についても触れるものとする」（下線筆者）ことが新たに示された。これまで保健の学習では、けがや病気を未然に予防するという一次予防に焦点が当てられていたが、今改訂により「回復」というけがや病気になった際の二次予防や三次予防の視点が加わった。

表10-1 小学校、中学校および高等学校における保健の学習の概要

学校種	学年 （配当授業時数）	配当授業時数	内容
小学校	第3・4学年	8単位時間程度	（1）「健康な生活」（第3学年） （2）「体の発育・発達」（第4学年）
	第5・6学年	16単位時間程度	（1）「心の健康」（第5学年） （2）「けがの防止」（第5学年） （3）「病気の予防」（第6学年）
中学校	第1学年 （16単位時間程度）	48単位時間程度	（1）「健康な生活と疾病の予防」 　（ア）健康の成り立ちと疾病の発生要因 　（イ）生活習慣と健康 （2）「心身の機能の発達と心の健康」
	第2学年 （16単位時間程度）		（1）「健康な生活と疾病の予防」 　（ウ）生活習慣病などの予防 　（エ）喫煙、飲酒、薬物乱用と健康 （3）「傷害の防止」
	第3学年 （16単位時間程度）		（1）「健康な生活と疾病の予防」 　（オ）感染症の予防 　（カ）健康を守る社会の取組 （4）「健康と環境」
高等学校	第1学年 （1単位：35時間）	2単位	（1）「現代社会と健康」 （2）「安全な社会生活」
	第2学年 （1単位：35時間）		（3）「生涯を通じる健康」 （4）「健康を支える環境づくり」

出典：文部科学省「【体育編】小学校学習指導要領（平成29年告示）解説」
　　　文部科学省「【保健体育編】中学校学習指導要領（平成29年告示）解説」
　　　文部科学省「【保健体育編 体育編】高等学校学習指導要領（平成30年告示）解説」

　中学校では、小学校および高等学校との系統性の観点や、発達の段階を踏まえて、領域構成および取り扱う学年が従前より変化した。具体的には、まず「(1)」として、「健康な生活と疾病の予防」が位置づけられ、第1学年から第3学年を通して学習することとなった。そして、「(2) 心身の機能の発達と心の健康」は第1学年で、「(3) 傷害の防止」は第2学年で、「(4) 健康と環境」は第3学年で取り扱うこととなった。内容の具体的な改善としては、「(1) 健康な生活と疾病の予防」の「内容の取扱い」において「健康の保持増進と疾病の予防に加えて、疾病の回復についても取り扱うものとする」（下線筆者）ことが新たに示された。また、「がんについても取り扱うものとする」ことが明記され、がん教育の視点が重視された。さらに、「(2) 心身の機能の発達と心の健康」において「ストレスへの対処をすること」が、「(3) 傷害の防止」において「応急手当をすること」がそれぞれ示され、いずれも技能の内容として新たに位置づけられた。

　高等学校では、内容構成が従前の3領域から、「(1) 現代社会と健康」「(2) 安全な社会生活」「(3) 生涯を通じる健康」「(4) 健康を支える環境づくり」の4領域となった。応急手当を含む安全に関する内容および環境づくりに関する内容が充実されたといえる。内容の具体的な改善としては、「(1) 現代社会と健康」において、精神疾患が新たに取り上げられ、その予防と回復に関する内容が位置づけられたことが大きな点である。また、生活

習慣病について、従前の「予防」に加えて「回復」についても示され、これまでの一次予防を重視することとともに、二次予防および三次予防についても取り扱われることとなった。さらに「内容の取扱い」の中で、がんについても取り扱うことが明記され、がんに関する指導の充実が図られた。「(2) 安全な社会生活」においては、「心肺蘇生法などの応急手当を適切に行うこと」として技能の内容が位置づけられた。「(4) 健康を支える環境づくり」においては、健康に関する環境づくりの重要性を理解するとともに、それに積極的に参加していくことが必要であることが示された。また、それらを実現するには、適切な健康情報の活用が有効であることが明記された[4]。

4 「主体的・対話的で深い学び」を実現する指導方法の工夫

　児童生徒が身につけるべき資質・能力を育成するためには、「何を学ぶか」という学習内容はもとより、その内容を「どのように学ぶか」という学習の過程が鍵となり、それが学びの質や深まりに大きな影響を与える。授業を担当する教師においては多様な指導方法（表10-2）を工夫して、「主体的・対話的で深い学び」の実現に向けた授業改善が不可欠となっている。保健の学習の指導方法に関して、例えば中学校学習指導要領（平成29年告示）では「保健分野の指導に際しては、自他の健康に関心をもてるようにし、健康に関する課題を解決する学習活動を取り入れるなどの指導方法の工夫を行うものとする」ことが示されている。

　重要なことは、学習の成果を上げるには、学習内容に適した指導方法を用いることが求められるという点である。すべての学習内容に適した指導方法は存在しないこと、児童生徒の学習意欲を高めて主体的な学習を促すために児童生徒が活躍できる場面を保障すること、学習内容をなおざりにして指導方法の"面白さ"ばかりを主眼とした選択にならないようにすることが重要である[3]。

5 学習評価の考え方

　学習評価は、子どもたちの学習の成果を的確に捉え、教員が指導の改善を図るとともに、子どもたち自身が自らの学びを振り返って次の学びに向かうことができるようにするために意義がある（中央教育審議会答申「幼稚園、小学校、中学校、高等学校及び特別支援学校の学習指導要領等の改善及び必要な方策等について」2016年）。また重要なことは、学校教育において育成を目指す資質・能力の3つの柱（「知識及び技能」「思考力、判断力、表現力等」「学びに向かう力、人間性等」）に基づいて、教師が子どもたちの学習の成果を的確に捉えて「主体的・対話的で深い学び」の視点から授業を改善していくという「指導と評価の一体化」を図ることである。

　各教科における評価は、学習指導要領に示す各教科の目標や内容に照らして学習状況を

表10-2 主な指導方法

指導方法	健康課題やその解決のための具体的な活動例	活用例
ディスカッション	・特定のテーマなどについて、課題やその解決方法などを明らかにするために、意見交換したり、質疑応答などを行ったりする	・医薬品の制度、知識に基づく医薬品の正しい使い方 ・精神疾患の予防と回復のための方法
ブレインストーミング	・特定のテーマなどについて、様々なアイデアや意見などを明らかにするために、それらを積極的に提案し記録して、結果を分類、整理などする	・健康観の具体例
ロールプレイング	・特定の場面などでの登場人物の言動（演技）を観察して、役割の特性や役割に関わる言動などについて理解する ・自分で特定の役割を演じたり、他者の演技を観察、評価したりすることにより、役割に応じた対応の仕方（言動の仕方）を理解し、習得する	・大麻などの薬物の乱用に誘われた場合の対処法
実習	・ある技能などを習得するために、実際にまたは模擬的に、特定の行為や操作などを行い、振り返る	・様々な場面におけるAEDを含む心肺蘇生法の習得 ・ストレス対処法の習得
実験	・ある課題などについて、仮説を設定し、それを検証したり解決したりするために、特定の条件下で操作などを行い、結果を分析、整理したり、振り返ったりする	
課題学習	・課題解決能力を高めるため、課題を設け、その解決に取り組み、解決の過程や結果を確認し、振り返りや意見交換などを行う	・生活習慣改善の実施、記録、分析、振り返り ・結婚生活における健康課題の解決方法
ケーススタディ	・特定の事例などについて、登場人物の気持ち、考え、行動、それらの背景要因等を明らかにするため、日常生活で起こりそうな場面について、考えたり話し合ったりする	・若手社員の健康課題やその解決策に対する様々な立場の人たちの考え方
ICT活用	・特定の課題に関する情報などを得るために、探索、収集し、分析、整理などを行う ・映像、音声などの視聴、情報の発信や表現、交換などを行うために、操作などを行う	・地域の健康課題や対策の確認
フィールドワーク	・特定の課題などの実態や関連情報を得るため、現地に赴き観察、測定などしたり、関係者に調査やインタビューなどを行ったりする	・地域における高校生の健康課題、及びそれらの背景要因
保健・医療機関等の参画、養護教諭等との連携	・地域固有の健康課題や専門的視点からみた健康課題、その対応策や解決方法について理解するために、関係者や関係機関が教育活動を行う	・薬物乱用の心身や社会への具体的影響、個人的、社会的防止対策

出典：文部科学省『改訂「生きる力」を育む高等学校保健教育の手引』2021年

評価するという「目標に準拠した評価」であり、集団内での相対的な位置づけを評価するいわゆる相対評価とは異なる（図10-2）。具体的には、学習状況を分析的に捉える「観点別学習状況の評価」と総括的にとらえる「評定」について示すこととなる。「評定」（小学校では3、2、1の3段階、中学校および高等学校では5、4、3、2、1の五段階）は指導要録に示されるものであり、学期末や学年末に、保健の学習の目標に照らし合わせてその実現状況を総括的に評価するものである。評定を行う際には、「観点別学習状況の評価」がその基本的な要素となる。なお、観点別学習状況の評価や評定には示しきれない児童生徒一人一人のよい点や可能性、進歩の状況については「個人内評価」として実施するものとされている。

「観点別学習状況の評価」について、その観点は、学校教育で育成を目指す資質・能力の3つの柱に基づいた目標や内容の再整理を踏まえて、小学校、中学校および高等学校の

第 10 章　保健教育

図 10-2　各教科における評価の基本構造

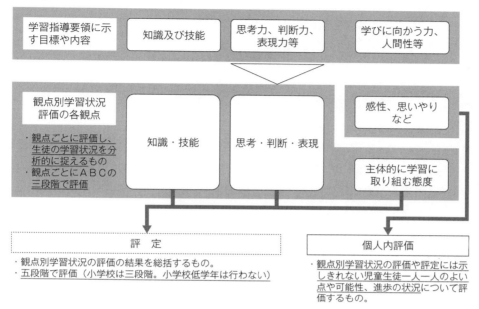

出典：中央教育審議会初等中等教育分科会教育課程部会「児童生徒の学習評価の在り方について（報告）」2019 年

　各教科等を通じて、「知識・技能」「思考・判断・表現」「主体的に学習に取り組む態度」の 3 観点となっている。目標に準拠した評価を確実に、的確に進めていくためには、学習指導要領に示された教科および科目の目標を踏まえて、「内容のまとまりごとの評価規準」および「単元の評価規準」を作成することが必要である。すなわち、教科および科目の目標や内容のまとまりおよび単元における学習指導のねらいを明確にして、その学習指導のねらいが児童生徒の学習状況として実現されたというのはどのような状態になっているかということを具体的に示した「評価規準」を作成する必要がある。そして、評価の 3 観点のそれぞれについて、評価規準に照らして児童生徒の学習状況を「十分満足できる」状況（A）、「おおむね満足できる」状況（B）、「努力を要する」状況（C）の 3 段階で評価する。この際に、評価規準を満たしている児童生徒の状況は「おおむね満足できる」（B）として評価されることから、評価規準は児童生徒の学習状況について「おおむね満足できる」状況として示すこととなる。なお、各学校において評価規準を設定する際には、国立教育政策研究所教育課程研究センターによる「『指導と評価の一体化』のための学習評価に関する参考資料」が参考となる。

　具体的な評価の方法としては、「知識・技能」の観点についてはペーパーテスト等が、「思考・判断・表現」の観点についてはペーパーテストに加えて論述やレポートの作成、発表、グループでの話合い、作品等が、「主体的に学習に取り組む態度」の観点については、ノートやレポート等における記述、授業中の発言、教師による行動観察や児童生徒による自己評価や相互評価等が考えられる。いずれにしても、多様な評価の工夫が求められる。

6　授業づくりに向けて

　保健の学習を担当する教師として必要な力量の中核である「授業の遂行能力・技術」の具体として、今村修は、①学習者に理解・獲得されるべき中身（学習内容）の理解・設定、②子どもが興味を持ちそうなネタ（素材）の発見・選択、③学習内容を理解してもらうための具体的道具（教材）の創出・選択、④説明・発問・指示・評価・板書等（教授）の遂行、⑤これら①〜④を総合的に見通す（授業の構想）力を示している[5]。

　具体的に1時間の授業を構想していく際には、まず学習指導要領に示された学習内容を十分に理解した上で、「主たる教材」（教科書の発行に関する臨時措置法）である文部科学省の検定を経た教科書（文部科学省検定済教科書）を役立てていくことが大切である。すべての児童生徒は教科書を用いて学習する必要があることとなっているが、必ずしも教科書の記述どおりに授業を進めなければならないということではなく、教科書の文章を児童生徒の理解を確認するために用いたり、掲載されている図表から思考を促すような問いかけを行ったり、場合によっては教科書の文章をさらに具体化した補助教材・資料を補充したりして、授業を構想していくときの手がかりとして活用するとよい[6]。

　また、授業を構想する際には、学習指導案を作成することが望まれる。学習指導案とは、1授業時間（小学校では45分、中学校および高等学校では50分）における授業の目標や児童生徒の学習内容・活動、教師の働きかけなどを時間軸に沿って記載した授業計画のことである。自分の構想した授業が明確化し、他者に授業の意図や展開を示すことができるという意義がある。学習指導案の形式は学校等によってさまざまであるが、主な項目としては、授業日時、学習者（学級）、授業者、単元名、単元の目標、単元（教材）設定の理由、評価規準、指導計画、本時の学習（題目、ねらい、準備物、学習の展開）などがある。

　特に、本時の学習における「学習の展開」は1授業時間の展開等を示す主要なものとなる。そこでの「学習活動及び内容」欄では、児童生徒の活動を記載する。大きなまとまりごとに見出しを付け、各まとまりの中での児童生徒の学習活動や学習する内容について、「〜を理解する」「〜について考える」というように学習活動を行う主体である児童生徒の立場から記載する。また、「教師の働きかけ・配慮事項」欄では、それぞれの学習活動場面で教師が配慮すべき視点や評価の観点および方法などを記載する。その際には、予想される児童生徒の反応を例示したり、学習への取り組みが不十分な児童生徒への具体的な支援方法などを記載したりすると、実際の授業での指導において役立つものとなる。

　最近では「主体的・対話的で深い学び」を意図してグループワークやディスカッションを用いた授業が多くみられるようになったが、残念なことに単なる時間つぶしの話し合いに終わってしまっている例もしばしばみられるようである。いうまでもなくグループワークやディスカッションにおいても、すべて教師の意図をもって進められることが不可欠であり、意見交換や話し合いを通して生徒に気づかせたいこと、すなわち落としどころを見据えて指導していくことが求められる。教科教育としては、学習内容を教師がそのまま伝

えて教え込むというよりも、それを児童生徒から引き出したり児童生徒自らに気づかせたりして納得させることが大切である。それによって本来の意味で学習内容が身についたといえ、児童生徒が生涯にわたって健康を保持増進していくための生きて働く実践力となるのであろう。そのためには、身につけさせたい学習内容を逆算して、どのような「発問」をすれば考えさせたいことが明確となり、気づかせたい内容を確実に引き出せるかということについて工夫することが重要となる。さらに究極的には、学習活動を進める中で「児童生徒自らから問いが生まれる」ような授業を仕組んで展開することが、まさに児童生徒にとって主体的な学びであり、深い学びとなるのだといえる。

表10-3 学習指導案の例

中学校第2学年（1）健康な生活と疾病の予防
単元名「生活習慣病などの予防」

1．単元の目標
（1）健康な生活と生活習慣病などの予防について、理解することができるようにする。
（2）生活習慣病などの予防に関わる事象や情報から自他の課題を発見し、生活習慣病などのリスクを軽減したり、生活の質を高めたりする視点から解決方法を考え、適切な方法を選択するとともに、それらを伝え合うことができるようにする。
（3）生活習慣病などの予防について、自他の健康の保持増進や回復についての学習に自主的に取り組もうとすることができるようにする。

2．単元の評価規準

知識・技能	思考・判断・表現	主体的に学習に取り組む態度
①運動不足、食事の量や質の偏り、休養や睡眠の不足、喫煙、過度の飲酒などの不適切な生活行動を若い年代から続けることによって、やせや肥満、心臓や脳で動脈硬化が起こること、歯肉に炎症等が起こること、歯を支える組織が損傷することなど様々な生活習慣病のリスクが高まることについて、理解したことを言ったり書いたりしている。 ②生活習慣病は、日常の生活習慣が要因となって起こる疾病であり、適切な対策を講ずることにより心臓病、脳血管疾患、歯周病などを予防できることについて理解したことや、生活習慣病を予防するには、適度な運動を定期的に行うこと、毎日の食事における量や頻度、栄養素のバランスを整えること、喫煙や過度の飲酒をしないこと、口腔の衛生を保つことなどの生活習慣を身につけることが有効であることについて、理解したことを言ったり書いたりしている。 ③がんは、異常な細胞であるがん細胞が増殖する疾病であり、その要因には不適切な生活習慣をはじめさまざまなものがあることについて、理解したことを言ったり書いたりしている。 ④がんの予防には、生活習慣病の予防と同様に、適切な生活習慣を身につけることなどが有効であることについて、理解したことを言ったり書いたりしている。	①生活習慣病の予防における事柄や情報などについて、原則や概念を基に整理したり、個人生活と関連付けたりして、自他の課題を発見するとともに、習得した知識を活用し、生活習慣病を予防するための<u>方法</u>を選択している。 ②生活習慣病などの予防について、疾病等にかかるリスクを軽減し健康を保持増進する方法を考え、選択した理由などを、他者と話し合ったり、ノートなどに記述したりして、筋道を立てて<u>伝え合って</u>いる。	①生活習慣病などの予防について、課題の解決に向けての学習に自主的に取り組もうとしている。

> 学習指導要領解説の内容の例示を基に実際の学習活動を踏まえて作成。本単元が4時間であることを考慮し、「課題発見」と「課題解決」、「課題解決」と「表現」を合わせ、二つの評価規準を設定。

3．指導と評価の計画（4時間）

	主な学習活動	知	思	態	評価方法
1	1．生徒の事前のアンケートにより、望ましい生活習慣について考える。 2．生活習慣病についての話合いで意識したり、興味をもったりしたことを基に、自分たちの生活を振り返る。 3．健康と生活上の様々な習慣や行動の関連、調和のとれた生活の継続の必要性、生活習慣の乱れによる生活習慣病など、生活習慣が健康に及ぼす影響について説明を聞く。 4．本時を振り返り、生活習慣病を予防するために具体的な事例について考え、不適切な生活行動を若い年代から続けることによって、生活習慣病のリスクが高まることについて記述する。	①			観察・ワークシート （1単位時間当たり1～2観点の評価となるよう、無理のない計画とする。）
2 (本時)	1．前時の学習を振り返る。 2．生活習慣病は、日常の生活習慣が要因となって起こる疾病であり、適切な対策を講ずることにより予防できることについて記述する。 3．既習の知識を活用し、自他の生活を振り返って生活習慣病の要因を発見するとともに、予防するための適切な方法を選択する。 4．本時の学習を振り返り、ワークシートにまとめ、発表する。	②	①		ワークシート（授業後） 観察・ワークシート
3	1．がんに対するイメージを出し合う。 2．健康に関するパンフレットや、「がん教育推進のための教材」（文部科学省）を読み、がんについて説明を聞く。 3．具体的な事例について考え、がんの予防について、グループで話し合い、要因を書き出したり、友達に伝えたりする。 4．本時を振り返り、がんの要因には、生活習慣をはじめ、様々なものがあることについてワークシートにまとめる。	③	②		観察・ワークシート 観察・ワークシート
4	1．前時までの学習を振り返る。 2．生活習慣病とがんの予防に共通している要因について、ワークシートにまとめる。 3．健康診断やがん検診などによる早期発見や疾病の回復について教師の説明を聞く。 4．本単元を振り返り、生活習慣病やがんの予防について適切な生活習慣を身につけることなどが有効であるという視点から、ワークシートを書く。		④	①	ワークシート（授業後） 観察・ワークシート

4．本時の指導案（2/4時）

(1) 本時の目標
○ 生活習慣病は、日常の生活習慣が要因となって起こる病気であり、適切な対策を講ずることにより予防できることについて理解できるようにする。
◎ 生活習慣病の予防における事柄や情報などについて、原則や概念を基に整理したり、個人生活と関連付けたりして、自他の課題を発見するとともに、習得した知識を活用し、生活習慣病を予防するための課題解決の方法を選択することができるようにする。

(2) 展開

（「3．指導と評価の計画」に配列した評価規準と評価方法を、該当する学習活動に対応した欄に記載する。）

	学習内容と学習活動		教師の指導・支援 （◆：評価規準と方法）
導入 5分	1．前時の振り返りをする。 2．本時の内容について考える。	全体	○健康の成り立ちを踏まえながら前時の学習内容についてパワーポイントを使って確認する。 ○本時のめあてや、学習の計画、内容について理解できるようにする。

第 10 章　保健教育

	学習内容と学習活動		教師の指導・支援（◆：評価規準と方法）
展開 40 分	(学習課題) 資料を読み取り，生活習慣病を予防するための適切な方法を選択しよう。		
	3．様々な生活習慣病について知る。	全体	○A～Dの症状等（疾病）について、関連する画像などを用いて視覚的に示す。 A：歯が抜けた口腔内の画像（歯周病） B：喫煙者の肺と非喫煙者の肺の画像（肺がん） C：脂肪が固まった血管の画像（心臓病・脳梗塞） D：足の壊疽の画像（糖尿病）
	4．グループごとにA～Dについてブレインストーミングをし、生活習慣病の要因を発見し、予防するための方法を発表する。 (発問) A～Dのような生活習慣病を予防するためにどのような行動をとればよいか考えましょう。 ・1グループは4人程度とする。	グループ↓全体	○各テーマに合わせた関連資料を準備しておく。 ○生活習慣病の要因について、多くの意見を出すよう助言する。 ○出された意見については肯定的に受けとめるよう声をかける。 ○生活習慣病を予防する視点で話し合うよう促す。 ○発表する際は、簡潔に発表するよう促す。
	5．各グループが発表した内容を整理し、生活習慣病を予防するための適切な方法を選択する。	グループ↓個人	○自分やグループの考え、発表で出された内容をワークシートに記入するよう指示する。 ○各グループの発表を、個人の生活と関連付けながら整理する。 ○生活習慣病を予防するための適切な方法を、これまでの発表で出された意見を踏まえて、根拠を挙げて選択するよう助言する。
	◆ (思・判・表①) 授業で学習したことを基に、自分の生活を振り返りながら生活習慣病を予防するための方法を考え、書いている様子を捉える。【観察・ワークシート】		
			学習内容に対応した評価を設定する。
まとめ 5 分	6．本時の学習のまとめをする。	個人	○ワークシートに書き出した内容について、友達の発表や教師の説明を聞きながら確かめる。 ○ワークシートを回収し、補足や指導の必要な生徒には個別指導する。 ○本時の学習カードに記入し、振り返るよう促す。

◇ 本時の指導は、「知識」と「思考力、判断力、表現力等」に重点を置いた授業であり、授業中には「思考・判断・表現」の観点のみ評価。「知識・技能」については、ワークシートの記入状況から授業後に評価。

出典：次の文献を参考に筆者作成
・文部科学省国立教育政策研究所教育課程研究センター「『指導と評価の一体化』のための学習評価に関する参考資料（中学校保健体育）」2020年
・物部博文「保健の学習評価の考え方と進め方」教員養成系大学保健協議会編『学校保健ハンドブック第8次改訂』ぎょうせい 2024年　pp.92-97

>
> **演習課題** ワークシートは巻末参照
>
> 1．子どもたちの現代的な健康課題（第2章）を踏まえて、学校における健康に関する指導の意義をグループで話し合ってみよう。
> 2．表10-2で示された指導方法を一つ選んで、実際の授業において自分ならどのように活用するか、具体的な指導を提案してみよう。
> 3．【参考文献】に示した文献から保健の学習の学習指導案の例を見て、学んだことや気づいたことをグループで話し合ってみよう。
> 4．具体的なテーマを一つ選んで、保健の学習の学習指導案を作成してみよう。

【引用文献】
1）片岡千恵・泉彩夏「教員を目指している大学生はどの程度、性について知っているのか」國分麻里編『女性の視点でつくるジェンダー平等教育―社会科を中心とした授業実践―』明石書店　2023年　pp.35-44
2）片岡千恵「教育課程に基づく性に関する指導」教員養成系大学保健協議会編『学校保健ハンドブック［第7次改訂］』ぎょうせい　2019年　pp.117-120
3）野津有司「保健の学習指導で求められること」『楽しい体育の授業』編集部編『平成29年度版学習指導要領改訂のポイント小学校・中学校体育・保健体育』明治図書出版　2017年　pp.48-51
4）野津有司「『保健体育』改訂のポイント」『高等教育』第51巻　学事出版　2018年　pp.36-37
5）今村修「保健の担当教師として求められる力量形成のために」教員養成系大学保健協議会編『学校保健ハンドブック［第7次改訂］』ぎょうせい　2019年　pp.96-101
6）岩田英樹「学習指導案の考え方と立て方」教員養成系大学保健協議会編『学校保健ハンドブック［第7次改訂］』ぎょうせい　2019年　pp.80-85

【参考文献】
- 国立教育政策研究所教育課程研究センター「『指導と評価の一体化』のための学習評価に関する参考資料 小学校体育」2020年
- 国立教育政策研究所教育課程研究センター「『指導と評価の一体化』のための学習評価に関する参考資料 中学校」
- 国立教育政策研究所教育課程研究センター「『指導と評価の一体化』のための学習評価に関する参考資料 高等学校保健体育」2021年
- 文部科学省「改訂『生きる力』を育む小学校保健教育の手引」2019年
- 文部科学省「改訂『生きる力』を育む中学校保健教育の手引」2020年
- 文部科学省「改訂『生きる力』を育む高等学校保健教育の手引」2021年

学校環境衛生

◆第11章のエッセンス◆
① 児童生徒がさまざまな教育場面で快適な学校生活を送るために、学校環境を整えることは重要である。
② 学校環境衛生を整えるために学校環境衛生基準があり、教職員は学校薬剤師と協力して検査等を行っている。
③ 現在の危機的な地球環境問題の解決のため、SDGs（持続可能な開発目標）が設定され、学校教育においても取り組みが始まっている。

Keyword　学校環境衛生基準　学校環境衛生検査　SDGs　ESD

第1節　学校環境衛生に関する法的根拠

環境には「自然環境」「社会環境」「経済環境」などがある。ここでは児童生徒の生命を守り、学習能率の向上を図るために、遵守すべき学校環境衛生に関する法律や規則について学ぶ。

1　環境衛生とは

環境とは私たちを取り囲むすべての条件で、人間や生物の意識や行動に何らかの相互作用を及ぼすものである。環境には空気、水、天然資源、植物、動物などの「自然環境」、組織、制度、教育、文化などの「社会環境」、生活水準や所得などの「経済環境」などがある。

そして、環境衛生とは、私たちの健康を守るために栄養、医療、住居などを整え、疾病やケガの原因となるものを除去したり、周囲の状況を保持、改善する活動をさす。第二次世界大戦前後の日本の環境衛生は、感染症や食中毒等の予防や上下水道の整備などが主な目的だったが、現在ではこれらの状況は大きく改善され、その代わりに環境衛生汚染問題を解決するためのSDGsなどが大きな目的となっている。

2　環境衛生の歴史

明治時代以前の日本では、痘瘡、赤痢、腸チフス、発疹チフス、マラリア、癩病（らいびょう）などの伝染病が流行し、特に痘瘡の流行によって多くの死者が出ていた。また、1822（文政5）

年にコレラ、1896（明治30）年にペストが日本に持ち込まれ、当時のまだ衛生環境が良くなかった日本では大きな被害が出た。

　このような背景を受け、明治維新後の日本では行政が衛生問題を大きく取り上げ、衛生行政制度の整備が大きく推進された。1872（明治5）年に文部省に医務課が設けられ、1874（同7）年に、日本における総合的衛生制度の起源となる「医制」が発布された。しかし、当時の衛生環境はまだ劣悪で、加えて文明開化に伴う産業発展、交通の発展が伝染病を流行させていた。

　第二次世界大戦後は社会混乱とともに、急性伝染病の流行、食糧不足などで国民の健康状態は最悪の事態に直面したため、衛生行政が拡充強化されて環境衛生施設が整備されるなど、環境衛生は大きな発展を遂げた。しかし、その一方公害問題、産業廃棄物問題が新しい環境衛生問題として登場してきた。

　平成以降は環境衛生行政にかかわる新たな問題として、温泉浴場施設などで感染症が発生したり、シックハウス問題など室内化学物質問題、建築物に使われたアスベストによる肺がん発生問題などが新たな課題となった。

　そして近年では、地球温暖化や自然災害などが環境衛生の大きな問題として挙げられている。

3　学校環境衛生の法的根拠

　2008（平成20）年1月の中央教育審議会答申「子どもの心身の健康を守り、安全・安心を確保するために学校全体としての取組を進めるための方策について（答申）」[1]が公表された。

> 子どもの心身の健康を守り、安全・安心を確保するために学校全体としての取組を進めるための方策について（答申）
> Ⅱ2（8）
> 学校環境衛生の維持・管理及び改善等
> 学校環境衛生の維持・管理及び改善等について、「学校環境衛生の維持・管理は、健康的な学習環境を確保する観点から重要であることから、学校薬剤師による検査、指導助言等により改善が図られてきたところであり、その際の基準として『学校環境衛生の基準』（平成4年文部省体育局長裁定）が定められている。しかしながら、学校において『学校環境衛生の基準』に基づいた定期検査は、必ずしも完全に実施されていない状況があり、子どもの適切な学習環境の確保を図るためには、定期検査の実施と検査結果に基づいた維持管理や改善が求められている。そのため、完全に実施されていない要因やその対策について十分検討した上で、現在ガイドラインとして示されている『学校環境衛生の基準』の位置付けをより一層明確にするために法制度の整備を検討する必要がある。

この答申を踏まえて、学校保健安全法に基づく「学校環境衛生基準」が策定された。学校保健安全法および学校保健安全法施行規則に検査項目や回数、方法、検査基準等が示されている。学校環境衛生の活動は、校長の責任のもとに非常勤の学校医、学校薬剤師を含めた全教職員により組織的に計画性をもって適切に推進され、この基準に従って行われた検査結果に対して学校薬剤師は指導助言を行う。そして、養護教諭と学校薬剤師は連携して検査を実施し、環境を改善するために事後の対応の指導・助言を行う。

児童生徒等の生命を守り、心身の発育発達を促し、健康の増進を図るとともに、児童生徒等の学習能率の向上を図り、児童生徒等の豊かな情操の陶冶を図るために、下記の法律や施行規則に従った環境衛生管理を行う必要がある。

学校保健安全法
（学校環境衛生基準）
第6条
文部科学大臣は、学校における換気、採光、照明、保温、清潔保持その他環境衛生に係る事項について、児童生徒等及び職員の健康を保護する上で維持されることが望ましい基準（以下この条において「学校環境衛生基準」という。）を定めるものとする。
2　学校の設置者は、学校環境衛生基準に照らしてその設置する学校の適切な環境の維持に努めなければならない。
3　校長は、学校環境衛生基準に照らし、学校の環境衛生に関し適正を欠く事項があると認めた場合には、遅滞なく、その改善のために必要な措置を講じ、又は当該措置を講ずることができないときは、当該学校の設置者に対し、その旨を申し出るものとする。

学校保健安全法施行規則
（環境衛生検査）
第1条
学校保健安全法第5条の環境衛生検査は、他の法令に基づくもののほか、毎学年定期に、法第6条に規定する学校環境衛生基準に基づき行わなければならない。
2　学校においては、必要があるときは、臨時に、環境衛生検査を行うものとする。
（日常における環境衛生）
第2条
学校においては、前条の環境衛生検査のほか、日常的な点検を行い、環境衛生の維持又は改善を図らなければならない。

第2節　快適な学校環境の整備

多くの児童生徒は一日のうち多くの時間を学校で過ごすため、学校はその環境を整備する必要がある。ここでは学校環境衛生基準に基づく環境衛生の主な検査主項目とその検査方法について学ぶ。

1　学校環境の整備

学校に通い、その環境を毎日使用するのは教職員や児童生徒である。多くの児童生徒は一日のうち多くの時間を学校で過ごすため、学校環境を良好に維持改善することは極めて重要となる。

学校での授業、特に体育や運動系の部活動などは、体育館、プール、多目的教室、テニスコート、シャワー室、部室など学校環境を広く使用する。グラウンドに落ちている石、突起物、くぼみ、用具の不具合や破損、プールや体育館・部室の不衛生などはこれらを使用する人の健康や安全に影響を及ぼす。これらの場所を使用する教職員は機会があるごとにすべての環境に注意を払い、児童生徒が快適に学習活動を展開できるように点検を行い、不備があった場合は迅速に改善する。

学校環境を整備し、児童生徒の心身の健康の保持増進を図り学校生活を快適なものにするためには教職員や学校医、学校薬剤師が学校環境を整える必要があることを共通理解し、学校環境衛生活動を円滑に推進するために、それぞれの職務の特性を生かした学校保健計画や学校安全計画を立案し適切に実行する必要がある。

2　学校環境衛生の主な項目

学校環境衛生には「学校環境衛生基準」に基づき、「日常点検」「定期検査」「臨時検査」がある。教室外の環境衛生管理には飲料水の衛生や水泳プールの施設・設備などが挙げられるが、これらの管理を徹底して、事故等の発生を回避し健康の保持増進を図ることが重要である。

学校環境衛生項目のチェックは定期的に学校薬剤師が行うことになっているが、学校薬剤師は学校に常駐していない。また、検査の回数も年に1回から数回と限られている。したがって、日常的には教職員が心がけて衛生環境を保つように配慮し、不都合や問題がみつかったら、その時点で検査するなどの適切な処置をしなければならない。

環境衛生項目には「光」「音」「空気」「水」「氷」「廃棄物」を管理するために 表11-1 のような項目が挙げられている。

表 11-1　学校における環境衛生項目

①照度および照明環境
　教室の明るさは教室内9か所を照度計を用いて測る。屋内では教室及びそれに準ずる場所は300ルクス、黒板は500ルクス以上が望ましく、屋外のテニスコートやプールは75ルクス以上が望ましい。また日常点検として、明るさと見え方(黒板や机上の文字や図形が見えるか)、まぶしさ(黒板や机上面などに見え方を邪魔するまぶしさがないか)を点検する。

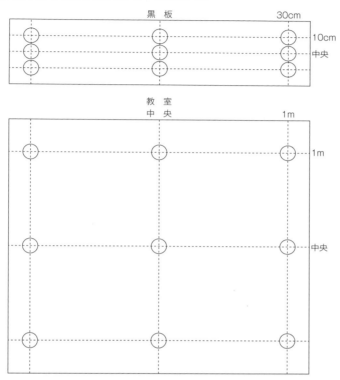

②騒音および騒音レベル
　騒音は騒音計を用いて測るが、騒音によって学習指導のための教員等の声が聞きにくいことがないようにする。目安として窓を閉めている時は50デシベル以下、窓を開けている時は55デシベル以下であることが望ましい。
　また、学校では授業や行事で大きな音を出すことがあるため、運動会や文化祭などを開催する場合、近隣の住宅への音に関する配慮が必要である。

③教室等の空気
　教室に入ったとき、不快な刺激や臭気がないこと（二酸化炭素が1500ppm以下）、欄間や窓の開放等により換気が適切に行われていること、教室の温度は17〜28℃であること、教室の相対湿度は30〜80%が望ましい。

④雨水等利用施設における水の管理
　雨水等の水質については、外観、臭気が不快でないこと、給水栓水については、遊離残留塩素が0.1 mg/L以上保持されていること。

⑤学校給食の衛生管理
　・学校給食従事者は健康であり病気や傷がないこと
　・調理衣、エプロン、マスク、帽子等の服装および手指が清潔であること
　・学校給食の施設・設備は清潔で衛生的であること
　・食材の異常の有無をみるための検査が適切に行われ、記録されていること
　・調理室には調理作業に不必要な物品を置かないこと
　・下処理、調理、配食は作業区分ごとに衛生的に行うこと
　・調理終了後速やかに喫食できるように配膳すること
　・保存食は2週間以上保存され、かつ記録すること
　・給食当番の健康状態は良好で、服装は衛生的であること
　・ゴミや残菜はゴミ区分がされ、衛生的に処理すること

⑥水泳プールの管理
　プールには長い間水が蓄えられ、多数の児童生徒が実習するため、次第に水が汚れ、放置すると細菌が増殖してくる。プールを介して感染するアデノウイルスによる疾患（咽頭結膜熱：プール熱）などを予防するため、プール利用者には洗眼、洗面、うがいを励行する。
- 遊離残留塩素濃度：0.4 mg/L 〜 1.0 mg/L
- pH値：5.8 〜 8.6
- 大腸菌：検出されない
- 一般細菌：1 mL 中 200 コロニー以下
- 有機物：12 mg/L 以下
- 濁度：2度以下
- 総トリハロメタン：0.2 mg/L 以下
- 循環ろ過装置の処理水：0.5度以下

⑦排水の管理
　排水溝およびその周辺の清掃が十分に行われ、泥や砂がたまっておらず衛生的であること、排水が滞ることなく常に流れていること。

⑧学校の清潔
　校地・校舎は常に清潔であること、日常の清掃は的確に行われていること、飼育動物の施設・設備は常に清潔であること。

⑨机、椅子の整備
　児童生徒の身体に適合した机、椅子が使用されていること、児童生徒の机、椅子は清潔で破損がないこと。

⑩黒板の管理
　黒板面がよく拭き取られ、その周辺が清潔であること。また黒板ふきが清潔であること。

⑪飲料水の管理
　給水栓水は遊離残留塩素が 0.1 mg/L 以上保持されており、その他、外観、臭気、味等に異常がないこと。

⑫水のみ・洗口・手洗い場・足洗い場の管理
　水飲み・洗口・手洗い場・足洗い場およびその周辺の清掃がよく行われ、清潔であること。

⑬便所の管理
- 便所およびその周辺はよく清掃が行われ、清潔であるとともに換気がよくて臭気がないこと
- 便所の施設・設備に故障がないこと
- 便所専用流水式の手洗い、石けん等が適切に管理されていること

⑭ごみの処理
　ごみは、生ごみ、ガラス・金属くず等および再利用、再資源化できるものに分別し、定められた処理方法にて適切に処理する。ごみ容器は適切な場所に配置され、容器およびその周辺は清潔であること。

⑮ネズミ、衛生害虫等
　ネズミ、ハエ、チョウバエ、カおよびゴキブリ等の生息がみられないこと。

表11-2　日常点検表の例

検査項目			日(月)	日(火)	日(水)	日(木)	日(金)	日(土)	日(日)	日(月)	日(火)	日(水)	日(木)	日(金)	日(土)	日(日)	日(月)	日(火)	日(水)	日(木)	( )
教室等の環境	換気	教室に不快な刺激や臭気がないか																			
		換気が適切に行われているか																			
	温度	17℃以上28℃以下であることが望ましい																			
	明るさ・まぶしさ	黒板面上等の文字、図形等がよく見える明るさか																			
		黒板面・机上面及びその周辺に見え方を邪魔するまぶしさがないか																			
		黒板面に光る箇所がないか																			
	騒音	教師の声等が聞こえにくくないか																			
飲料水等の水質及び施設・設備	飲料水の水質	給水栓水は遊離残留塩素が0.1mg/L（汚染のおそれあるときは0.2mg/L）はあるか																			
		給水栓水は外観、臭気、味等に異常はないか																			
		冷水器等飲料水も上記と同様に管理されているか																			
	雑用水の水質	給水栓水は遊離残留塩素が0.1mg/L（汚染のおそれあるときは0.2mg/L）はあるか																			
		給水栓水は外観、臭気、味等に異常はないか																			
	施設・設備	水飲み・洗口、手洗い場、足洗い場並びにその周辺は清潔で破損や故障がないか																			
		配管、給水栓、給水ポンプ、貯水槽及び浄化施設等の給水施設・設備並びにその周辺は清潔で破損や故障がないか																			
学校の清潔及びネズミ、衛生害虫等	学校の清掃	教室、廊下等の施設及び机、いす、黒板等教室の備品等は清潔で破損はないか																			
		運動場・砂場等は清潔でごみや動物の排泄物等がないか																			
		飼育動物の施設・設備は清潔で破損がないか																			
		便所の施設・設備は清潔で破損や故障がないか																			
		排水溝やその周辺は、泥や砂が堆積しておらず、悪臭はないか																			
		ごみ集積場及びごみ容器等並びにその周辺は清潔か																			
	ネズミ・衛生害虫等	校舎・校地内にネズミ、衛生害虫等の生息がないか																			

日常点検等の結果、問題ない場合は○を記入する。問題が認められた場合は×を記入し、別紙にその詳細を記載する。

出典：文部科学省「学校環境衛生管理マニュアル 「学校環境衛生基準」の理論と実践［平成30年度改訂版］」2018年　p.158

第3節　学校におけるSDGsの取り組み

近年の地球では、気候変動や自然災害、資源の枯渇、生物多様性の喪失など危機的な状況が起こり、各国に対して早急な対応が求められるようになった。ここでは2015年に採択されたSDGsに関する学校での取り組みについて学ぶ。

1　SDGsとは

SDGsとは2015（平成27）年9月に開催された国連サミットで採択された「Sustainable Development Goals」の略で、日本語では「持続可能な開発目標」と訳される。SDGsは17の目標、169のターゲット、232の指標から構成されており、17の目標は、1～6「貧困や飢餓の根絶など、主に発展途上国向けの目標」、7～12は「エネルギーや産業、働き方、製造物責任など主に先進国や企業が取り組むべき課題」、13～17は「気候変動や海洋環境の保全、生物多様性などグローバルな課題」をとりあげ、各目標は互いにつながり、先進国を含むすべての国が協力をして、2030年までにこれらの目標が達成されることを目指している。

SDGsは政治やビジネスの分野とともに、学校教育でも取り扱うことが求められており、目標4「すべての人々への、包摂的かつ公正な質の高い教育を提供し、生涯学習の機会を促進する」を中心に小学校・中学校・高校の各段階で、自分たちにできる身近なSDGsへの取り組みの模索が始まっている。

表11-3　SDGsの17目標

1　貧困をなくそう	10　人や国の不平等をなくそう
2　飢餓をゼロに	11　住み続けられるまちづくりを
3　すべての人に健康と福祉を	12　つくる責任、つかう責任
4　質の高い教育をみんなに	13　気候変動に具体的な対策を
5　ジェンダー平等を実現しよう	14　海の豊かさを守ろう
6　安全な水とトイレを世界中に	15　陸の豊かさも守ろう
7　エネルギーをみんなに。そしてクリーンに	16　平和と公正をすべての人に
8　働きがいも経済成長も	17　パートナーシップで目標を達成しよう
9　産業と技術革新の基盤を作ろう	

2　学校環境衛生における SDGs の取り組み

　国連サミットでの採択を受け、学校では ESD（Education for Sustainable Development：持続可能な開発のための教育）の取り組みを始めている。EDS は、小学校から大学までのすべての教育段階において推進され、2017、2018（平成 29、30）年改訂の学習指導要領や、第 3 期教育振興基本計画にも、EDS の目的である「持続可能な社会の創り手の育成」が掲げられている。

> 第三期教育振興基本計画（平成 30 年 6 月閣議決定）
> 第 2 部　今後 5 年間の教育政策の目標と施策群
> ＜主として初等中等教育段階＞
> 我が国が ESD の推進拠点と位置付けているユネスコスクールの活動の充実を図り、好事例を全国的に広く発信・共有する。また、（中略）ESD の実践・普及や学校間の交流を促進するとともに、ESD の深化を図る。これらの取組を通して、持続可能な社会づくりの担い手を育む。
> ＜主として高等教育段階＞
> 地域の多様な関係者（中略）の協働による ESD の実践を促進するとともに、学際的な取組などを通じて SDGs（中略）の達成に資するような ESD の深化を図る。これらの取組を通して、地球規模課題を自らの問題として捉え、身近なところから取り組む態度を身に付けた持続可能な社会づくりの担い手を育む。

　このような背景により、学校では総合的学習の時間や社会科、特別活動、図工などの時間を用いて SDGs に関する学びが始まっている。自分たちができる SDGs の取り組みとして、地球温暖化対策としてヘチマや朝顔を育てて作る緑のカーテンや、森林資源の保全のために新しい紙や木材の使用をできるだけ控える牛乳パックのリサイクル、ごみの減量化を実践するための古紙回収や古着回収、水筒持参などの実践を行っている。
　また、企業においても、それぞれの企業が持っている技術開発能力を活かして環境に配慮した製品を開発し、その取り組みなどを学校で紹介したり、児童生徒が工場を見学する機会を設けるなど SDGs 教育への貢献を行っている。
　このような取り組みを通して、児童生徒が現代社会におけるさまざまな環境問題を自らの問題としてとらえ、持続可能な社会を構築する担い手となることを考える機会を提供している。

第 11 章　学校環境衛生

演習課題　ワークシートは巻末参照

1. 第二次世界大戦以前の日本の衛生環境問題と、平成時代以降の環境衛生問題の違いを説明してみよう。
2. 学校環境衛生を整える根拠となる法律、規則と主な担当者を調べてみよう。
3. SDGs と EDS とはどのようなものか、説明してみよう。

【引用文献】
1) 中央教育審議会答申「子どもの心身の健康を守り、安全・安心を確保するために学校全体としての取組を進めるための方策について（答申）」2008 年

【参考文献】
・文部科学省「学校環境衛生管理マニュアル　平成 30 年度改訂版」2018 年
・河田史宝・内山有子編『養護教諭のための公衆衛生学』東山書房　2018 年

COLUMN

学校における衛生害虫の駆除

　学校の教室にゴキブリが出たり、グランドの木にハチの巣ができた場合、どのように対応したらよいのでしょう？

　「学校環境衛生基準」では、「学校の清潔、ネズミ、衛生害虫等及び教室等の備品の管理に係る学校環境衛生基準」として、「校舎、校地内にネズミ、衛生害虫等の生息が認められないこと」という記載があります。また、「学校給食衛生管理基準」においても、「学校給食施設及び設備は、ねずみ及びはえ、ごきぶり等衛生害虫の侵入及び発生を防止するため、侵入防止措置を講じること。また、ねずみ及び衛生害虫の発生状況を1ヶ月に1回以上点検し、発生を確認したときには、その都度駆除をすることとし、必要な場合には、補修、整理整頓、清掃、清拭、消毒等を行い、その結果を記録すること。なお、殺そ剤又は殺虫剤を使用する場合は、食品を汚染しないようその取扱いに十分注意すること。さらに、学校給食従事者専用の便所については、特に衛生害虫に注意すること」とあります。つまり、給食施設が校地内にあれば駆除することが原則となっています。

　しかし、同時に学校では命の教育を行っています。ゴキブリやハエのような衛生害虫であっても1つの命と考え、子どもの前では駆除することは可能な限り行わず、子どもの目の届かないところで駆除をしっかり行うことが適切だと思われます。また、ゴキブリが出るような不衛生な環境にならないように、日々清潔を保つことができるような予防が重要です。

第12章 特別な支援が必要な子どもの健康管理

◆第12章のエッセンス◆
① 「障害」とは、生活や学習に困難があること（ICF：国際生活機能分類）である。
② インクルーシブ教育の推進は日本の学校制度における大きな課題である。
③ 特別支援が必要な子どもには、個別の教育支援計画及び指導計画を作成する必要がある。

Keyword ICF(国際生活機能分類)　インクルーシブ教育　学校生活管理指導表　教育支援計画

第1節　特別支援教育とは

特別支援教育は時代とともに変遷してきた。ここでは、2007（平成19）年の学校教育法一部改正を起点に特別支援教育の理念や目的・意義について学ぶ。

1　特別支援教育の現状

特別支援教育の定義（文部科学省）
　特別支援教育は、障害のある幼児児童生徒の自立や社会参加に向けた主体的な取組を支援するという視点に立ち、幼児児童生徒一人一人の教育的ニーズを把握し、その持てる力を高め、生活や学習上の困難を改善又は克服するため、適切な指導及び必要な支援を行うものである。

近年、児童生徒数は減少の一途を辿っているが、特別支援を受ける児童生徒数は増え続けている（図12-1）。特別支援学校[★1]のみでなく、小中学校等における特別支援学級や通級[★1]による指導を受ける児童生徒数も増加している。特別支援教育への社会の期待は今後もますます高くなることが予想され、一人一人の教育的ニーズに対応する支援や教育の充実は、すべての学校、すべての教職員に求められている。

2　「特殊教育」から「特別支援教育」へ

障害などにより配慮を必要とする児童生徒への教育は、2007（平成19）年の学校教育法一部改正により、「特殊教育」から「特別支援教育」へ大きく転換した。「特殊教育」は、身体機能や構造の欠陥などの障害を補うという視点から、障害の種類や程度に応じた教育

第 12 章　特別な支援が必要な子どもの健康管理

図 12-1　特別支援学校等の児童生徒の増加の状況

○直近 10 年間で義務教育段階の児童生徒数は 1 割減少する一方で、特別支援教育を受ける児童生徒数は倍増。特に、特別支援学級の在籍者数（2.1 倍）、通級による指導の利用者数（2.3 倍）の増加が顕著。

	（平成25年度）	※	（令和5年度）
義務教育段階の全児童生徒数	1,030万人	0.9倍	941万人
特別支援教育を受ける児童生徒数	32.0万人 3.1%	2.0倍	64.0万人 6.8%

特別支援学校
視覚障害　聴覚障害　知的障害
肢体不自由　病弱・身体虚弱
　6.7万人　1.3倍　8.5万人
　0.7%　　　　　　　　0.9%

小学校・中学校

　特別支援学級
　　知的障害　肢体不自由
　　身体虚弱　弱視　難聴
　　言語障害　自閉症・情緒障害
　　17.5万人　2.1倍　37.3万人
　　2.0%　　　　　　　4.0%

　通常の学級（通級による指導）
　　言語障害　自閉症　情緒障害
　　弱視　難聴　学習障害
　　注意欠陥多動性障害
　　肢体不自由　病弱・身体虚弱
　　7.8万人　2.3倍　18.2万人
　　1.0%　　　　　　　1.9%

※：矢印内の数値は、令和 5 年度（通級による指導については令和 3 年度）の児童生徒数を平成 25 年度の児童生徒数で除し、小数第 1 位未満を四捨五入したもの。
注：通級による指導を受ける児童生徒数（18.2 万人）は、最新の調査結果である令和 3 年度通年（国公私立）の値を用いている。
　なお、平成 25 年度の通級による指導を受けている児童生徒数（7.8 万人）は、5 月 1 日時点（公立のみ）の値。
出典：文部科学省「特別支援教育の充実について」
　　　https://www.mhlw.go.jp/content/001231516.pdf

の場で手厚くきめ細かな教育を効果的に行うことが基本的な考えであった。それに対し「特別支援教育」は、児童生徒の生活および学習上の困難や制約に着目し、これを改善・克服することをその教育の目的としている。児童生徒一人一人の教育的ニーズに対応するという考え方は、2001 年 5 月に WHO 総会で採択された、国際生活機能分類（International

---

解説

★1　特別支援学校・特別支援学級・通級による指導の対象
　特別支援学校：視覚障害者、聴覚障害者、知的障害者、肢体不自由者および病弱者（身体虚弱者を含む）を対象としている。幼稚部、小学部、中学部および高等部が置かれる。
　特別支援学級：障害のある児童生徒のために小・中学校に置かれる学級であり、知的障害、肢体不自由、病弱・身体虚弱、弱視、難聴、言語障害、自閉症・情緒障害の学級がある。
　通級による指導：小・中学校の通常の学級に在籍している障害のある児童生徒が、ほとんどの授業を通常の学級で受けながら、障害の状態等に応じた特別の指導を特別な場（通級指導教室）で受ける指導形態であり、言語障害、自閉症、情緒障害、学習障害（LD）、注意欠陥多動性障害（ADHD）などを対象としている。
　　　　　　　　　　　　　　　　　　　参考：文部科学省初等中等教育局「特別支援教育の概要」

図12-2 ICFの考え方の例（急な坂の下に居住している場合）

Classification of Functioning, Disability and Health：以下「ICF」）がもとになっている。ICFでは、人間の生活機能は心身機能・身体構造、活動、参加の3要素で構成され、生活機能に支障がある状態を障害と捉える。身体機能や視覚・聴覚などの「心身機能・身体構造」、歩行や食事や排泄、読み書き等の日常生活動作の「活動」、通学や地域活動などの「参加」といった生活機能との関連で障害を把握する。

3　特別支援教育の対象と目的

特別支援学校の目的は学校教育法で以下のように定められている。

> 学校教育法
> 第72条
> 特別支援学校は、視覚障害者、聴覚障害者、知的障害者、肢体不自由者又は病弱者（身体虚弱者を含む。以下同じ。）に対して、幼稚園、小学校、中学校又は高等学校に準ずる教育を施すとともに、障害による学習上又は生活上の困難を克服し自立を図るために必要な知識技能を授けることを目的とする。

2007（平成19）年の学校教育法一部改正により、盲・聾・養護学校に区分されていた学校は特別支援学校に統合された。またこの改正では、特別支援学校は、在籍児童生徒への教育に加え、小・中学校等の要請に応じて特別支援を必要とする児童生徒への教育に必要な助言・援助を行うという新たな役割も加わった（第74条）。

4 特別支援教育の理念―インクルーシブ教育システム―

　障害者の権利に関する条約は、2006（平成18）年に国連総会において採択され、障害者の権利擁護の取り組みの世界的な基準となっている。わが国も2014（平成26）年に批准した。第24条には「インクルーシブ教育システム」を実現させることが規定されている。インクルーシブ教育システムとは、人間の多様性の尊重の強化、障害者がもてる能力を最大限に発達させること、障害者の自由な社会参加を目指し、障害の有無に関係なく、平等に教育を受けることができる教育制度であり[★2]、実現のためには、障害を理由に教育から排除されないこと、生活する地域社会において初等及び中等教育を受けられること、必要な合理的配慮[★3]が提供されることなどが必要とされている。

　障害者の権利に関する条約の理念のもと、障害だけに捉われず、一人一人の違いを認め合いながら、すべての人が自分らしく社会参加できる共生社会を形成することは、わが国の教育における大きな課題である。2011（平成23）年の障害者基本法改正では、国としてインクルーシブ教育システムの構築を推進すべく、以下の条文が整備された。

> 障害者基本法
> 第16条
> 国及び地方公共団体は、障害者が、その年齢及び能力に応じ、かつ、その特性を踏まえた十分な教育が受けられるようにするため、可能な限り障害者である児童及び生徒が障害者でない児童及び生徒と共に教育を受けられるよう配慮しつつ、教育の内容及び方法の改善及び充実を図る等必要な施策を講じなければならない。
> 2　国及び地方公共団体は、前項の目的を達成するため、障害者である児童及び生徒並びにその保護者に対し十分な情報の提供を行うとともに、可能な限りその意向を尊重しなければならない。

第2節　疾病や障害のある子どもの健康管理

　すべての子どもに教育を受ける権利がある。学校は、疾病や障害のある児童生徒の学ぶ権利を保障できる体制づくりが必要である。ここでは、疾病や障害のある子どもの健康管理の基本事項について学ぶ。

解説

★2　障害者の権利に関する条約の批准の動きを受け、2011（平成23）年には障害者基本法が一部改正され、「可能な限り障害者である児童及び生徒が障害者でない児童及び生徒と共に教育を受けられるよう配慮」（第16条）することが規定された。

★3　合理的配慮
「障害者が他の者と平等にすべての人権及び基本的自由を享有し、又は行使することを確保するための必要かつ適当な変更及び調整であって、特定の場合において必要とされるものであり、かつ、均衡を失した又は過度の負担を課さないものをいう」（障害者の権利に関する条約第2条）。

1 疾病や障害のある子どもの健康管理

　医療技術の進歩に伴い、医療的ケア児★4が増加、多様化する実態から、2021（令和3）年「医療的ケア児及びその家族に対する支援に関する法律」が成立した。医療的ケア児およびその家族が適切な支援を受けられることを目的としており、学校や関係機関は、疾患や障害があるすべての子どもが地域の学校に通学できる支援等の措置を講ずることが法的に明記された。医療的ケアの提供は、通常学校ではほとんどが看護師免許をもつ「医療的ケア看護職員」★5が担当する。疾病や障害のある児童生徒の通常学校への入学者数は増加することが予想され、すべての学校が支援体制づくりに取り組む必要がある。

　疾病や障害のある児童生徒の教育・支援にあたっては、「できないこと」などのネガティブなことばかりに気を取られず、「できていること」や「どうすればできるのか」をポジティブ考え、子どもが他の子どもとできるだけ同じような学習活動ができるよう配慮することも重要である。

2 学校生活管理指導表（慢性疾患を抱える子どもの健康管理）

　治療や経過が長期にわたる疾患を慢性疾患という。心臓病や腎臓疾患、糖尿病、アレルギー性疾患などがその代表的なものであり、こうした疾患のある児童生徒の病状の悪化や事故を避けるためには、学校生活に適切な制限が必要となる場合がある。しかし、過剰な制限は、児童生徒の学習権の侵害につながり、心身の発達への影響も懸念される。学校が主治医から疾病の情報を的確に把握し教育に活用するために「学校生活管理指導表」★6が活用されている。

　「学校生活管理指導表」の内容は、学校生活の運動に関する指導内容についての指導区分であり、保護者を通じて主治医に記入を依頼し、学校の教職員で共有する。本人、保護者、医療機関、教職員の共通理解を図ることが重要である。

3 個別の教育支援計画

　特別な支援を必要とする児童生徒に対し、きめ細やかな指導や支援を学校全体で継続的・計画的に行うためには、児童生徒一人一人の障害の状態や特性及び心身の発達の段階等についての正確な把握と、本人や家族、教員を含めた教育・医療・福祉等の関係者全員が共通の目標をもつことである。そのために、作成されるのが、個別の支援計画である。長期的な視点で乳幼児期から学校卒業後までを通じて一貫して的確な支援がされるよう、それぞれの年代でアセスメントし、加筆・修正しながら関係者に引き継いでいく資料である。この個別の教育支援計画をもとに、学校では、教科等横断的な視点から児童生徒に応じた指導内容や指導方法の工夫を検討し、個別の指導計画を作成する★7。

第 12 章　特別な支援が必要な子どもの健康管理

これらの計画は、本人や保護者に帰属する情報であるため、プライバシーの保護や、情報開示を想定した扱いをする必要がある。

4　自己管理能力の育成

障害のある児童生徒は、その疾病や障害と生涯付き合うことになる可能性もある。学校生活の中で他の児童生徒のように動けない、やりたいことができないなど、多くの壁に直面しながらも、疾患や障害を抱えながら生きていくための自己管理能力を獲得することは、将来の自立に向けた課題である。教員は児童生徒の疾病等の急変に対し、即座に対応できる準備を整えておくのみでなく、いじめの発生や児童生徒の心情に配慮しながら、気持ちをコントロールする力、疾病や体調を理解し自分で判断する力、人に助けを求める力などが身につくような指導を行う必要がある。

第 3 節　子どもが抱える課題

児童生徒が学習や生活に困難をきたす課題は、疾病や障害以外にも存在し、差別や偏見など人権にかかわることがある。ここでは、発達障害、児童虐待、LGBTQ についての課題と対応の基本を学ぶ。

2016（平成 28）年 4 月 1 日、「障害を理由とする差別の解消の推進に関する法律」が施行され、不当な差別的取扱いの禁止や合理的配慮の提供が求められるとともに、同法に基づき、「文部科学省所管事業分野における障害を理由とする差別の解消の推進に関する対応指針」が示された。

1　発達障害

「発達障害」は発達障害者支援法において、以下の通り定義されている。

解説
★4　医療的ケア児
　日常生活及び社会生活を営むために恒常的に医療的ケア（人工呼吸器による呼吸管理、喀痰吸引その他の医療行為）を受けることが不可欠である児童をいう（高校生を含む）（医療的ケア児及びその家族に対する支援に関する法律第 2 条）。
★5　医療的ケア看護職員
　小学校における日常生活及び社会生活を営むために恒常的に医療的ケアを受けることが不可欠である児童の療養上の世話または診療の補助に従事する（学校教育法施行規則第 65 条の 2）。5 つの認定特定行為（口腔内・鼻腔内・期間カニューレ内喀痰吸引、胃ろうまたは腸ろう、経鼻経管栄養）は、一定の研修を受け認定されれば、教員も実施できる。
★6　学校生活管理指導表
　本書第 4 章参照。
★7　参考：文部科学省ウェブサイト「個別の教育支援計画の参考様式について」
　https://www.mext.go.jp/a_menu/shotou/tokubetu/material/1340250_00005.htm

> 発達障害者支援法
> 第2条
> この法律において「発達障害」とは、自閉症、アスペルガー症候群その他の広汎性発達障害、学習障害、注意欠陥多動性障害その他これに類する脳機能の障害であってその症状が通常低年齢において発現するものとして政令で定めるものをいう。

　文部科学省の調査（2022（令和4）年）では、学習または行動に著しい困難がある通常学級に在籍する小・中学生は、8.8％に上った。各学級に複数名、なんらかの発達障害の可能性のある児童生徒が存在するといえる。

　発達障害の大きな課題は、周囲の理解を得にくいことに起因する、保護者が感じる「育てにくさ」と、本人が感じる「生きづらさ」にある。他の児童生徒と比べられ、叱られ続けることによる自己肯定感の低下は、いじめや不登校、精神疾患などにもつながる。その子どものもつ発達障害の特徴を把握し、保護者の心情を理解することが指導の前提となる。

2　児童虐待

　児童虐待（表12-1）は、児童相談所への相談件数が年々増加し続けている[★8]。児童虐待の防止等に関する法律では、学校の教職員は、児童虐待の早期発見に努めなければならないこと（第5条）、児童虐待を受けたと思われる児童を発見した者は、速やかに市町村、都道府県の設置する福祉事務所若しくは児童相談所に通告しなければならないこと（第6条）を定めている。

　児童虐待は、重大な人権侵害である。健康診断や救急処置、日常の健康観察の際には、虐待を念頭に置いた観察や会話により、早期発見に努めなければならない。虐待兆候の観察の視点としては、発育・発達状態（体重減少など）、頭髪や身体・衣服の衛生状態（洗濯・入浴していない）、新旧が混在したけが（傷・あざ）、受傷原因の曖昧な説明、口腔内の不衛生（ひどい歯の放置）、異常な食欲（朝食の欠食など）、家に帰りたがらないなどがある。

表12-1　児童虐待の定義

身体的虐待	殴る、蹴る、叩く、投げ落とす、激しく揺さぶる、やけどを負わせる、溺れさせる、首を絞める、縄などにより一室に拘束する　など
性的虐待	こどもへの性的行為、性的行為を見せる、性器を触る又は触らせる、ポルノグラフィの被写体にする　など
ネグレクト	家に閉じ込める、食事を与えない、ひどく不潔にする、自動車の中に放置する、重い病気になっても病院に連れて行かない　など
心理的虐待	言葉による脅し、無視、きょうだい間での差別的扱い、こどもの目の前で家族に対して暴力をふるう（ドメスティックバイオレンス：DV）、きょうだいに虐待行為を行う　など

出典：こども家庭庁ウェブサイト「児童虐待防止対策」
https://www.cfa.go.jp/policies/jidougyakutai

第 12 章　特別な支援が必要な子どもの健康管理

3　LGBTQ（性的マイノリティ）

　LGBTQ[★9]は、国内外のさまざまな調査により、人口のおよそ 8 〜 10％程度が該当するといわれている。58％が自殺念慮をもつという報告[1)]があるなど、非常にデリケートな問題であるため、自ら申し出ない児童生徒もいると考えられ、学級にも一定数がいることを前提とする必要がある。

　2015（平成 27）年、文部科学省は「性同一性障害に係る児童生徒に対するきめ細かな対応の実施等について」を通知、その翌年には資料「性同一性障害や性的指向・性自認に係る、児童生徒に対するきめ細かな対応等の実施について（教職員向け）」を作成し、学校における理解の促進や対応の周知を図っている。

　近年は、理解や認知が進み、性別名簿の廃止や制服を男女共通にするなど、学校での対応が進みつつある。本人や保護者から、対応の相談があった場合、合理的な配慮についての検討を進めていくことになるが、学校にはさまざまな制約があり、要望通りの対応ができるとは限らない。児童生徒が困っていること、悩んでいることに真摯に耳を傾け、保護者とも何度も話し合うなど、信頼関係の構築を大切にすること、学校一丸となって解決のためのアイデアを検討することが基本となる。

演習課題　ワークシートは巻末参照

1. インクルーシブ教育システムの構築はなぜ必要か、児童生徒への影響を視点にその意義を考察してみよう。
2. LGBTQ の児童生徒に対して考えられる合理的な配慮を挙げてみよう。
3. 心疾患がありマラソン大会に出られない児童が周りの児童から「ずるい」と言われていた。どのような対応が必要か考えてみよう。

解説

★8　児童虐待件数
　厚生労働省の調査によると 2021（令和 3）年度の児童相談所（全国 225 か所）が児童虐待相談として対応した件数は 207,660 件で、過去最多であった（対前年度 2,616 件増加）。最も多い虐待相談内容は心理的虐待（124,724:60.1％）であり、身体的虐待（49,241:23.7％）が続く。

★9　LGBTQ
　性的少数者（性的マイノリティ）の総称。Lesbian（レズビアン＝女性同性愛者）、Gay（ゲイ＝男性同性愛者）、Bisexual（バイセクシャル＝両性愛者）、Transgender（トランスジェンダー＝心と体の性が異なる人）、Queer／Questioning（クィアまたはクエスチョニング＝性的指向・性自認が定まらない人）の頭文字をつなげた略語。

【引用文献】
1）中塚幹也「トランスジェンダーとメンタルヘルス」『女性心身医学』第26巻第3号　日本女性心身医学会　2022年　pp.314-317

【参考文献】
- 文部科学省「通常の学級に在籍する特別な教育的支援を必要とする児童生徒に関する調査結果について」2022年
https://www.mext.go.jp/content/20230524-mext-tokubetu01-000026255_01.pdf

COLUMN

あなたにとって自立とは？

　特別支援教育の目的は、児童生徒が自立することにあることを学んできました。では、あなたにとって自立とは何ですか。人によって若干の違いはあると思いますが、大抵は「自分が働いた賃金で生計を立てられること」「身の回りのことを人の手を借りずにできること」といったところが上がると思います。では、重度の肢体不自由と知的障害のあるお子さんの場合はどうでしょうか。体は思うように動かず、自分で車椅子さえ操れません。お金の計算どころかしゃべることもままなりません。医療的なケアも必要です。自分でお金を稼いで、一人で生活することは難しそうです。障害のあるお子さんをお持ちのお母さんからこんなお話を聞きました。

　「うちの子にとっての自立ってね、私以外の人のケアも受け入れられるようになることだって思っているの」。

　学校に上がるまでは、保護者がお子さんのケアすべてを行うことがほとんどですが、学校では教職員がそれを担うことになります。家族以外によるケアも嫌がらず、受け入れられるようになるのがその子にとっての自立だという意味だと思います。そのために、この母さんは先生方に一生懸命ケアのポイントや子どもの体調変化のサインなどを教えたそうです。しかし先生方には、お母さんがするのと同じようなケアはできません。それがわかっていても、文句を言ったりせずに耐えるという話もされていました。

　子ども自身の自立、わが子のケアを他人に任せることができることは、このお母さんが子供から自立することでもあるのでしょう。親がずっとこの子のケアをしていけるわけではありません。将来いつか、誰かの手を借りながらでも、生きていける力をつけてほしいというのが親の気持ちだと思いました。

　障害のあるお子さん自身の理解はもちろんですが、それをずっと支えているご家族の思いも理解することが、よりよい教育につながるのではないでしょうか。

第13章 食育

◆第 13 章のエッセンス◆
① 今日の日本では、社会環境や生活様式の変化により子どもたちの食に関する課題はさまざまみられ、学校における食に関する指導を一層推進していくことが求められている。
② 学校における食に関する指導は、学校の教育活動全体を通じて、教科等横断的に進めていくことが重要である。また、問題のみられる子ども等に対する個別の相談指導も不可欠である。
③ 学校給食は、子どもの健康の保持増進を図ることとともに、食に関する指導の重要な機会としても位置づけられる。

Keyword　食に関する指導　栄養教諭　学校給食　食物アレルギー

第1節　今日の子どもをめぐる食に関する課題

心身の発育発達が著しい青少年期に望ましい食習慣を形成することは、生涯にわたって健康を保持増進するうえで欠かせない。しかしながら近年、さまざまな食に関する課題が指摘されている。

1　現代における食生活の課題

食は生命の源であり、私たちが生きていくために欠かせないものであることはいうまでもない。また、健康的な食生活を実践し、おいしくかつ楽しく食べることは生きる喜びや豊かさともなり、心身ともに健康に過ごしていくために大きく寄与するものである。特に心身の発育発達が著しい青少年期において望ましい食習慣を形成することは、生涯にわたって健康を保持増進するうえで極めて重要である。そうした中で、精神面や生活面で自立を志向していく時期においては、家庭の食生活とともに社会環境からも多大な影響を受けながら食習慣を確立していくことが指摘されている。

しかしながら、近年の社会環境や生活様式の急激な変化に伴い、食環境や食生活も多様化し、今日の子どもをめぐる食に関する健康問題は憂慮されている。例えば森田倫子[1]は、「脂肪摂取の過剰など、栄養バランスの悪化傾向」「朝食欠食の習慣化、孤食（一人で食べること）や個食（家族が各々異なった料理を食べること）の増加傾向など、食習慣の乱れ」「児童生徒の肥満増加、過度の痩身、体力の低下傾向など、健康への影響」「体に良い食品・悪い食品に関する情報が氾濫する一方、適正な情報が不足していること」「食の外部化、

ライフスタイルの多様化などにより、保護者が子どもの食生活を把握し、管理していくことが困難になっていること」「家庭において、食材に関する知識、調理技術、食文化、食に関するマナーなどを継承することが難しくなりつつあること」などを指摘している。

重要なことは、青少年期に身についた食習慣は、成人になってもその食生活の基礎となるということである。すなわち、青少年期の食習慣を成人になってから改めることは難しく、成長期の子どもにおいてどのような食習慣を身につけるかが非常に大切となる。

（1）朝食の欠食

日本学校保健会による「児童生徒の健康状態サーベイランス事業報告書」（2020年）[2]によれば、朝食を「毎日食べる」者の割合は、小学校1・2年生では男子95.3％、女子95.0％、小学校3・4年生では男子92.9％、女子93.5％、小学校5・6年生では男子92.4％、女子91.1％、中学生では男子83.2％、女子82.9％、高校生では男子79.8％、女子82.4％であり、男女ともに学年が進行するに伴って低率となっている。なお、朝食を「食べない日の方が多い」「ほとんど食べない」「毎日食べない」者におけるその理由については、「食べる時間がない」や「食欲がない」が高率を示している一方で、「太りたくない」や「食事が用意されていない」も一定数みられる。

（2）食事内容の偏り

学齢期は、骨や筋肉をはじめとして身体が大きく発育するとともに、身体器官の機能も発達する重要な時期にある。そのため、炭水化物、たんぱく質、脂質、ビタミン、ミネラルといった重要な栄養素をバランスよく摂取できる食事を摂ることが、健全な発育発達において不可欠である。

しかしながら、小学生、中学生および高校生において[2]、朝食で主に食べるものとして「主食＋主菜＋副菜」と回答した者は、約25％に留まっている。一方で「主食のみ」が約30％を占めるなど、栄養バランスの点で課題のある子どもが少なくないことが指摘される。同様に、夕食で主に食べるものとして「主食＋主菜＋副菜」と回答した者は約85％であるものの、残りの約15％は「主食＋主菜」であったり、「主菜」のみであったりするなど、改善が望まれる状況も示されている。

他方で、菓子類を食べ続けることが「よくある」または「ときどきある」と回答した者は、小学生で約15％、中学生で約28％、高校生で30％以上みられている。食事の摂取によくない影響を及ぼしたり、肥満につながったりするような菓子類の摂取であるならば、改善されることが求められる。

（3）孤食の状況

小学生、中学生および高校生において[2]、「日頃朝食を家族とは別に、一人で食べることが多いか」について「よくある」または「ときどきある」と回答した者は約40％であ

ることが示されている。同様に夕食においても、20％近くの者が「よくある」または「ときどきある」と回答している。また、こうした孤食の状況は、学年が上がるにつれて急激に増加している。子どもの時期からの孤食は、好きな時に好きなものを好きなだけ食べるという乱れた食生活が習慣化することも考えられ、改善が望まれる問題といえる。

2　危険なダイエット行動

体重を減らす努力（ダイエット）の経験について、「自分で考えた内容で実行した」ことのある者は、小学校1・2年生では男子2.8％、女子3.2％、小学校3・4年生では男子6.7％、女子8.0％、小学校5・6年生では男子9.7％、女子10.1％、中学生では男子14.0％、女子33.2％、高校生では男子16.6％、女子54.7％であることが示されている[2]。小学校低学年という早期からみられているとともに、学年が上がるにつれて顕著に高率となり、高校生女子においては過半数を占めている。肥満者が、医師から指導を受けて正しいダイエットを行うことは生活習慣病予防のために必要であるものの、青少年が不必要なダイエットを行うことは発育発達の妨げになるだけでなく、骨粗鬆症や、女性の場合は体重減少性無月経につながる可能性もあり、危惧される。

野津有司[3] は、青少年における危険行動の一つとして危険なダイエットを挙げており、全国の高校生約1万人を対象とした大規模な調査によりその実態を明らかにしている。具体的には、「24時間以上の絶食（この30日間）」の経験者は男子1.2％、女子1.6％、「故意の嘔吐や下剤の服用（この30日間）」の経験者は男子0.9％、女子2.5％、「やせるための薬の服用（この30日間）」の経験者は男子1.0％、女子2.3％であることが示されている。日本の高校生においてわずかながらも危険なダイエットを実施している者がみられ、憂慮される状況といえる。絶食など危険なダイエットは、急激に体重を落とすことから神経性やせ症や神経性過食症など摂食障害を誘発する恐れがあり、身体的にも精神的にも悪影響を及ぼす。近年、社会的にやせ志向が高まっており、やせ願望を抱いた青少年が危険なダイエットを実施することは今後も考えられることから、青少年に対する教育的なアプローチとともに、社会的な対策が求められる。

3　食に関するメディアリテラシー

高度情報社会と呼ばれる今日、児童生徒は多様かつ多量のメディア情報に曝されており、宣伝や広告を含むそうした情報は児童生徒の食に関する行動にも影響を与えている。例えば、菓子類の広告などは子どもたちにとって魅力的なものもみられ、そうした情報を継続的に見聞きすることによって高脂肪・高糖質のおやつを好んで選択し、食生活リズムの乱れや偏った食嗜好を有するようになるなど、健康問題の要因となることも考えられる。特にメディア情報の影響は、メディアリテラシーが十分身についていない青少年期において

より強く受ける可能性があり、過度の消費行動に結び付くことも懸念されている。

　日常的にメディアに接して成長する児童生徒が偏った認識をもつことや、児童生徒がメディア情報から好ましくない影響を受けることを避けるという観点から、メディアリテラシーを身につけることが求められている。メディアリテラシーとは、メディアは構成されたものであるという認識をもち、メディアからの情報を批判的に解釈し、主体的にアクセスしていく能力のことである。

　食に関するメディアリテラシーについては、例えば中西明美ら[4]は「子どもがメディアからの食情報を鵜呑みにせず、食品表示等を用いて客観的・主体的に読み取る力」と定義している。そして、「情報を鵜呑みにせず精査・評価すること（批判的思考）」と「情報に基づき客観的・主体的に判断すること（自律的判断）」の2つの概念に分かれるとしている。さらに、「批判的思考」は「食に関するメディアからの情報の批判的認識」と「食品広告・販売促進からの影響」の2側面が、「自律的判断」は、「食品表示活用」と「栄養バランスの判断」の2側面がそれぞれあると示しており、示唆的である。

第2節　学校における食に関する指導

食に関する指導は学習指導要領において明確に位置づけられており、学校の教育活動全体を通じて行われることが求められている。そして、「食に関する資質・能力」の育成を目指して、教科等横断的に進められることが重要である。

1　食に関する指導とは

　食に関わる教育についてはこれまで、「食教育」「食生活指導」「栄養教育」など多様な用語がみられ、その教育の内容は広範囲にわたっている。そうした中で国の政策としては、2005（平成17）年に食育基本法が制定され、「食育」という概念が示された。そして、この法律に基づいて国民の食育の推進に関する施策を総合的かつ計画的に推進するための食育推進基本計画を策定するなど、国民運動として食育の推進が図られてきている。食育基本法ではその前文で、「食育」を「生きる上での基本であって、知育、徳育及び体育の基礎となるべきもの」と位置づけ、「様々な経験を通じて『食』に関する知識と『食』を選択する力を習得し、健全な食生活を実践することができる人間を育てる食育を推進すること」が示されている。また、「食育はあらゆる世代の国民に必要なものであるが、子どもたちに対する食育は、心身の成長及び人格の形成に大きな影響を及ぼし、生涯にわたって健全な心と身体を培い豊かな人間性をはぐくんでいく基礎となるものである」と示されていることから明らかなように、子どもたちに対する食育の重要性が強調されている。

　他方で、文部科学省の中央教育審議会は2004（平成16）年に「食に関する指導体制の整備について」（答申）を示している。この答申の中では、生涯にわたって健康に生活し

ていけるようにするために、子どものころからの望ましい食習慣や栄養バランスのとれた食生活を形成する観点が重視され、学校における「食に関する指導」の充実に向けた考え方が示されている。このように学校教育としては、食にかかわる教育は「食に関する指導」として進められている。

2　学校における食に関する指導の重要性

　核家族化の進展をはじめとして、以前と比較して家庭での食に関する指導が難しくなってきている今日において、学校における食に関する指導は、子どもたちの望ましい食習慣の形成において重要な役割を果たすといえる。さらに、社会環境や生活様式の変化に伴う子どもたちの食に関する健康問題は今後も多様化、複雑化していくことが予測され、効果的な食に関する指導を計画的かつ継続的に進めていくことが必要となり、学校における食に関する指導への期待はますます大きくなると思われる。

　そうした中で2008、2009（平成20、21）年に改訂された学習指導要領では、総則に「学校における食育の推進」が新たに加えられ、教育課程において初めて食に関する指導が明確に位置づけられた。すなわち、食に関する指導は、学校の教育活動全体を通じて取り組むものとして示され、これは2017、2018（同29、30）年に改訂された学習指導要領においても引き継がれている。

中学校学習指導要領解説【総則編】
第3章　教育課程の編成及び実施
第1節の2の（3）（抜粋）
学校における食育の推進においては、栄養摂取の偏りや朝食欠食といった食習慣の乱れ等に起因する肥満や生活習慣病、食物アレルギー等の健康課題が見られるほか、食品の安全性の確保等の食に関わる課題が顕在化している。こうした課題に適切に対応するため、生徒が食に関する正しい知識と望ましい食習慣を身につけることにより、生涯にわたって健やかな心身と豊かな人間性を育んでいくための基礎が培われるよう、栄養のバランスや規則正しい食生活、食品の安全性などの指導が一層重視されなければならない。また、これら心身の健康に関する内容に加えて、自然の恩恵・勤労などへの感謝や食文化などについても教科等の内容と関連させた指導を行うことが効果的である。食に関する指導に当たっては、保健体育科における望ましい生活習慣の育成や、技術・家庭科における食生活に関する指導、特別活動における給食の時間を中心とした指導などを相互に関連させながら、学校教育活動全体として効果的に取り組むことが重要であり、栄養教諭等の専門性を生かすなど教師間の連携に努めるとともに、地域の産物を学校給食に使用するなどの創意工夫を行いつつ、学校給食の教育的効果を引き出すよう取り組むことが重要である。

3　教科等横断的に進める食に関する指導

　学校における食に関する指導は、各教科等における学習の取り組みがその中核となる。そのため、それぞれの教科等の特質を踏まえて、食に関する指導を進めていくこととなる。

　しかしながらここで重要なことは、学校教育において子どもたちが身につけるべき資質・能力は、単一の教科等ではなく、教科等横断的に育成することが求められていることである。そのため、学校の教育活動全体を通じて行うことが求められている食に関する指導においても、そうした教科等横断的な取り組みにより、効果的に推進していくことが望まれる。実際に、2008（平成20）年の中央教育審議会答申「幼稚園、小学校、中学校、高等学校及び特別支援学校の学習指導要領等の改善について」において、「社会の変化への対応の観点から教科等を横断して改善すべき事項」の一つとして「食育」が挙げられ、すべての教科等に渡って横断的に指導していく重要性が示された。さらに、2016（同28）年の中央教育審議会答申「幼稚園、小学校、中学校、高等学校及び特別支援学校の学習指導要領等の改善及び必要な方策等について」では、カリキュラム・マネジメント[★1]の視点から「食育に関するイメージ」が示された（図13-1）。したがって、従来から進められている各教科等における食に関する指導を継続しつつ、教科等間のつながりを考慮した食に関する指導が今後一層重要となる。

　具体的には、食に関する内容の学習が位置づけられている教科等として生活科、社会科、家庭科、技術・家庭科、体育科、保健体育科、特別の教科道徳、総合的な学習の時間、総合的な探究の時間、特別活動等が挙げられる。教科等間のつながりを踏まえて食に関する

図13-1　食に関する指導のイメージ

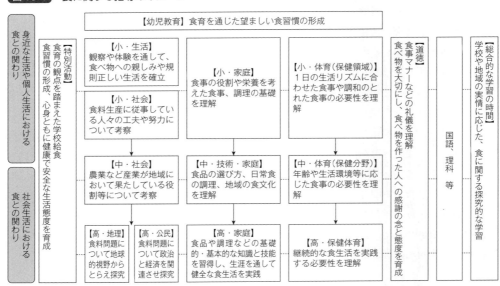

出典：中央教育審議会答申「幼稚園、小学校、中学校、高等学校及び特別支援学校の学習指導要領等の改善及び必要な方策等について（別紙4）」2016年

指導を展開していくにあたっては、それぞれの教科等に位置づけられている食に関する内容を把握しつつ、体系的に理解し、実践していくことが求められる。

4 学校における食に関する指導の進め方

学校における食に関する指導を効果的に進めるためにはまず、各学校において食に関する指導の目標や内容をはじめ、具体的な取り組みについて教員間で共通理解をすることが必要であるとともに、学校の教育活動全体を通じて実践していくためにカリキュラム・マネジメントの視点から全体計画を作成することが求められる。

（1）食に関する指導の目標

「食に関する指導の手引―第二次改訂版―」（文部科学省、2019年）[5]では、食に関する資質・能力を 表13-1 の通り示している。すなわち、2017、2018（平成29、30）年に改訂された学習指導要領に基づいて育成が目指される3つの資質・能力のそれぞれについて、食にかかわる具体的目標が示されている。

表13-1 食に関する指導の目標

（知識・技能） 　食事の重要性や栄養バランス、食文化等についての理解を図り、健康で健全な食生活に関する知識や技能を身に付けるようにする。 （思考力・判断力・表現力等） 　食生活や食の選択について、正しい知識・情報に基づき、自ら管理したり判断したりできる能力を養う。 （学びに向かう力・人間性等） 　主体的に、自他の健康な食生活を実現しようとし、食や食文化、食料の生産等に関わる人々に対して感謝する心を育み、食事のマナーや食事を通じた人間関係形成能力を養う。

出典：文部科学省「食に関する指導の手引－第二次改訂版－」2019年
　　　https://www.mext.go.jp/a_menu/sports/syokuiku/1292952.htm

（2）食育の視点

前述の「食に関する指導の手引―第二次改訂版―」では、食に関する指導がさらに実践しやすいように、以下の6つを「食育の視点」として整理している。

❶食事の重要性（食事の重要性、食事の喜び、楽しさを理解する）

子どもたちが豊かな人間性を育み、生きる力を身につけていくためには何よりも食が大切であるという視点である。

★1　カリキュラム・マネジメント
　　各教科等の目標や内容等に基づいて育成された資質・能力を、当該教科等の文脈以外の実社会のさまざまな場面で活用できる汎用的な能力に育てていく必要性を示したものである。この実現のためには、教育課程の構造上の工夫が必要となり、各教科等の教育内容を相互の関係で捉え、目標の達成に必要な教育の内容を教科等横断的な視点で組織的に配列していくことなどが重要とされている。

食は人間が生きていくうえでの基本的な営みの一つであり、健康な生活を送るためには、健全な食生活や食環境が欠かせないものであり、その営みを大切にすることが重要である。

❷心身の健康（心身の成長や健康の保持増進の上で望ましい栄養や食事のとり方を理解し、自ら管理していく能力を身に付ける）

生涯にわたって健全な食生活を実現することが、心身の健康の増進と豊かな人間形成に資するという視点である。そのために、望ましい栄養や食事のとり方を理解する必要がある。また、食事を規則正しく3食とるなど望ましい生活習慣を形成し、食の自己管理能力を身につけることが、心身の健康にとって重要である。

❸食品を選択する能力（正しい知識・情報に基づいて、食品の品質及び安全性等について自ら判断できる能力を身に付ける）

正しい知識・情報に基づいて食品の品質及び安全等について自ら判断し、食品に含まれる栄養素や衛生に気を付けていくことが重要であるという視点である。

正しい知識・情報とは、食品や料理の名前、形、品質や栄養素及び安全面、衛生面等に関する事項である。それらの情報について関心をもち、得た情報を整理・分析したうえで、食品の適切な選択ができる能力が求められている。

❹感謝の心（食物を大事にし、食料の生産等に関わる人々へ感謝する心をもつ）

人の食生活が自然の恩恵の上に成り立っていること、また、食にかかわる人々のさまざまな活動に支えられていることに対して感謝する心が大切であるという視点である。

人々の生活は昔から動植物などの自然の恩恵に支えられて成り立っていることや生産・流通・消費など食にかかわる人々のさまざまな活動に支えられていることに気づき、環境保全や食品ロスの視点も含めて、感謝の気持ちや食べ物を大事にする心を育むことが求められている。

❺社会性（食事のマナーや食事を通じた人間関係形成能力を身に付ける）

協力して食事の準備から後片づけをしたり食事のマナーを身につけたりすることで、人間関係形成能力を身につけることが大切であるという視点である。

食器の使い方や食事の時の話題選びなどの食事のマナーを身につけることが、楽しい共食につながることや、一緒に調理したり食事をしたりすることを通してコミュニケーションを図り、心を豊かにすることが大切である。

❻食文化（各地域の産物、食文化や食に関わる歴史等を理解し、尊重する心をもつ）

日本の伝統ある優れた食文化や食にかかわる歴史、地域の特性を生かした食生活（地場産物の活用）、食料自給率等を理解し尊重しようとする視点である。

地域の特性を生かした食生活や食料自給率を考えることは、地域や日本を知り、大切にする心を育むとともに、他の国々の食文化を理解することにもつながっていく。また、食料の生産はそれぞれの国や地域の気候風土と深く結びついており、それらの特質を理解し継承・発展させていくことが求められている。

（3）食に関する指導の留意点

　食に関する指導に当たっては、年間指導計画等を通じて学校全体で共通理解を図ること、子どもの実態を把握するとともに学習指導要領に示された内容に即して教材や指導方法を工夫することが必要である。また、授業参観等で授業を公開したり学年だよりや保健だより等で情報を提供したりするなどして、家庭や地域との連携を推進することも重要である。さらに、すべての学習内容等を集団指導で教えるのではなく、個人の身体状態、栄養状態、食生活等の特性や課題、家庭や地域での背景、食に関する知識、理解度等には個人差があることから、それぞれの子どもにあった指導として、個別的な相談指導を進めることも求められる[5]。

　野津[6]は、食に関する指導では、特に肯定的に展開することが重要であると述べている。教師の意に反し、結果的に子どもの家庭（食事、生活習慣、親・家族等）を批判することになっていたりして、子どもを傷つけるようなことがあってはならないことを指摘しており、この点について十分に留意しておきたい。

（4）栄養教諭の職務

　学校の教育活動全体における食に関する指導を推進する中心的な役割を担う栄養教諭の制度が2005（平成17）年から開始された。栄養教諭は、管理栄養士または栄養士の免許を有しており、栄養に関する専門性と教育に関する資質を併せ有する「教師」である。学校教育法では、栄養教諭の職務として「児童の栄養の指導及び管理をつかさどる」ことが示されており、食に関する指導の専門職としての役割が期待されている（図13-2）。

図13-2　栄養教諭の職務

教育に関する資質と栄養に関する専門性を生かして、教職員や家庭・地域との連携を図りながら、食に関する指導と学校給食の管理を一体のものとして行うことにより、教育上の高い相乗効果をもたらします。

（1）食に関する指導	（2）学校給食の管理
①給食の時間の指導 　給食の時間における食に関する指導 ②教科等の指導 　教科等における食に関する指導 ③個別的な相談指導 　食に関する健康課題を有する児童生徒に対する個別的な指導	①栄養管理（献立作成） 　学校給食実施基準に基づく、適切な栄養管理 ②衛生管理 　学校給食衛生管理基準に基づく危機管理、検食、保存食、調理指導　調理・配食　等

（一体として推進）

教職員、家庭や地域との連携・調整

出典：文部科学省「栄養教諭を中核としたこれからの学校の食育」2017年
https://www.mext.go.jp/a_menu/sports/syokuiku/1385699.htm

第3節　学校給食

学校給食は教育の一環であり、教科等での学びとの関連を図りながら食に関する指導を進めていく重要な機会である。また、学校給食においては、食物アレルギーを有する子どもへの対応も不可欠である。

1　学校給食の役割

学校給食は、学校給食法（1954（昭和29）年制定）に基づいて実施されているものであり、成長期にある児童生徒の心身の健全な発達に資するものであるとともに、児童生徒の食に関する正しい理解と適切な判断力を養ううえで重要な役割を果たしている。2008（平成20）年には学校給食法が大幅に改正され、従来からの目標である学校給食の普及充実に加えて、「学校における食育の推進」が新たに規定され、学校給食を通じて学校における食育を推進するという趣旨が明確になった[5]。

学校給食法では具体的に、以下の7つの目標が示されている。

①適切な栄養の摂取による健康の保持増進を図ること。
②日常生活における食事について正しい理解を深め、健全な食生活を営むことができる判断力を培い、及び望ましい食習慣を養うこと。
③学校生活を豊かにし、明るい社交性及び協同の精神を養うこと。
④食生活が自然の恩恵の上に成り立つものであるということについての理解を深め、生命及び自然を尊重する精神並びに環境の保全に寄与する態度を養うこと。
⑤食生活が食にかかわる人々のさまざまな活動に支えられていることについての理解を深め、勤労を重んずる態度を養うこと。
⑥わが国や各地域の優れた伝統的な食文化についての理解を深めること。
⑦食料の生産、流通及び消費について、正しい理解に導くこと。

2017（平成29）年に改訂された小学校および中学校の学習指導要領においては、学校給食は「特別活動」の中の「学級活動」の内容として位置づけられている。具体的には、中学校では「(2)日常の生活や学習への適応と自己の成長及び健康安全」の「オ　食育の観点を踏まえた学校給食と望ましい食習慣の形成」として、「給食の時間を中心としながら、成長や健康管理を意識するなど、望ましい食習慣の形成を図るとともに、食事を通して人間関係をよりよくすること」と示されている。

ところで、日本の学校給食は、子どもの心身の発育発達や健康を考えて栄養バランスのよい食事を安価で提供していること、給食の時間は子どもたちの共同作業の場でもあり、自ら配膳して、みんなで同じメニューを時間と場所を共有して食するということなどから、世界的にみても優れた制度であるといえる。前述のように、学校給食は教育の一部であり、単なる休息の時間ではない。そうした中でさらに、学校給食は、食べるという行為を有す

る生活の営みの一部であるとともに、子どもたちにとっては学校生活の中で楽しみにしているものの一つでもあると考えられることから、子どもの興味・関心を引き出しやすいという特性を有する。学校給食を活用した食に関する指導の工夫としては、例えば、家庭科において栄養素や栄養バランスを理解する際に、当日の給食を教材として用いることが挙げられる。また、体育科および保健体育科における保健の授業や家庭科および技術・家庭科の家庭の授業の後の給食において、学習したことを実際に確認して復習し、理解を深めることも考えられる。さらには、理科で栽培した植物や社会科で学習した地場産物などを給食の献立に活用し、学習内容をより身近に感じさせることも考えられよう。

2　食物アレルギーへの対応

　食物アレルギーは、特定の食物を摂取することによって、皮膚・呼吸器・消化器あるいは全身に生じるアレルギー反応のことである。原因食品は多岐にわたり、子どもの場合は鶏卵、乳製品、小麦、そば、魚類、果物類、えび、肉類、落花生、大豆がその大半を占めている[5]。

　「平成25年度学校生活における健康管理に関する調査事業報告書」[7]によれば、日本における児童生徒の約4.5％が食物アレルギーの有病者であることが示されている。特に、アレルギー反応を引き起こす原因食品の摂取後、短時間のうちに急激なショック症状（アナフィラキシーショック）を起こす場合もあり、学級担任や養護教諭、管理職をはじめとして、すべての教職員が食物アレルギーに対する正しい理解やリスク管理、緊急時の対応方法を習得することが求められる。

　未然防止策としては、医師の診断による「学校生活管理指導表」（第4章　表4-3：p.57参照）を活用し、当該児童生徒の情報を教職員全体で正確に把握して共通理解し、学校生活上の留意点に基づいた指導を進めていくことが不可欠である。特に、アナフィラキシーの対策は原因の除去に尽きることから、過去にアナフィラキシーを起こしたことのある児童生徒等については、その病型を知り、学校生活における原因を除去する必要がある[8]。学校給食における対応としては、「詳細な献立表対応」（レベル1）、「弁当対応」（レベル2）、「除去食対応」（レベル3）、「代替食対応」（レベル4）がある[9]。除去食については、安全性の確保を最優先する考え方から、原因食物の完全除去対応（提供するかしないかの二者択一）が原則とされている。

　また、アナフィラキシーショックが起こった時の緊急対応の基本となるのはアドレナリン自己注射薬である「エピペン®」（商品名）とAED（自動体外式除細動器）であり、教職員の誰もが緊急時にその場に居合わせる可能性があるという意識を持ち、適切な対応ができるようにする必要がある[8]。

　最後に、教育として重要なことは、食物アレルギーを有する子どもも含めてすべての児童生徒が給食の時間を安全に、かつ楽しんで過ごすことができるようにすることである[5]。

したがって、食物アレルギーを有する子どもが、特定の食品を食べることや触れることなどができないという理由から差別されたり偏見をもたれたりしないようにすることが、教師の役割の根幹として最も大切であるといえる。そのためには、他の子どもにもアレルギー疾患や配慮事項について理解させるとともに、食物アレルギーを有する子どもも一緒に活動をしていけるような教育の機会や場を設定して、共生を実現する一助としていくことが求められる。

演習課題 ワークシートは巻末参照

1. 小学校体育科、中学校および高等学校の保健体育科の学習指導要領（解説）を見て、保健の授業における食に関する内容を調べてみよう。
2. 食に関する指導において用いることができる教材（資料等）を探して、実際の授業でどのように活用できるかをグループで発表してみよう。
3. 10年後の社会を想像して、子どもたちへの食に関する指導はどのような充実・発展が求められるかを考えてみよう。

【引用文献】
1) 森田倫子「食育の背景と経緯―『食育基本法』に関連して―」国立国会図書館『調査と情報』457号　2004年
2) 日本学校保健会「平成30年度～令和元年度児童生徒の健康状態サーベイランス事業報告書」2020年
3) 野津有司「我が国の青少年における危険行動の動向とレジリエンスに関する研究」科学研究費助成事業（科学研究費補助金）研究成果報告書　2013年
4) 中西明美・衛藤久美・武見ゆかり「中学生の食に関するメディアリテラシー尺度の開発」『日本健康教育学会誌』第20巻第3号　2012年　pp.207-220
5) 文部科学省「食に関する指導の手引－第二次改訂版－」2019年
6) 野津有司「継続性と質の両輪が一層問われるこれからの学校における食育の推進」『初等教育資料』853号　2009年　pp.6-11
7) 日本学校保健会「平成25年度学校生活における健康管理に関する調査事業報告書」
8) 日本学校保健会「学校のアレルギー疾患に対する取り組みガイドライン（令和元年度改訂）」2020年
9) 文部科学省「学校給食における食物アレルギー対応指針」2015年

第14章 教職員の健康管理

◆第14章のエッセンス◆
① 教員として、自分の健康管理ができることは基本である。
② 教員の健康管理は、労働安全衛生の視点で行われる。
③ 衛生管理者（衛生推進者）は、教職員の労働環境改善を推進する。

Keyword　職員健康診断　労働安全衛生　衛生管理者　衛生委員会

第1節 職員の健康診断

職員の健康診断は、学校保健安全法に基づいて実施される。ここではその意義や実施時期及び項目について学び、教員の健康管理の重要性を理解する。

1 学校保健安全の対象に職員が含まれる意義

学校保健安全法では、法律の対象とするものについて、「学校における児童生徒等及び職員の健康の保持増進を図るため」（第1条）と教職員が児童生徒と並列して示されている。職員の健康状態は、教育活動に大きく影響を与えることがその理由である。職員の健康が教育の前提であると考え、教職員一人一人が自己管理に心がけるのみでなく、学校組織全体で健康の保持増進、管理の充実に取り組む必要がある。

2 定期健康診断

学校保健安全法には、「学校の設置者は、毎学年定期に、学校の職員の健康診断を行わなければならない」（第15条）と定められている。さらに同法施行規則では、その時期が「学校の設置者が定める適切な時期」（第12条）であること、項目や方法及び技術的基準（第13、14条）、が規定されている（表14-1）。

事後措置は、学校保健安全法第16条および同法施行規則第16条各項の通り、学校の設置者が医師の決定した指導区分（表14-2）に従って行う。

表14-1　職員健康診断の検査項目（学校保健安全法施行規則第13条）

検査項目（方法及び技術的基準）
1　身長、体重及び腹囲
2　視力及び聴力
3　結核の有無（胸部エックス線検査）
4　血圧（血圧計）
5　尿（蛋白および糖）
6　胃の疾病及び異常の有無（胃部エックス線検査その他の医師が適当と認める方）
7　貧血検査
8　肝機能検査（GOT、GPT、γ-GTP）
9　血中脂質検査（LDLコレステロール、HDLコレステロール、血清トリグリセライド）
10　血糖検査
11　心電図検査
12　その他の疾病及び異常の有無

表14-2　職員健康診断の事後措置（指導区分：学校保健安全法施行規則第16条第2項、別表第2）

生活規正の面	A	（要休業）	休暇又は休職等の方法で療養のため必要な期間勤務させないこと。
	B	（要軽業）	勤務場所又は職務の変更、休暇による勤務時間の短縮等の方法で勤務を軽減し、かつ、深夜勤務、超過勤務、休日勤務及び宿日直勤務をさせないこと。
	C	（要注意）	超過勤務、休日勤務及び宿日直勤務をさせないか又はこれらの勤務を制限すること。
	D	（健康）	勤務に制限を加えないこと。
医療の面	1	（要医療）	必要な医療を受けるよう指示すること。
	2	（要観察）	必要な検査、予防接種等を受けるよう指示すること。
	3	（健康）	医療又は検査等の措置を必要としないこと。

3　臨時健康診断

　学校保健安全法第15条第2項に「必要があるときは、臨時に学校の職員の健康診断を行う」ことが規定されている。この「必要があるとき」は、同法施行規則第10条にある児童生徒の臨時健康診断の規定を準用する。

第2節　教職員の健康上の課題

　教職員の健康は、児童生徒の学習成果に大きく影響する。近年の教職員の健康上の課題の動向について学び、自己管理、学校組織としての対応について考える。

　教育職員の病気休職者数は、ここ数年8,000人前後で推移してきたが、2022（令和4）年度過去最多（8,793人）となった。その内訳として最も多くを占めたのは精神疾患者であり、7割（6,539人）に至った（図14-1）。

1　教職員のメンタルヘルス（組織改革）

　メンタルヘルスは、教職員によって最も重大な健康課題となっている。文部科学省は対策として、働き方改革の推進やハラスメント防止措置、保護者等の過剰要求対策としての法務相談などを行っている。働き方改革については、2019（平成31）年の中央環境審議会答申を受け、ICTの活用や教員業務支援員の採用などによる校務の効率化への取り組みが始まっている。依然として長時間勤務の教員は多いものの、少しずつ在校時間減少の傾向が見え始めている（表14-3）。

　メンタルヘルスは、個人の問題と捉えられがちであるが、学校組織の問題として取り組まなければ解決できない。パワーハラスメントはそのわかりやすい例である。校長のリーダーシップのもと、学校全体で組織的な取り組みを推進していくことが期待される。

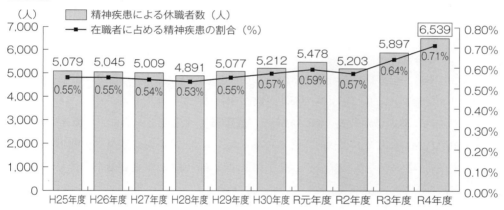

図 14-1　教育職員の精神疾患による病気休職者数の推移

出典：文部科学省「令和4年度 公立学校教職員の人事行政状況調査」
https://www.mext.go.jp/content/20231222-mxt_syoto01-000033180_1.pdf

表 14-3　職種別　教師の1日あたりの在校等時間（時間：分）

	平日						高等学校（参考値）
	小学校			中学校			
	平成28年度	令和4年度	増減	平成28年度	令和4年度	増減	令和4年度
校長	10：37	10：23	−0：14	10：37	10：09	−0：28	9：37
副校長・教頭	12：12	11：45	−0：27	12：06	11：42	−0：24	10：56
教諭	11：15	10：45	−0：30	11：32	11：01	−0：31	10：06
講師	10：54	10：18	−0：36	11：16	10：27	−0：49	9：53
養護教諭	10：07	9：53	−0：14	10：18	9：53	−0：25	9：19

出典：文部科学省「教員勤務実態調査（令和4年度）の集計（確定値）について」2024年
https://www.mext.go.jp/content/20240404-mxt_zaimu01-100003067-2.pdf

2　生活習慣病の予防（自己管理）

　生活習慣病は、日々の習慣から発症する疾患の総称であり、脳卒中や心臓病、がんなど、わが国の死因の上位を占める。脳卒中等の原因となる動脈硬化につながる内臓肥満と高血圧・高血糖・脂質代謝異常の組み合わせによる病態をメタボリック・シンドローム[★1]と呼び、職員健康診断にも関係検査（腹囲、尿糖、LDLコレステロール、HDLコレステロール、血清トリグリセライド）が導入されている。予防には、食事や運動、休養、喫煙、飲酒などの習慣改善が重要である。健康は、教育の前提にある。自己の生活を律し、健康管理ができることは、教員として身につけておくべき基本的な力の一つである。

3　その他の疾病の予防

　学校は集団生活の場であるため、感染症には特に注意を払う必要がある。新型コロナウイルスの感染拡大により、学校が休校になるなど、児童生徒の教育に多大な影響を及ぼしたことは記憶に新しい。それ以外にも、インフルエンザや結核など学校で注意すべき感染症には、さまざまなものがあり、学校感染症として指定されている（第7章参照）。児童生徒はもちろん、自分自身の身を守るためにも、感染経路や感染力など基本的な知識を身につけ、エビデンスに基づく、感染予防が取れるようにすべきである。

　また、意外に多いのが教員のけがである（図14-2）。「生徒と一緒に走ったところアキレス腱が切れた」などは、よくある例である。大きなけがであれば手術や休職にもつながる。児童生徒の事故・災害防止の視点を教職員間にも応用し、準備運動や職員室の整理整頓などの基本的なことから取り組むことが大切である。

第3節　学校の労働安全衛生

> 労働安全衛生法は教職員にも適用される。近年、学校勤務においては長時間勤務や精神的負担など課題が多く、労働環境改善に向け、衛生管理体制の整備、勤務時間管理、ストレスチェックの実施などが求められる。

　労働安全衛生法は、職場における労働者の安全と健康を確保し、快適な職場環境を形成することを目的としている。教職員も労働者であり、学校もこの法律が適用される。しかし、児童生徒を最優先とする風土・風潮のある小中学校においては、教員員の健康問題に対する意識は低くなりがちであり、法令の理解や体制整備が不十分である状況があった。現在学校には、職務の多忙化に伴う長時間勤務や精神的な不調による休職や退職など、労働安全衛生上の課題が山積している。学校における労働安全衛生管理の視点から教職員の健康と安全を守る体制の整備が必要である。

第14章 教職員の健康管理

1 学校に求められる労働安全衛生管理体制

　教職員50人以上の学校では、衛生委員会の設置および衛生管理者・産業医の選任が必要である。教育委員会の監督を受けつつも、学校が一つの事業所として管理体制を整えることとなる。一方、教職員10〜49人の学校では、衛生推進者を選任する必要はあるが、リーダーシップは教育委員会が担う。

　教員が子供たちの健康・安全と同じく自分たちの労働環境の課題に目を向け、改善することは、教育活動にも必ず反映され、学校教育全体の質向上につながる。

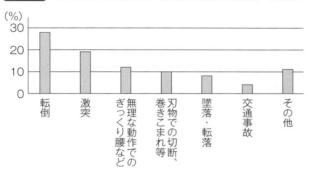

図14-2　教育職員の公務災害（事故形態別発生状況）平成28年

出典：地方公務員災害補償基金東京都支部「学校職場での公務災害を防止するために」
https://chikousai-tokyo.jp/chkstwp/wp-content/uploads/2018/04/11-f.pdf

表14-4　学校における労働安全衛生管理体制

教職員50人以上の学校で選任・設置を要するもの	
衛生管理者 衛生管理者免許取得者、「保健体育」の教諭、養護教諭等の原則学校に専属の者を選任	衛生に係る技術的事項を管理する ○少なくとも週1回学校を巡視し、設備、作業方法、衛生状態に有害のおそれがあるときは、ただちに教職員の健康障害を防止するため必要な措置を講ずる。
産業医 厚生労働大臣が定める研修を修了した医師から選任	産業医学の専門家として教職員の健康管理等を行う ○健康診断・面接指導の実施、作業環境の維持管理等の教職員の健康管理等を行うなど。
衛生委員会 校長、衛生管理者、産業医等で構成	衛生に関する重要事項について調査審議する機関 ○審議事項の例：教職員の健康障害防止、健康保持増進のための対策など
教職員10〜49人の学校で選任を要するもの	
衛生推進者 一定期間衛生の実務に従事した経験を有する者等から選任	衛生に係る業務を担当する ○衛生管理者の選任を要する学校以外のうち、教職員10人以上の学校では、衛生推進者を選任しなければならない。

出典：文部科学省「学校における労働安全衛生管理体制の整備のために（第3版）」より筆者作成
https://www.mext.go.jp/component/a_menu/education/detail/__icsFiles/afieldfile/2019/03/29/1414486_1.pdf

解説　★1　メタボリック・シンドロームの診断基準
　　　　　ウエスト周囲径（おへその高さの腹囲）が男性85cm・女性90cm以上、かつ血圧・血糖・脂質の3つのうち2つ以上が基準値から外れると、「メタボリックシンドローム」と診断される。

2　学校における長時間勤務等への対策（面接指導体制の整備）

　2019（平成31）年、文部科学省は「学校における働き方改革に関する取組の徹底について」を通知し、学校の業務改善及び勤務時間管理等に係る取り組みの方針を示した。これに伴い、「公立学校の教師の勤務時間の上限に関するガイドライン」が作成され、上限の目安時間として、1か月の在校等時間は超過勤務45時間以内、1年間の在校等時間は、超過勤務360時間以内とすることが示され、明確な目標を持って勤務時間管理の管理にあたることとなった。目標実現のために、公務の分担、時間外に行われてきた活動や、学校行事の見直しを図ること、「チーム学校」を生かした多職種連携の促進など、時間を軸にした総合的な学校組織マネジメントの確立が求められている。

3　ストレスチェックの実施

　2015（平成27）年より労働安全衛生法に基づき、年1回、医師によるストレスチェックの実施が学校の設置者に義務づけられている（教職員数50人未満の学校においては当分の間努力義務）。労働者の心理的な負担の程度を把握するための検査であり、この結果、高いストレス状態にあり医師による面接指導が必要と判断された教員から申し出があった場合には、学校の設置者は、医師による面接指導を実施しなければならない。

表14-5　ストレスチェックの項目（参考：職業性ストレス簡易調査票）

A　あなたの仕事についてうかがいます。最もあてはまるものに○を付けてください。
1. 非常にたくさんの仕事をしなければならない
2. 時間内に仕事が処理しきれない
3. 一生懸命働かなければならない
4. かなり注意を集中する必要がある
5. 高度の知識や技術が必要なむずかしい仕事だ
6. 勤務時間中はいつも仕事のことを考えていなければならない
7. からだを大変よく使う仕事だ
8. 自分のペースで仕事ができる
9. 自分で仕事の順番・やり方を決めることができる
10. 職場の仕事の方針に自分の意見を反映できる
11. 自分の技能や知識を仕事で使うことが少ない
12. 私の部署内で意見のくい違いがある
13. 私の部署と他の部署とはうまが合わない
14. 私の職場の雰囲気は友好的である
15. 私の職場の作業環境（騒音、照明、温度、換気など）はよくない
16. 仕事の内容は自分にあっている
17. 働きがいのある仕事だ

B　最近1か月間のあなたの状態についてうかがいます。最もあてはまるものに○を付けてください。
1. 活気がわいてくる
2. 元気がいっぱいだ
3. 生き生きする
4. 怒りを感じる
5. 内心腹立たしい
6. イライラしている
7. ひどく疲れた
8. へとへとだ
9. だるい
10. 気がはりつめている
11. 不安だ
12. 落着かない
13. ゆううつだ
14. 何をするのも面倒だ
15. 物事に集中できない
16. 気分が晴れない
17. 仕事が手につかない
18. 悲しいと感じる
19. めまいがする
20. 体のふしぶしが痛む
21. 頭が重かったり頭痛がする
22. 首筋や肩がこる
23. 腰が痛い
24. 目が疲れる
25. 動悸や息切れがする
26. 胃腸の具合が悪い
27. 食欲がない
28. 便秘や下痢をする
29. よく眠れない

C　あなたの周りの方々についてうかがいます。最もあてはまるものに○を付けてください。
次の人たちはどのくらい気軽に話ができますか？
1. 上司
2. 職場の同僚
3. 配偶者、家族、友人等
あなたが困った時、次の人たちはどのくらい頼りになりますか？
4. 上司
5. 職場の同僚
6. 配偶者、家族、友人等
あなたの個人的な問題を相談したら、次の人たちはどのくらいきいてくれますか？
7. 上司
8. 職場の同僚
9. 配偶者、家族、友人等

D　満足度について
1. 仕事に満足だ
2. 家庭生活に満足だ

【回答肢（4段階）】
A　そうだ／まあそうだ／ややちがう／ちがう
B　ほとんどなかった／ときどきあった／しばしばあった／ほとんどいつもあった
C　非常に／かなり／多少／全くない
D　満足／まあ満足／やや不満足／不満足

出典：厚生労働省 「ストレスチェック制度導入マニュアル」
https://www.mhlw.go.jp/bunya/roudoukijun/anzeneisei12/pdf/150709-1.pdf

第14章　教職員の健康管理

演習課題　ワークシートは巻末参照

1. 教員として必要な健康管理について考えてみよう。
2. メンタルヘルスの悪化により休職する教員が増加している理由について考えてみよう。
3. 個々の教職員の健康の保持増進のために、学校組織が取り組めることは何か、考えてみよう。

【参考文献】
- 文部科学省　学校における労働安全衛生管理体制の整備のために（リーフレット）
  https://www.mext.go.jp/component/a_menu/education/detail/__icsFiles/afieldfile/2019/03/29/1414486_1.pdf

COLUMN

教育は聖職だから教員は奉仕して当たり前？

　こんな考えをもっている学生はもういないかもしれません。しかし、少し前までは、「子どもたちのために」と夜遅くまで、または土日も一生懸命仕事をする先生が尊いといわれていました。これは地域住民や保護者だけでなく、教員自身の考えとも一致していました。教員は、「聖職」と呼ばれる特別な職業だから、教育は自己犠牲、奉仕であると思い込んでいた時代かもしれません。

　成果を伴わずとも、とにかく頑張ることが賞賛される時代はもう終わりました。労働者のひとりとしての権利が尊重すべきです。その一方で、きちんと成果の上がる、効率的な仕事も求められています。ICTなどの新たな教育方法も積極的に取り入れた「働き方改革」にすることが重要です。

　自分たちの職場環境の改善が、教育活動へのやりがいや、子どもの学習意欲につながるということが多くあります。

　例えばこのようなこと……。

　跳び箱の指導での模範演技をした教員が次々怪我をするという状況があった。衛生委員会を中心に、体育指導の安全講習会を行った。その結果、教員のけがが減ったのみでなく、子どもたちのけがも減った。さらにこの研修会をきっかけに、教員の間に自主的な体育科研究会ができ、授業改善の意見交換をするようになり、子どもたちの体育編も意欲が高まった。

　労働安全衛生の視点で学校を見直すことは、視野を広げ、教育活動の創造性を高めることにつながるとも考えられます。

第15章 教員に求められる学校保健活動

◆第15章のエッセンス◆

① 子どもは、一人の人間として基本的人権を所有しており、すべての子どもが健康に生きて学んだり自由に行動しながら成長する権利がある。
② これからの学校保健では、SDGs、外国籍の子ども、児童虐待防止、包括的性教育などにも積極的に取り組み、子どもたち一人一人のいのちや生き方を尊重すると共に、教職員が理解を深めていくことが求められる。
③ 世界では、家庭の貧困、疾患や障がい、教員の不足、戦争、宗教、不安定な政治、自然災害などにより学校で学べない子どもが多く存在するが、これは子どもの健康に直結する。

Keyword 子どもの権利条約　自尊感情　自己肯定感　SDGs　外国籍の子ども　児童虐待　包括的性教育　人権の尊重

第1節 子どもの権利および子どもを取り巻く倫理的課題

子どもの権利条約とは、子どもが一人の人間として基本的人権を所有し、行使する権利を保障するための条約である。すべての子どもが健康に生きて存分に学び、自由に活動し、大人や国から守られ援助されながら成長する権利があると定めている。

1 児童の権利に関する条約（子どもの権利条約）について

第一次および第二次世界大戦では、世界中で多くの子どもが犠牲となった。その悲惨な現実を受け、国連[★1]は「世界人権宣言（1948年）」「児童の権利宣言（1959年）」などを経て、1989年に「世界中の子どもが健やかに成長できるように」との願いを込め「児童の権利に関する条約」（以下「子どもの権利条約」）を採択した。日本は1994年に「子どもの権利条約」に批准[★2]し、子どもの権利が広く認識されるようになった。この条約は、18歳未満を「児童（子ども）」とし、子どもの「基本的人権」を尊重することを国と国とが約束したものである。

これまで子どもは成長発達の途上の未熟な人間であり、周囲の大人（親や教師等）が「子どもにとって何がよいのか」を決め、子どもはそれに従っていくことで幸せな道を歩めるはずであるという考えが社会に浸透していた。しかしそれは、大人の価値観や期待を「押し付け」ていたり、子どもの思いではなく「大人の都合」であったともいえる。

子どもの権利条約では「子ども自身が自由に思いや願いを表現し、それを身近な大人に受け止めてもらう」ということを通し、子どもは幸せな大人になれるという立場をとっている。子どもの持っている意見・意思を表明する力を権利として認め、それに応える大人の義務を認めたものである。これは、子どもも大人と同様に「かけがえのない人間として尊重」されることである。

この考え方は、学校保健の場においても密接にかかわってくる。学校保健活動の中では、さまざまな子どもの問題にふれる。その中には、子どもの人権にかかわることも決して少なくない。いじめや差別、虐待、児童ポルノ、若年妊娠、ヤングケアラー、危険ドラッグやネット犯罪などでは、子ども達が被害者になり、人としての尊厳を侵害されるケースが後を絶たない。また、子どもが加害者となってしまい、周囲と信頼できる関係作りができず「自分なんてどうでもいい」と自暴自棄になったり、より重大な罪を犯してしまうケー

表15-1　「子どもの権利条約」4つの原則

条約の基本的な考え方は、次の4つの原則で表される。4つの原則は、「こども基本法（2023年4月施行）にも取り入れられている。

差別の禁止（差別のないこと）すべての子どもは、子ども自身や親の人種や国籍、性、意見、障がい、経済状況などどんな理由でも差別されず、条約の定めるすべての権利が保障されます。	子どもの最善の利益（子どもにとって最もよいこと）子どもに関することが決められ、行われる時は、「その子どもにとって最もよいことは何か」を第一に考えます。
生命、生存及び発達に対する権利（命を守られ成長できること）すべての子どもの命が守られ、もって生まれた能力を十分に伸ばして成長できるよう、医療、教育、生活への支援などを受けることが保障されます。	子どもの意見の尊重（子どもが意味のある参加ができること）子どもは自分に関係のある事柄について自由に意見を表すことができ、おとなはその意見を子どもの発達に応じて十分に考慮します。

出典：ユニセフウェブサイト「子どもの権利条約の考え方」
　　　https://www.unicef.or.jp/crc/principles/

表15-2　「子どもの権利条約」に定められている権利の4つの柱

・生きる権利
　子どもたちは健康に生まれ、安全な水や十分な栄養を得て、健やかに成長する権利を持っている。
・守られる権利
　子どもたちは、あらゆる種類の差別や虐待、搾取から守られなければならない。紛争下の子ども、障害をもつ子ども、少数民族の子どもなどは特別に守られる権利を持っている。
・育つ権利
　子どもたちは教育を受ける権利を持っている。また、休んだり遊んだりすること、様々な情報を得て、自分の考えや信じることが守られることも、自分らしく成長するために重要である。
・参加する権利
　子どもたちは、自分に関係のある事柄について自由に意見を表したり、集まってグループを作ったり、活動することができる。そのときには、家族や地域社会の一員としてルールを守って行動する義務がある。

解説
★1　国連
　世界の平和と経済・社会の発展のために協力することを誓った独立国が集まってできた機関であり、正式には国際連合という。1945年に正式に発足し、加盟国は193か国（2023年6月現在）である。
★2　批准
　内容が確定している条約について、条約を締結する権利をもつ国家機関が確認、同意すること。

スもある。

　子どもの人権を尊重していくことは、子どもの自尊感情や自己肯定感を高め、自分らしさを持った思いやりのある大人への成長へと大きく結びつく。そのため教師は「子どもの権利」を正しく理解し、教育活動を展開していくことが求められる。

　子どもの権利条約は前文と54条からなり、1〜40条に、生きる権利や成長する権利、暴力から守られる権利、教育を受ける権利、遊ぶ権利、参加する権利など、世界のどこで生まれても子どもたちがもっている、さまざまな権利が定められている[★3]。

　条約に書かれている子どもの権利を守るために国が法律を整え政策を実施すること、また、子どもの権利が実現するようにする責任はまず親（保護者）にあることなども定められている。

2　子どもを取り巻く倫理的課題

　私たちは、「倫理」という言葉を耳にするが、倫理とは何だろうか。鶴若麻理は「『倫理』とは、辞書的には『人の踏み行うべき道』『人と人との関わり合いの中で守るべき道』などと説明される。私たちは様々なひとびとと関わり合いながら日々暮らしており、その中で守るべき道理と解釈」[1]できるとしている。

　医療のめざましい進歩に伴い、従来は治療が困難であった疾患も治療法等が確立し、子どもが疾患や障がいを抱えながらでも生活ができるようになってきた。そのため、教育機会の保障や個々の子どもに合った学習内容の充実、保護者の負担軽減などは行政の施策等の充実とともに、保護者や関係者らとパートナーシップを組み、取り組んでいくべき必要がある。

　一方で、進行性の難病を抱える子どもや終末期を迎える子ども、その家族をどのように支え、向き合っていくのか等の対応には、教育の場に身を置く教員も倫理的な葛藤をもつ。日本小児科学会は「重篤な疾患を持つ子どもの医療をめぐる話し合いのガイドライン」を策定[2]しているが、その中では「子どもの権利条約」の基本的な精神をふまえ、「すべての子どもには、適切な医療と保護を受ける権利がある」「子どもの気持ちや意見を最大限尊重する」「治療方針の決定は子どもの最善の利益に基づくものとする」「父母（保護者）および医療スタッフは、子どもの人権を擁護し、相互の信頼関係の形成に努める」が基本精神として掲げられている。多様な健康状態の子どもに向き合う教員も、「子どものいのち」と向き合う際の倫理的な課題を知っておきたい。

第 2 節　これからの学校保健

これからの学校保健では、SDGs、外国にルーツを持つ子ども（外国籍の子ども等）、児童虐待防止、包括的性教育などにも積極的に取り組み、子どもたち一人一人のいのちや生き方を尊重すると共に、教職員が理解を深めていくことが求められる。

1　より健康が重視される社会へ―学校でも健康づくりが鍵となる―

　貧困、紛争、気候変動、感染症など人類は、これまでになかったような数多くの課題に直面している。このままでは、人類が安定してこの世界で暮らし続けることができなくなると心配されている。危機感から、世界中のさまざまな立場の人々が話し合い、課題を整理し、解決方法を考え、2030年までに達成すべき具体的な目標を立てた。それが「持続可能な開発目標（Sustainable Development Goals：SDGs）」である。[3]

　このSDGsは2015年9月の国連サミットで採択されたもので、国連加盟2016年から2030年の15年間で達成するために掲げた目標（アジェンダ）である。

　SDGsの図では、人権、経済・社会、地球環境、さまざまな分野にまたがった課題が17の目標として分類されている。その17の目標の中心に「目標3：Good Health and Well-being（すべての人に健康と福祉を）」が置かれている。

　SDGsの「Good Health and Well-being（すべての人に健康と福祉を）」が図の中心に描かれていることに、どんな意味を感じるだろうか。健康な生活があるからこそ、私たちは家族や友人との時間を楽しんだり学んだり働くことができ、さまざまな福祉の充実によって心も体も満たされ豊かな社会の中で生活ができる。学校保健においても、SDGsの目標達成には大きな関心が寄せられており、子どもたちとともに取り組める活動を考え、実践する動きがみられている。

2　多様な子どもを支援できる柔軟な学校保健へ

　近年、教育現場では日本以外の国にルーツをもつ子ども（外国籍の子ども、多様な国にルーツをもつ子ども）や、日本語が母語ではない子どもも急増している。このような子どもたちには、言葉や習慣、宗教などを含め日常生活へのさまざまな配慮が必要となってくる。すべての子どもが健やかに成長していくためにも、学校保健に求められる役割は大きい。

解説　★3　子どもの権利条約全文（政府訳）は以下のサイトで確認することができる。
　　　https://www.unicef.or.jp/about_unicef/about_rig_all.html

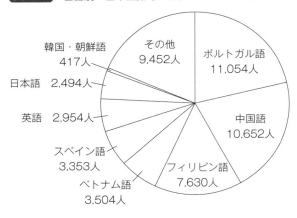

図15-1 言語別、日本語指導が必要な外国籍の児童生徒の在籍数

注：公立小・中学校在籍の児童生徒を対象とする（51,510人）。
出典：文部科学省総合教育政策局国際教育課「令和5年度 日本語指導が必要な児童生徒の受入状況等に関する調査結果の概要」2024年

総務省[5]は、地域において多文化の人々が安心して暮らせるよう、教育の場面では「学校入学時の就学案内や就学援助制度の多様な言語による情報提供」「保護者と学校のコミュニケーションギャップなど課題に対し、学校のみでなく地域ぐるみで取り組み」「不就学の子どもに対しては、その実態を把握した上で、外国人の子どもが未来への希望を持てるような教育環境の整備」などが必要であることを提示している。日本語が母語でない児童生徒やその保護者に対しては、健康診断やそのあとの事後措置の必要性などをわかりやすく説明したり、健康や生活に関する相談をしやすい体制を整えるなどし、子どもの教育の機会が奪われることが無いように、そして子ども達が楽しく他の子ども達と共に学べるよう、地域や行政とも密に連携を図っていく必要がある。

3　子どものいのちを守る学校保健―児童虐待から子どもを救う―

児童虐待については、以前から教職員等も子どもの様子や生活上から虐待が疑われる場合には行政と連携をし、子どもの命を守ることが最優先であるとされている。地域社会の中でも児童虐待が疑われる場合は、児童相談所や警察に連絡をする（虐待通告★4）などの対応が浸透しつつある。

児童虐待の相談対応件数は増加しており、2021（令和3）年度の児童相談所による児童虐待相談件数は20万件を超え、過去最高となっている。児童虐待では、77名もの子どもが年間で命を奪われている現実[6]があり、命は繋ぎ止められたが重傷を負った子ども、心に深い傷を負った子どもは多くなっている。潜在化している児童虐待もあると考えると、子ども達にとってかつ教員にとっても緊急に対応が必要な課題である。

中板[7]は、児童虐待において「子どもを育てるすべての親子を対象とした予防活動が

第 15 章　教員に求められる学校保健活動

一次予防である。命の大切さや性差別への警鐘、親性育成などを意識した学校教育、近々親になる妊婦への働きかけ、周産期と産後の切れ目ない働きかけなど、すべてが虐待の芽を出させない活動である。また家庭内で起きている暴力を見過ごさないこと、例えば、見て、聞こえて、心配していても「誰か」が何とかしてくれるとか「見て、見ないふりをしない」ための虐待通報の啓発なども、虐待の芽を摘む活動である」と述べている。

学校保健の中においては、子どもたち自身に命の大切さに触れる機会を設け、自分や仲間を大切にすることを学んだり、また地域住民の力を借りたり自分も社会の一員として虐待のない地域づくりを目指すことができる、という多方面からの教育活動が必要である。さらに、叩かれたり殴られたりする場合は、あざや傷から虐待を受けていることが判断しやすいが、食事を与えられなかったり入浴や着替えができていない、無視をされるなどのネグレクトの状況に置かれている場合は、即生命にかかわるものではないため、介入のタイミングが難しいと思う場合もある。しかし、子どもの立場に立ち、虐待の環境にあるとするならば見過ごすことはできない。教員も、「子どもを救う、いのちを守る」という勇気を持ち、関係機関へ通報するなどの行動が必要になる。教員は、第一線で子どもを守っているという自覚を強くもつべきである。

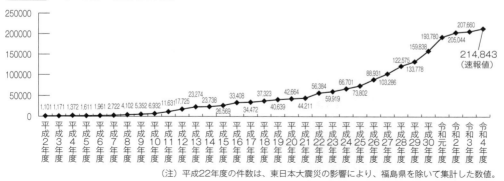

図 15-2　児童虐待の相談対応件数

年次	平成23年度	平成24年度	平成25年度	平成26年度	平成27年度	平成28年度	平成29年度	平成30年度	令和元年度	令和2年度	令和3年度	令和4年度
件数	59,919	66,701	73,802	89,931	103,286	122,575	133,778	159,838	193,780	205,044	207,660	214,843
対前年度比	+6.3%	+11.3%	+10.6%	+20.5%	+16.1%	+18.7%	+9.1%	+19.5%	+21.2%	+5.8%	+1.3%	+3.5%

出典　厚生労働省「令和4年度児童相談所での児童虐待相談対応件数」2024年

解説　★4　虐待通告
「要保護児童を発見した者は、これを市町村、都道府県の設置する福祉事務所若しくは児童相談所又は児童委員を介して市町村、都道府県の設置する福祉事務所若しくは児童相談所に通告しなければならない」（児童福祉法第25条：要保護児童発見者の通告義務）。

4 包括的性教育の実施・充実を —ジェンダーの平等や自分を大切にすること—

「包括的性教育」という言葉を聞いたことがある人は、いるだろうか？ 包括的性教育とは、身体や生殖の仕組みだけでなく、人間関係や性の多様性、ジェンダー平等、幸福など幅広いテーマを含む教育である。包括的性教育の進め方を記したユネスコの「国際セクシュアリティ教育ガイダンス」は、性教育の国際的な指針になっている。

日本では、性教育というと生殖の仕組み、二次性徴、性感染症予防の話などがイメージされがちである。しかし、包括的性教育では、身体的な話だけでなく、社会的な規範の是非、差別や暴力、ジェンダーの不平等をなくす方法、性を安全に楽しむ権利、リスクに直面したときにアクセスできる機関など、幅広いテーマを包括的に扱う。

包括的性教育の目的は、ウェルビーイングの実現である。また、自他ともに尊重される関係性を獲得すること、生涯を通じてすべての人の権利が守られると理解することを目指している。そのベースには「人権の尊重」があり、学習者の権利は守られるべきであること、守られていないときは声を上げてよいことを伝え、権利を守るために声を上げて社会を変えようとする態度や、そのために必要な情報収集・交渉などのスキルも育成していく。学校保健の場において、性、性的な課題、ジェンダーの問題などはみじかなものであり、悩みを持つ子どもも少なくない。

日本では、中学校学習指導要領（保健体育）などで「妊娠の経過は取り扱わない」（＝性交を扱わない）とされ、教育内容が制限されている（はどめ規定）現状がある。学校で十分に性に関する知識・態度・価値観・避妊方法を学べず、大半の子どもが不安を感じても相談せず孤立している実態がある。15歳以下における人工妊娠中絶率の高さ、児童ポルノ事犯の検挙件数の高さ、教員によるわいせつ行為の件数の多さなど、学ぶ機会を奪われた子どもが困難な問題を一手に背負わされている事態が発生している。子ども自身は、適切な知識を身につける機会を求めており、単に避妊や性交渉の事を教えるのではなく、人を大切にする、性の多様性などから丁寧に学びを深められる環境と、教員たちの合意・ベクトル合わせが求められている。

表 15-3　包括的性教育の8つのキーコンセプト

1. 関係性
2. 価値観、権利、文化、セクシュアリティ
3. ジェンダーの理解
4. 暴力と安全確保
5. 健康と幸福のためのスキル
6. 人間のからだと発達
7. セクシュアリティと性的行動
8. 性と生殖に関する健康

出典：SEXOLOGY 製作委員会「国際セクシャリティ教育ガイダンス［第2版］」2018 年より
https://sexology.life/world/itgse/

第15章　教員に求められる学校保健活動

第3節　世界の学校では

世界では、家庭の貧困、疾患や障害、教員の不足、戦争、宗教、不安定な政治、自然災害などにより学校で学べない子どもが多く存在するが、これは子どもの健康に直結する。多面的な支援を行い、子どもの教育や安全、生活を保障できる体制が必要である。

世界の学校の現状をみてみたい。世界には紛争、貧困、家庭の役割などさまざまな理由で学校に行けない子どもが2億人以上いるとされている。そのため、教育を受ける機会がなく、文字の読み書きができない人が7億人以上いるという。そういった子ども、人々にとってこそ、学校はコミュニティの拠点となれる可能性がある。小笠原[9]は「ヘルスプロモーティングスクール～学校を舞台とした総合的な健康づくり～」で、「日本の学校保健の取り組みに顕著なように、学校を利用した保健サービスの提供、例えば定期健康診断や歯科検診、集団予防接種など、学校現場は、プライマリケアの延長線上で行われる予防医学提供の場として、これまでにも重要な役割を担ってきた」と述べている。

ユネスコは、世界的には、90％以上の子どもが初等教育（図15-3）に、80％以上の子どもが前期中等教育（図15-4）に入学していると報告している。学校における生活用水や衛生環境の確保、トイレの設置、給食の配付の整備は、学校に通う子どもたちにとって、一種のライフラインともなる。そして、このような子どもの学校生活は、親や地域の意識を変えることにもつながり、教育を受ける環境や健康的な生活の土台が作られていく。児童などに安全な環境・健康を提供することにより、地域全体に健康が広がっていくのである。学校保健の意義は、世界においても「学校」という枠を超える大きなものとなっている。

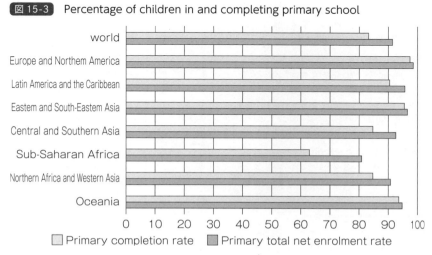

図15-3　Percentage of children in and completing primary school

出典：UNESCO Institute for Statistics database

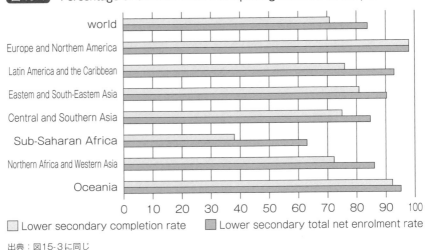

図15-4 Percentage of children in and completing lower secondary school

出典：図15-3に同じ

　しかし一方、小笠原は入学した子どもたちが日本とは異なり全員卒業できるわけではない事を示し、SDGs 4（すべての人に質の高い教育を）、SDGs 5（ジェンダーの平等）にも関連し、警鐘をならしている（図15-5）。世界においては、多くの若者が教育よりも労働を強いられ、特に女子は教育を受けにくい傾向があることがわかる。

　教育に関しては、家庭の貧困、疾患や障がい、教員の不足、戦争、宗教、不安定な政治、自然災害などによって発展途上国だけでなく、先進国でも生まれ育った環境により、受けられる教育の機会に差が出てしまうことが大きな課題となっている。教育を受けられない

図15-5　学校にいけない8つの理由

理由1　学校が近くにない
日本には学区があって、近くの学校に通います。しかし、貧しい国や地域では、学校の数が少なく、家からは遠すぎて通えないことがあります。

理由2　先生がいない
先生を育てる仕組みが十分でなかったり、先生に給料を払わなかったりする国や地域があります。また、給料や生活環境の問題から、農村地域に先生が行きたがらないということもあります。

理由3　学校に通うためのお金がない
生活をしていくためのお金すら十分に手に入れることもできないため、授業料や教科書代が払えない人が多くいます。

理由4　家計を助けなければならない
家が貧しく、家計を助けるために、子どもでも農業など家の仕事を手伝ったり、外に働きに出なければいけないことがあります。

理由5　弟や妹の世話をしなければならない
両親とも働かなければならないために、子だくさんの家庭では、兄や姉が幼い弟妹の面倒を見なければならないこともあります。

理由6　親が学校に行かせてくれない
子どもを学校に通わせるくらいなら、働かせたほうがましだと考えている親や、女の子に教育は必要ないと考えている親がいます。

理由7　重病にかかった
貧しい国や地域では衛生環境が悪いうえに、栄養状態も悪いために、病気にかかりやすく、近くに病院もないために病気が重くなり、治らない子どもがいます。

理由8　戦争に巻き込まれた
戦争などで学校が破壊されたり、難民として避難しなければならなかったり、時には少年兵として駆り出されたりする子どもがいます。

出典：埼玉県立総合教育センター監『「生きる力」を育む国際理解教育実践資料集』2013年　p.21

ことで十分な所得が得られるような仕事には就けず、貧困となり、健康を守ることできない。その連鎖（世代間連鎖）が、一層教育を受けられない環境を作り出している。

　学校にきて教育や保健を提供し、子どもたちの成長発達を保障していくには、世界のあらゆる場で、家庭・地域・行政が連携し、社会が一体となって子どもを守り大切にし、多面的に子どもの教育や安全、生活を保障できる体制が必要である。

図 15-6　教育が受けられないことで起こる問題

■ 文字の読み書きができない

読み書きができないということは、本を読むこともできません。手紙を書くこともできません。それだけではなく、薬の説明や「地震」「危険」といった注意書きが読めずに、危険な状況に陥ることがあります。

■ 必要な知識を得られない

子どもに必要な予防接種の情報など、生活をしていくための重要な知識を得ることができないので、不利益を被ることになります。

■ 計算ができない

計算ができなければ、仕事の給料や買い物の代金、おつりの金額などが分からずにだまされることもあります。

■ 仕事を選ぶことができない

必要な技術や能力、知識を身につけられないので、収入の安定した仕事や希望する仕事に就くことができません。

■ 社会から取り残される

話し合いの資料が読めない、選挙で投票ができないなど、自分の意見を表明することが難しくなります。また、自分の名前が書けなかったり、書類に記入できなかったりすることもあり、公共サービスすら受けられないことがあります。

出典：図 15-5 に同じ　p.23

演習課題　ワークシートは巻末参照

1. 日本が国連の「子どもの権利条約」の批准までに時間を要した（世界で158番目）のには、どのような日本の社会状況や国民の考え方があったのか、調べてみよう。
2. 学校保健の場において「いのちの大切さ」を伝える活動として、どのような教育や活動がなされているのか、調べてみよう（児童生徒の健全な成長、自他をたいせつにする虐待予防等の観点から）。
3. 包括的性教育について、どのようなユネスコのガイドラインをもとに、どのような教育がなされている例があるのか、調べてみよう。

【引用文献】
1）鶴若麻理・長瀬雅子編『看護師の倫理調整力』日本看護協会出版会　2018年　p.2
2）日本小児科学会　倫理委員会小児終末期医療ガイドラインワーキンググループ「重篤な疾患を持つ子どもの医療をめぐる話し合いのガイドライン」2012年　pp.1-3
3）日本ユニセフ協会ウェブサイト「持続可能な世界への第一歩」
https://www.unicef.or.jp/kodomo/sdgs/about/
4）文部科学省総合教育政策局国際教育課「外国人児童生徒等教育の現状と課題（令和4年度都道府県・市区町村等日本語教育担当者研修　資料5）2022年　p.2
5）総務省自治共生局国際室「第4回研究会資料　資料1」2020年　p.1
6）厚生労働省「令和3年度児童相談所での児童虐待相談対応件数（速報値）」2022年
7）中板育美『周産期からの子ども虐待予防・ケア　保健・医療・福祉の連携と支援体制』明石書店　2017年　p.33
8）SEXOLOCY製作委員会「国際セクシャリティ教育ガイダンス（第2版）」2018年
https://sexology.life/world/itgse/
9）小笠原理恵「ヘルスプロモーティングスクール～学校を舞台とした総合的な健康づくり～」『WHO Association of Japan』2019Winter　pp.3-4
https://japan-who.or.jp/wp-content/themes/rewho/img/PDF/library/071/book7102.pdf

【参考文献】
- 日本弁護士連合会『子どもの権利条約・日弁連レポート　問われる子どもの人権　日本の子どもたちがかかえるこれだけの問題』駒草出版　2011年
- 荒牧重人監　甲斐田万智子・国際子ども権利センター編『世界中の子どもの権利を守る30の方法』合同出版　2019年
- CRC監　木附千晶・福田雅章『子どもの力を伸ばす子どもの権利条約ハンドブック』自由国民社　2016年
- 小林亜津子『改訂版　看護のための生命倫理』ナカニシヤ出版　2015年
- 小坂康治『倫理問題に回答する―応用倫理学の現場―』ナカニシヤ出版　2010年
- 柳園順子編著『よくわかる！教職エクササイズ　学校保健』ミネルヴァ書房　2019年
- 中島晴美『ウェルビーイングな学校をつくる』教育開発研究所　2023年
- 中板育美・佐野信也・野村武司他『事例でわかる子ども虐待対応の他職種連携・他機関連携―互いの強みを生かす協働ガイド―』明石書店　2022年
- ユネスコ編『国際セクシャリティ教育ガイダンス【改訂版】』明石書店　2018年
- 文部科学省「諸外国の教育統計　令和2年（2020年版）」2020年

COLUMN

養護教諭の家庭訪問はおかしいの？

　養護教諭といえば保健室にいるというイメージがありますが、実は、家庭訪問を行っている養護教諭もいます。「え？　養護教諭が家庭訪問？」という声が聞こえてきそうですが、児童生徒の生活を支えていくために、大きな役割があると思います。

　東京都S区のとある公立小学校は、多国籍の子どもたちが通学する学校です。グラウンドではしゃぎまわる児童の姿は、国籍を越え元気そのもの。一方で、学校に足が向かない児童もいます。言語の壁がコミュニケーションの障壁となっているとT養護教諭（以下「T先生」）は前任者から申し送りを受けていました。

T先生は、学校に来ることができない児童のリストを見て「想像だけで話はできない」「子どもたちに会いたい」と学校長や副校長、担任らに、家庭訪問を申し出ました。当初、その発言を受けた学校長らからは「担任の先生が家に行っているので、大丈夫ですよ」「養護の先生は保健室にいてください」などと言われたそうです。けれど、そこで「はい、そうですか」とならないのが、養護教諭の芯の強さ。「いいえ、ぜひ家庭訪問に行かせてください。顔を見るだけでも違うと思うのです」と熱意を伝え、許可を得て家庭訪問を行いました。

　早速、数年前に他国から移住してきたA君のもとに向かったT先生が感じたこと。それは、日本語が母語ではないという言語の壁よりも、「異国の地で必死に働いてくれる両親への感謝、その両親と離れてしまうことの寂しさ」だったそうです。両親が大好きで心配で「一瞬も離れたくなくて、ずっと家にいる。寂しいのはイヤ」とA君は言いました。しっかり食事をし、顔色もいいA君に会えたことにまずはほっとしたものの、A君が抱える「大きな寂しさ」を、それまできちんと受け止めてあげることができていなかった、と感じました。

　そこで、T先生はある秘策へ。実は家庭訪問をしたとき、両親の母語での言葉でとても安心していたA君の様子、そして母国の音楽などをいつでも聴けるようにしている様子を見ていました。そこでA君の両親の協力を得て、ICレコーダーに「A君を応援するメッセージ」を母語で10パターンほど録音してもらい、保健室にきたらA君がいつでもその声をきけるようにしました。

　すると、そこからA君が保健室に来てくれるようになりました。もちろん、最初はICレコーダーのメッセージ目的です。ICレコーダーの内容は、日本語しか分からないT先生には意味が分かりません。けれど、A君は「自分だけが分かる！」という状況が面白いらしく「何って言ってるか分かる？」と、クイズ大会が始まることに。A君はまるで自分だけの暗号を手に入れたようで、ご満悦の表情でした。そんなことが続き、A君は少しづつ学校に来るようになり、教室にも入れるようになりました。A君の両親からは「学校の先生が家に来たっていうから、注意されるのかと思っていた」と言われていましたが、家庭の様子を知ったからこそ、A君が学校に来られるように支えることができたのでしょう。

　家庭訪問は、やはりその家庭ならではの生活や事情が見えるのだと思います。家庭訪問には時間も労力もかかりますが、その価値は大きいと思います。

索引

A－Z
AED　98
EDS　156
ICF　160
LGBTQ　165
PDCAサイクル　73、120
PTA　78
QOL　61
SDGs　149、155、191
WHO　23

あ－お
アトピー性皮膚炎　92
アドレナリン　112
アナフィラキシー　112
アナフィラキシーショック
　　112、117
アレルギー　90
アレルギー性結膜炎　92
アレルギー性鼻炎　92
アレルゲン　90
安全管理　123
安全教育　123
生きる力　12
池田小学校事件　117
いじめ　35
一次救命処置　98
医療的ケア　95
医療的ケア看護職員　162
医療的ケア児　95、162
インクルーシブ教育　161
運動器検診　53
永久歯　44
衛生委員会　183
衛生管理者　183
栄養教諭　175
エピペン®　112
エリクソン　45
応急手当　103
横断的評価　46
嘔吐　86

か－こ
外国籍の子ども　191
学習指導案　144
学習指導要領　13、51、137
学習内容　144
学習評価　141
学童期　38
学校安全教育　130
学校安全計画　119
学校安全組織活動　123
学校環境衛生　149
学校環境衛生基準　151
学校給食　176
学校教育　11
学校教育法　12
学校生活管理指導表
　　56、162、177
学校組織マネジメント　184
学校保健　11
学校保健安全法
　　11、51、118、151、179
学校保健安全法施行規則
　　53、151
学校保健委員会　15、80
学校保健経営　72
学校保健計画　73、119
学校保健組織活動　15、78
学校保健統計　39
学校保健年間計画　76
学校薬剤師　151
カリキュラム・マネジメント
　　133
川崎病　93
感覚器　38
環境衛生　149
感染経路　88
感染源　88
感染症　88
キーゼルバッハ部位　107
気管支ぜん息　92
危機管理　124
危機管理マニュアル　99、119
危険行動　31

危険等発生時対処要領
　　119、123
虐待通告　192
救急処置　98
救急処置計画　114
急性疾患　84
教育支援計画　162
教科書　144
教科等横断的　133
教材　144
クオリティ・オブ・ライフ　61
口の中の怪我　108
クライシスマネジメント　125
けいれん　87
下痢　86
健康　23、60
健康診断　50
健康診断実施要項　54
健康相談　63
健康に関する指導　133
健康日本21　61
健康評価　56
咬傷　105
甲状腺ホルモン　43
合理的配慮　161
国際生活機能分類　159
心のバリアフリー　62
骨折　104
子どもの権利条約　189

さ－そ
災害給付制度　128
擦過傷　103
支援会議　67
色覚検査　53
自己肯定感　190
事後措置　56
自殺　29
資質・能力　137
刺傷　103
自然治癒力　103
持続可能な開発目標　191
自尊感情　190
疾病管理　86

疾病構造　86
児童虐待　164、192
児童の権利に関する条約　189
社会環境　62
縦断的評価　46
授業づくり　144
主体的・対話的で深い学び
　　141
ジョージ・ケリング　127
食育　170
職員健康診断　179
食生活　167
食に関する指導　170
食物アレルギー　91、177
自立　166
新型コロナウイルス感染症　53
人工妊娠中絶　33
心疾患　93
心室中隔欠損　93
心肺蘇生　98
心肺蘇生法　110
心房中隔欠損　93
じんましん　93
睡眠　25
スキャモン　43
スクールカウンセラー　131
スクリーンタイム　26
健やか親子21　61
ストレスチェック　184
スポーツ振興センター　128
生活習慣　24
生活習慣病　24、182
性感染症　33
清潔習慣　88
成長曲線　46
成長スパート　38
成長ホルモン　43
性的マイノリティ　165
性に関する指導　135
青年期　38
世界保健機関　23
咳　87
切傷　103
セルフエスティーム　28
全国一斉休校　53

潜伏期間　88
喘鳴　87
創傷　103
痩身傾向児　27
組織活動　78
粗大運動　38

たーと
ダイエット行動　169
対人管理　14
対物管理　15
体力・運動能力　28
脱臼　104
打撲　104
地球温暖化対策　156
長期欠席　94
定期健康診断　51、179
てんかん　94
てんかん発作　87
特別支援学級　158
特別支援教育　158
ドミノ理論　126
ドリンカーの救命曲線　99

なーの
二次救命処置　98
二次性徴　38
乳歯　44
乳幼児期　37
尿路感染症　93
熱傷　109
ネフローゼ症候群　93
捻挫　104

はーほ
バイスタンダー　98
バイタルサイン　100
ハインリッヒ　126
ハザードマップ　130
働き方改革　181
発育　37
発育発達　27
発達　37
発達検査　46
発達障害　163

発熱　86
鼻出血　107
微細運動　38
ひっかき傷　105
避難訓練　130
肥満傾向児　27
ヒヤリハット　126
不登校　30
プライバシー　69
ブロークン・ウインドウ　127
ヘルスプロモーション　16、60
ヘルスプロモーティングスクール
　　16
包括的性教育　194
防災訓練　130
防犯訓練　130
保健委員会　78
保健管理　14
保健教育　13
保健指導　63
保健主事　15
保健組織活動　15
保健の学習　137
発疹　87

まーも
慢性疾患　84
虫刺され　108
メディアリテラシー　169
目のけが　106
免疫　88、90
メンタルヘルス　28、181

やーよ
薬物乱用　32
ヤングケアラー　20、22
予防接種　88

らーろ
リスクマネジメント　124
臨時休業　88
臨時健康診断　180
倫理　190
労働安全衛生管理体制　183
労働安全衛生法　183

教員・養護教諭が知っておきたい！
未来を創る学校保健

2025年4月1日　初版第1刷発行

編 著 者	内山　有子
発 行 者	竹鼻　均之
発 行 所	株式会社みらい
	〒500-8137　岐阜市東興町40　第五澤田ビル4階
	TEL 058-247-1227（代）FAX 058-247-1218
	https://www.mirai-inc.jp/
印刷・製本	株式会社太洋社

ISBN978-4-86015-637-4　C3037　　　乱丁本・落丁本はお取り替え致します。
printed in japan

演習課題　第1章　ワークシート

クラス　　　　　番号　　　　　氏名　　　　　　　　　提出日　　年　　月　　日

1．現在の学校保健の課題とは何か。考えられるものを具体的に複数挙げてみよう。

....
....
....
....
....

2．1で挙げた課題のうちの一つについて、現状の統計データ等を調べ、内容をまとめてみよう。

....
....
....
....
....

3．ヘルスプロモーティングスクールの実現につながる実践を調べて挙げてみよう。

....
....
....
....
....

演習課題 第2章 ワークシート

クラス　　　　番号　　　　氏名　　　　　　　　提出日　年　月　日

1. 日本の子どもたちにおける現代的な健康課題を一つ取り上げて、その背景や要因を調べてみよう。

　　..
　　..
　　..
　　..
　　..

2. 日本の子どもたちにおける現代的な健康課題を一つ取り上げて、その改善に向けた教育的アプローチについてグループで話し合ってみよう。

　　..
　　..
　　..
　　..
　　..

3. 10年後または20年後に、日本の子どもたちにおいてどのような健康課題が新たに見られるようになるかについて、その理由もあわせて考えてみよう。

　　..
　　..
　　..
　　..
　　..

演習課題 第3章 ワークシート

クラス　　　　番号　　　　氏名　　　　　　　　提出日　年　月　日

1．発育・発達の定義を挙げ、違いを調べてみよう。

2．スキャモンの発育曲線の4つの型について説明してみよう。

3．エリクソンの「心理社会的発達理論」における人間の8段階について説明してみよう。

| 演習課題 | 第4章　ワークシート |

クラス　　　　番号　　　　氏名　　　　　　　　　提出日　年　月　日

1．年に1回、学校健康診断を実施する法的根拠を説明してみよう。

2．2016年から学校健康診断に「四肢の状態」が追加された理由を説明してみよう。

3．健康診断の実施期限、健康診断票の保管期間、健康診断後の通知期間を調べてみよう。

| 演習課題 | 第5章　ワークシート |

クラス　　　　番号　　　　氏名　　　　　　　　提出日　年　月　日

1．子どもの健康を促進する要因・阻害する要因を、自身の経験から考えてみよう。

2．子どものヘルスプロモーションについて「ヘルスプロモーションの坂道」を緩やかにするために、社会においてどのような取り組みが必要か、考えてみよう。

3．小学生、中学生、高校生のいずれかを選び、現代の児童生徒がどのような健康課題を抱えている実態があるのか、調べてみよう。

演習課題　第6章　ワークシート

クラス　　　　番号　　　　氏名　　　　　　　　提出日　年　月　日

1. 自身の小学生、中学生、高校生時代を想起し、いずれかの学校の学校保健計画を立案してみよう。

2. 全国の学校では、児童生徒の学校保健委員会でどのような活動が行われているのか、調べてみよう。

3. 「コロナ禍における子どもの健康」が気がかりとなっており、学校保健委員会を開催したいと仮定する。テーマを明確にし、協議に必要な参加者などを検討しながら、次第（プログラム）を作成してみよう。

| 演習課題 | 第7章　ワークシート |

クラス　　　　番号　　　　氏名　　　　　　　　　提出日　　年　　月　　日

1．急性疾患と慢性疾患の違いを調べてみよう。

2．学校感染症に罹患するとなぜ出席停止になるのか、その理由を考えてみよう。

3．近年、医療的ケア児が増加している理由を考えてみよう。

演習課題　第8章　ワークシート

クラス　　　　番号　　　　氏名　　　　　　　　　提出日　年　月　日

1．学校における緊急時の教職員の役割を調べて説明してみよう。

2．学校における救急処置の4つの範囲を調べて説明してみよう。

3．救急処置を教育的に活用する方法を考えてみよう。

演習課題　第9章　ワークシート

クラス　　　番号　　　氏名　　　　　　　　提出日　年　月　日

1．危機管理の概念を説明してみよう。

2．学校安全計画と危険等発生時対処要領を作成する法的根拠を調べてみよう。

3．避難訓練と防犯訓練の違いを考えてみよう。

演習課題 　第10章　ワークシート

クラス　　　　番号　　　　氏名　　　　　　　　提出日　年　月　日

1．子どもたちの現代的な健康課題（第2章）を踏まえて、学校における健康に関する指導の意義をグループで話し合ってみよう。

　　　　　　　　　　　　　　　　　　　　　　　　　　　　　　　　　　　　
　　　　　　　　　　　　　　　　　　　　　　　　　　　　　　　　　　　　
　　　　　　　　　　　　　　　　　　　　　　　　　　　　　　　　　　　　
　　　　　　　　　　　　　　　　　　　　　　　　　　　　　　　　　　　　
　　　　　　　　　　　　　　　　　　　　　　　　　　　　　　　　　　　　

2．表10－2で示された指導方法を一つ選んで、実際の授業において自分ならどのように活用するか、具体的な指導を提案してみよう。

　　　　　　　　　　　　　　　　　　　　　　　　　　　　　　　　　　　　
　　　　　　　　　　　　　　　　　　　　　　　　　　　　　　　　　　　　
　　　　　　　　　　　　　　　　　　　　　　　　　　　　　　　　　　　　
　　　　　　　　　　　　　　　　　　　　　　　　　　　　　　　　　　　　
　　　　　　　　　　　　　　　　　　　　　　　　　　　　　　　　　　　　

3．【参考文献】に示した文献から保健の学習の学習指導案の例を見て、学んだことや気づいたことをグループで話し合ってみよう。

　　　　　　　　　　　　　　　　　　　　　　　　　　　　　　　　　　　　
　　　　　　　　　　　　　　　　　　　　　　　　　　　　　　　　　　　　
　　　　　　　　　　　　　　　　　　　　　　　　　　　　　　　　　　　　
　　　　　　　　　　　　　　　　　　　　　　　　　　　　　　　　　　　　
　　　　　　　　　　　　　　　　　　　　　　　　　　　　　　　　　　　　

4．具体的なテーマを一つ選んで、保健の学習の学習指導案を作成してみよう。

演習課題 第11章 ワークシート

クラス　　　番号　　　氏名　　　　　　　提出日　年　月　日

1．第二次世界大戦以前の日本の衛生環境問題と、平成時代以降の環境衛生問題の違いを説明してみよう。

....
....
....
....
....
....

2．学校環境衛生を整える根拠となる法律、規則と主な担当者を調べてみよう。

....
....
....
....
....
....

3．SDGs と EDS とはどのようなものか、説明してみよう。

....
....
....
....
....
....

演習課題　第12章　ワークシート

クラス　　　　番号　　　　氏名　　　　　　　　　　提出日　年　月　日

1．インクルーシブ教育システムの構築はなぜ必要か、児童生徒への影響を視点にその意義を考察してみよう。

2．LGBTQの児童生徒に対して考えられる合理的な配慮を挙げてみよう。

3．心疾患がありマラソン大会に出られない児童が周りの児童から「ずるい」と言われていた。どのような対応が必要か考えてみよう。

演習課題　第13章　ワークシート

クラス　　　　番号　　　　氏名　　　　　　　　提出日　年　月　日

1．小学校体育科、中学校および高等学校の保健体育科の学習指導要領（解説）を見て、保健の授業における食に関する内容を調べてみよう。

....
....
....
....
....

2．食に関する指導において用いることができる教材（資料等）を探して、実際の授業でどのように活用できるかをグループで発表してみよう。

....
....
....
....
....

3．10年後の社会を想像して、子どもたちへの食に関する指導はどのような充実・発展が求められるかを考えてみよう。

....
....
....
....
....
....

演習課題　第14章　ワークシート

クラス　　　　番号　　　　氏名　　　　　　　　提出日　年　月　日

1．教員として必要な健康管理について考えてみよう。

2．メンタルヘルスの悪化により休職する教員が増加している理由について考えてみよう。

3．個々の教職員の健康の保持増進のために、学校組織が取り組めることは何か、考えてみよう。

演習課題 第15章　ワークシート

クラス　　　　番号　　　　氏名　　　　　　　　　　提出日　年　月　日

1．日本が国連の「子どもの権利条約」の批准までに時間を要した（世界で158番目）のには、どのような日本の社会状況や国民の考え方があったのか、調べてみよう。

....
....
....
....
....

2．学校保健の場において「いのちの大切さ」を伝える活動として、どのような教育や活動がなされているのか、調べてみよう。

....
....
....
....
....

3．包括的性教育について、どのようなユネスコのガイドラインをもとに、どのような教育がなされている例があるのか、調べてみよう。

....
....
....
....
....